D0710654

Collection Littérature
dirigée par Jacques Allard

Déjà parus dans la même collection :

Claude Racine
L'Anticléricalisme dans le roman québécois, 1940-1965

Marcel Émond
Yves Thériault et le combat de l'homme

Yves Dostaler
Les Infortunes du roman dans le Québec du XIXe siècle

Jean-Pierre Boucher
Instantanés de la condition québécoise

Denis Bouchard
Une lecture d'Anne Hébert : la recherche d'une mythologie

Gérard Bessette
Mes romans et moi

Robert Major
Parti pris : *idéologies et littérature*

Gérard Bessette
Mes romans et moi

René Lapierre
Les Masques du récit
Lecture de Prochain épisode *de Hubert Aquin*

Robert Harvey
Kamouraska *d'Anne Hébert : une écriture de la passion*
suivi de
Pour un nouveau Torrent

Claude Janelle
Les Éditions du Jour, une génération d'écrivains

Jacqueline Gerols
Le Roman québécois en France

André Brochu
L'Évasion tragique, essai sur les romans d'André Langevin

Robert Lahaise
Guy Delahaye et la modernité littéraire

André Brochu
Rêver la lune
L'Imaginaire de Michel Tremblay dans les Chroniques du Plateau Mont-Royal

Roseline Tremblay
L'Écrivain imaginaire. Essai sur le roman québécois, 1960-1995

Littérature amérindienne du Québec

Maurizio Gatti

Littérature amérindienne du Québec

Écrits de langue française

Préface de Robert Lalonde

CAHIERS DU QUÉBEC COLLECTION LITTÉRATURE
HMH

Catalogage avant publication de la Bibliothèque nationale du Canada
Vedette principale au titre
    Littérature amérindienne du Québec : écrits de langue française
    Nouv. éd.
    (Les cahiers du Québec ; CQ 140. Collection Littérature)
    Comprend des réf. Bibliogr.
    ISBN 2-89428-756-9
        1. Littérature québécoise - Auteurs indiens d'Amérique. 2. Indiens
d'Amérique - Québec (Province) - Folklore. 3. Littérature québécoise - Auteurs
indiens d'Amérique - Bibliographie. 4. Indiens d'Amérique - Québec (Province)
- Anthologies. I. Gatti, Maurizio. II. Collection : Cahiers du Québec ; CQ 140.
III. Collection : Cahiers du Québec. Collection Littérature.

PS8235.I6L57 2004   C840.8'0897   C2004-941007-5
PS9235.I6L57 2004

Les Éditions Hurtubise HMH bénéficient du soutien financier des institutions
suivantes pour leurs activités d'édition :
• Conseil des Arts du Canada
• Gouvernement du Canada par l'entremise du Programme d'aide au développement
  de l'industrie de l'édition (PADIÉ)
• Société de développement des entreprises culturelles du Québec (SODEC)
• Programme de crédit d'impôt pour l'édition de livres du gouvernement du Québec

Maquette de la couverture : Olivier Lasser

Illustration de la couverture : *espritmanuscrit* de Christine Sioui Wawanoloath

Maquette intérieure et mise en page : Guy Verville

Éditions Hurtubise HMH ltée   Distribution en France :
1815, avenue De Lorimier   Librairie du Québec / D.N.M.
Montréal (Québec) H2K 3W6   30, rue Gay-Lussac
Tél.: (514) 523-1523   75005 Paris France
                                         liquebec@noos.fr

ISBN : 2-89428-756-9
Dépôt légal : 3ᵉ trimestre 2004
Bibliothèque nationale du Québec
Bibliothèque nationale du Canada
Copyright © 2004, Éditions Hurtubise HMH ltée

Imprimé au Canada
www.hurtubisehmh.com

Table des matières

Remerciements

Je tiens sincèrement à remercier :

- chacun des auteurs qui ont accepté de paraître dans ce recueil et qui m'ont offert leur appui ;
- l'Association internationale des études québécoises (AIEQ), la Chaire pour le développement de la recherche sur la culture d'expression française en Amérique du Nord (CEFAN), *Terres en vues*, Silvia Feghiz pour leur aide financière ;
- Réal Ouellet, Natale Antonio Rossi, Denys Delâge, Jacqueline Risset, Marie-Andrée Beaudet, Jean-Jacques Simard, Jeanne Valois, Romeo Saganash, Michel Noël, Christine Sioui-Wawanoloath, Véronique Thusky, Jacques Allard, Arnaud Foulon, Murielle Nagy, Jean-Louis Fontaine, Robert Lalonde pour leur soutien intellectuel, leurs commentaires et leurs corrections ;
- Adélard, André, Desneiges et Germain Joseph, Philomène Meloatam, Caroline Pinette, Béatrice Jean-Pierre, Marina et Marc-André Assiniwi, Joséphine Bacon, Suzanne et Véronique Régis, Charley Anishinapéo, Marie-Anne Cheezo, Noé Mitchell, Germaine Ménapéo, Virginia

Pésémapéo Bordeleau, Jeanne-Mance Charlish, Doreen Stevens, Yvon Dubé, Éric Bellemare, Julie-Christine et Jonathan Lainey, Évelyne Saint-Onge, Philippe McKenzie, André Desilets, Marc Rouillier, Danielle Cyr, Pierre Marchand, Mika Awashish, Dany McKenzie, Heidi Vachon, Anne-Marie Baraby, José Mailhot, Amilcare Cassanello, Augustin Michel, Marcelline Picard-Kanapé, Jean-Marie Vollant, Jeannette Boivin, Jeannette et Sonia Laloche, Donald Pétiquay, Marthe Coocoo, Marie-Aimée Mestokosho, Marina Coocoo, Gloria Pénosway, Gaétane Pétiquay, Yves et Guy Sioui-Durand, Catherine Joncas, Caroline Nepton, Gilles Pellerin, Daniela Renosto, France Capistran, Félix Atencio-Gonzales, Thérèse Ottawa, Robert Saint-Onge, Maggy McKenzie, Jean-Guy Hervieux, Ann Fontaine, Gustavo du Cercle des Premières Nations de l'UQAM, José LaFlamme, Georges McKenzie, Gilbert Pilot, Kenny Régis, François Sioui, Rod Pilot, Jean-Charles Piétacho, Réjean Ambroise, Nympha Rich-Byrne, Jean Désy, Basma El Omari, Sarah Clément, Johanne Charest, Cécile Cadet, Geneviève Beaulieu, Jean-Pierre Garneau, Shelley Tullock, Daniel Chartier, Alain Beaulieu, Thomas-Louis Côté, Edoardo Gatti, Alessandro Cagnetti, Jean-François Jacob pour leur collaboration.

« La vengeance est douce... »

« La vengeance est douce au cœur du sauvage. »

Il faut sans doute remonter jusqu'à Jean-Jacques Rousseau — peut-être même reculer plus loin encore et se retrouver chez les Grecs — pour retracer l'origine de l'expression, pour le moins équivoque. Enfant, j'en avais, à ma façon, éclairci le sens. C'est le mot « douce » qui m'a tout de suite mis la puce à l'oreille. J'imaginais une grande place au soleil, des tam-tams endiablés, des voix surnaturelles qui déchiraient l'azur, psalmodiant la vérité des choses et des êtres toujours vivants. Et je m'imaginais, moi, assis au milieu de mes amis retrouvés, dans le halo d'un grand feu qui nous faisait à tous, Blancs et Indiens rassemblés, les mêmes faces rouges de délivrés. Je n'imaginais ni tomahawks, ni scalps, ni pierres rougies à la flamme, ni flèches assassines. Je savais — le diable pourrait dire comment — que la vengeance en question serait une délivrance et non un massacre. Je le savais parce que, ayant appris à écouter, puis à lire, puis à écrire, je m'étais bien sûr rendu compte qu'on ne prend pas la parole pour tuer, ni même pour blesser, mais pour apaiser, fermer une plaie, consoler et peut-être guérir. J'attendais, plein d'espoir, la douce vengeance en question. Jamais je n'ai douté de son avènement. Simplement, elle serait longue à venir. Je savais cela aussi, que le mal doit faire son temps et que l'âme blessée rampe longtemps, petit souffle dans l'herbe, avant de monter, libre, dans l'air. J'ai même fait quelques livres où, en quelque sorte, je l'appelais. D'avance — il le fallait bien — je nous réconciliais. Je tâchais non pas d'inventer le rapprochement indispensable, mais de le pressentir, de donner à voir à quel point chacun avait tout à gagner et rien à perdre à convier au milieu du cercle l'écho du vieil appel, « cette raison de vivre qui cicatrise les blessures », comme l'écrit Charles Coocoo.

C'était avant, avant que nous puissions les lire, du temps où chacune d'entre elles, chacun d'entre eux se plaignaient ou exultaient au bord du lac, seuls et conversant avec le huard et avec le hibou. Nous commençons tous comme ça : nous nous parlons à nous-même, assis au pied d'un arbre, espérant convaincre le vent dans les feuillages de porter notre pauvre message aux hommes, nos pareils si différents et surtout si lointains.

Et puis, il y avait de la résistance. Ils nous devinaient plutôt durs d'oreille, et pour cause : nous nous étions enfermés dans des maisons, des lois, des habitudes « modernes ». Nous nous étions séparés de l'univers, ils y vivaient toujours, ils étaient toujours exposés librement, fatalement, aussi bien aux « esprits dansants dans le ciel boréal » (Romeo Saganash) qu'à la « nuit sans repos qui marche au bras des étoiles » (Alice Jérôme). C'était, pour nous, revenir au bois du loup, à l'effrayante beauté qui interroge, à des terreurs que nous avions voulu chasser de nos demeures, et qui ne nous rattrapaient que le soir, parfois, quand il nous arrivait d'écouter, justement, le hibou hululer notre effroi de perdre cette belle protection que nous avions bâtie à la hâte.

Il fallait bien arriver d'Italie pour ouvrir d'abord une oreille impartiale, puis un œil intègre, neuf, sur ces mots qui, depuis belle lurette, n'étaient plus ces signaux de fumée qui autrefois montaient se mêler aux nuages, sans nous livrer leurs secrets. Ils sont ici une trentaine. C'est déjà beaucoup. Trente voix qui fusent, accusant plus d'avance que de retard à conquérir la liberté de parler « sur papier », à user enfin de ce « seul pouvoir que l'homme cache en lui » (Rita Mestokosho). Il y en a d'autres. Maurizio Gatti le dit bien, et qui se manifesteront, j'en suis sûr.

Je le savais. La revanche est douce, c'est-à-dire fraternelle, inspirée, bouleversante. J'en connais plus d'une et plus d'un qui, à lire ces textes enfin réunis, pleureront, comme l'écrit encore Rita Metsokosho, « pour la première fois ».

Robert Lalonde
Juillet 2004

Introduction

Pourquoi s'intéresser à la littérature amérindienne ?

En Italie, sur les rayons des librairies, se multiplient les livres de toutes sortes par des auteurs amérindiens[1] anglophones du Canada et des États-Unis. Alors que je rédigeais mon mémoire de maîtrise en Langues et littératures étrangères à l'Université de Rome III (1996), j'ai eu l'occasion d'en lire un certain nombre : Scott Momaday, Sherman Alexie, Tomson Highway, James Welch, Lee Maracle, Joy Harjo. Mon mémoire devant porter sur la littérature française ou francophone, je me suis demandé si, au Québec, il y avait également des auteurs amérindiens qui écrivaient en français. Les chercheurs et écrivains québécois consultés n'ont pu me donner de piste, parce qu'ils ignoraient, le plus souvent, l'existence d'un tel corpus. Cette question a trouvé une réponse dans l'*Histoire de la littérature amérindienne au Québec : oralité et écriture* de Diane Boudreau et dans le *Répertoire bibliographique des auteurs amérindiens du Québec* de Charlotte Gilbert, publiés en 1993. Il ne restait plus qu'à me procurer les ouvrages et les articles qui y étaient mentionnés, choisir un sujet et le développer.

À partir de Rome, pourtant, il n'était pas facile d'obtenir ces textes qui, même au Québec, demeurent difficilement accessibles. Le service de prêts entre bibliothèques et un séjour à Paris afin de consulter les librairies et centres de documentation québécois ou canadiens ont été indispensables.

À lire l'*Histoire de la littérature amérindienne au Québec*, je m'étais convaincu que les Amérindiens au Québec étaient opprimés et dépossédés, et que leur littérature était volontairement marginalisée. Cette idée s'est renforcée au centre de documentation du Québec à Paris, lorsque j'ai expliqué à l'employée mon sujet de recherche en lui fournissant les noms des auteurs et les titres répertoriés par Diane Boudreau. Elle a eu une réaction inattendue. Visiblement vexée et offusquée, comme si j'avais mis le doigt sur une vieille blessure encore ouverte, elle a dit fermement que ce n'était pas une littérature mais uniquement une série de documents ethnologiques à visée informative, rien de plus ; qu'elle ne comprenait pas pourquoi les Européens étaient toujours si attirés par les Indiens, et que l'étude de la littérature québécoise, « une vraie littérature », me permettrait de faire une recherche plus stimulante. Ne comprenant pas trop sa réaction et n'ayant pas d'autre choix que de passer par elle, je lui ai expliqué qu'en effet je ne connaissais pas du tout le sujet et les termes pour m'y référer, et que j'entamais un travail sur ces « textes ethnologiques » afin de découvrir la littérature québécoise dans ses différentes facettes. J'ai fini par obtenir les documents recherchés, mais cet épisode m'a beaucoup fait réfléchir. Pourquoi la plupart des Québécois rencontrés me poussaient-ils à axer mes recherches sur les auteurs reconnus plutôt que sur des auteurs amérindiens ? Pourquoi ne parlait-on pas de littérature amérindienne ? Pourquoi avait-on tellement de mal à la classer dans les rayons des librairies entre anthropologie et littérature ? Pourquoi n'avait-elle pas encore un statut et une autonomie bien définis alors qu'une *Histoire de la littérature amérindienne* en légitimait déjà à mes yeux l'existence?

En bon Italien, faisant le contraire de ce qu'on lui demande, et sachant que dans les zones obscures se trouvent souvent les choses plus intéressantes, j'ai poursuivi les recherches pour mon mémoire avec encore plus de curiosité. J'ai choisi l'écrivain amérindien qui me semblait le plus prolifique et sur lequel on avait beaucoup écrit, Bernard Assiniwi. J'ai mené une analyse strictement littéraire et esthétique de son roman *La Saga des Béothuks*, acheté à la Librairie du Québec à Paris, dans le rayon «romans québécois récents», et qui avait mérité en 1997 le Grand Prix littéraire France-Québec/Jean-Hamelin et une nomination pour le Prix du gouverneur général. J'ai décortiqué sa structure de roman historique, le rapport particulier qu'Assiniwi créait entre auteur, narrateur et lecteur, l'alternance des nombreuses thématiques, l'agencement physique et symbolique de l'espace, le système et l'évolution des personnages, etc. J'avais tenu pour acquis le statut littéraire de la littérature amérindienne ainsi que le statut d'auteur amérindien de Bernard Assiniwi.

Une bourse m'a permis ensuite de me rendre au Québec afin d'approfondir un sujet qui commençait à me passionner. Je voulais vérifier de mes yeux tout ce dont les auteurs parlaient dans leurs livres. C'est une fois au Québec que cette recherche a pris un nouveau tournant.

Une littérature émergente

Les nombreuses sources écrites examinées dans les bibliothèques et les librairies ont enrichi, dans un premier temps, les informations générales. Au Québec, il existe dix nations amérindiennes distinctes, et une nation inuit, pour qui les frontières territoriales et ethniques ne

correspondent pas à celles établies par les gouvernements
des provinces et du Canada. Les Innu[2], par exemple,
traditionnellement ne font pas de différence entre le
Québec et le Labrador — des territoires sur lesquels
ils ont circulé librement depuis des siècles. De même,
ils considèrent Innu les habitants de Sheshatshit et de
Davis Inlet (aujourd'hui Natuashish au Labrador), bien
que ceux-ci ne soient pas inscrits légalement au registre
fédéral des Indiens et que les habitants de Davis Inlet
aient été appelés à plusieurs reprises Naskapi.

Les Innu et les Atikamekw, ainsi qu'une partie des
Algonquins et des Abénaquis, ont adopté le français
comme langue seconde ; les Cris, les Mohawk, les
Micmac et les Naskapi, surtout l'anglais. Les Hurons-
Wendat et les Malécites parlent aujourd'hui uniquement
le français. Quand aux Inuit, qu'il faut bien distinguer
des Amérindiens, ils étudient le français de plus en plus
et commencent à publier des textes dans cette langue[3].
Les frontières linguistiques du corpus visé se sont ainsi
délimitées : explorer la littérature amérindienne francophone du Québec, c'est-à-dire la production écrite
en français par les auteurs amérindiens qui demeurent
au Québec, tout en gardant à l'esprit celles produites
en anglais et en différentes langues amérindiennes. J'ai
considéré comme un auteur amérindien *francophone*, un
auteur parlant et écrivant le français, mais dont l'expérience ne se limite pas uniquement à cela. *Francophone*
ne désigne donc pas nécessairement un auteur de langue
maternelle française ou qui s'identifie à cette langue,
mais un auteur qui s'exprime *aussi* dans cette langue. Les
auteurs amérindiens francophones ne se limitent pas en
effet au français, mais ceux qui le peuvent entretiennent
et développent la pratique orale et écrite de leur langue
amérindienne maternelle. L'expression «littérature
amérindienne francophone», à mon avis, fait surtout
référence à une littérature qui appartient aujourd'hui au

patrimoine mondial. Ainsi, des textes tels *Eukuan nin matshimanitu innu-iskueu. Je suis une maudite Sauvagesse* d'An Antane-Kapesh ou *Moi «Mestenapeu»* de Mathieu André, traduits de l'innu, n'ont pas été considérés comme faisant partie du corpus principal. Quand un texte est traduit d'une langue à une autre par une personne qui n'est pas l'auteur originel, des adaptations et des changements linguistiques sont inévitables. Ainsi, on lira une réécriture du traducteur, mais qui ne peut plus être considérée au même titre que le texte source. Lire *Je suis une maudite Sauvagesse* en français, c'est lire An Antane-Kapesh à travers José Mailhot. Quoique la traduction soit fidèle et compétente, elle demeure une traduction.

Les Amérindiens ont connu l'écriture dès l'arrivée des Européens et surtout des missionnaires, mais le développement d'un corpus littéraire date seulement des années soixante-dix. Les auteurs écrivent aujourd'hui de plus en plus et leur production est constituée de divers types de textes : contes, nouvelles, légendes, poésies, romans, pièces de théâtre, récits autobiographiques, témoignages et essais. La littérature amérindienne au Québec demeure pourtant une littérature jeune, produit d'une tradition orale et d'auteurs métissés biologiquement et culturellement, qui se sont approprié l'écriture non sans difficulté : la maîtrise du français écrit reste en effet la condition de base nécessaire pour assurer la qualité et l'essor des œuvres. Elle est héritière du rapport colonial qui s'est instauré entre Européens et Amérindiens à partir de 1800, particulièrement avec le confinement dans les réserves, des espaces territoriaux restreints et l'attachement (voire l'emprisonnement) à un passé séculaire. Cette mise en réserve géographique a établi le modèle idéologique de tout le régime colonial qui a suivi et continue de caractériser la condition sociale et le rapport au monde d'un grand nombre d'Amérindiens au Québec. Elle est devenue une mise en réserve

identitaire et a souvent entraîné la conviction qu'il ne
pouvait y avoir d'Amérindiens que dans l'assimilation
ou la disparition. Elle a construit des catégories imaginaires, les *Indiens* et les *Blancs*, qui ne correspondent pas
aux individus qui interagissent dans la réalité. C'est cette
partie de l'histoire et du rapport à l'Autre qui marque le
plus les Amérindiens aujourd'hui et dont on retrouve les
échos dans leur littérature.

Au début des années soixante-dix, les récits de vie
et les essais historiques ont prédominé, parce qu'il fallait
d'abord, de toute urgence, exprimer son identité et ses
revendications. Les Amérindiens se sentaient pressés
de préserver et de transmettre leurs traditions et leurs
connaissances. Leur production a donc pris la forme du
souvenir, du ressentiment, de la nostalgie, de la douleur
de la victime, du mal d'être, de la contestation et de
l'idéalisation des Amérindiens ; elle a donné beaucoup
d'importance à la dimension politique. Elle dénonçait
les pertes que les Amérindiens avaient subies : perte
de la communauté et de la solidarité, perte du territoire, perte de la liberté. Elle révélait les tensions identitaires qui opposaient tradition et modernité. Encore
aujourd'hui, elle souligne la misère sociale à laquelle les
Amérindiens font face. Elle s'est également exprimée sur
le mode de la réappropriation du passé (en reprenant des
récits anciens), de la récupération et de la mise en valeur
de l'être amérindien dont elle a voulu montrer et affirmer
devant le colonisateur, la spécificité et la singularité. En
ce sens, elle a accompagné le processus de prise en charge
et de libération des nations et peuples autochtones dans
le monde entier, depuis les années cinquante.

Aujourd'hui, de nombreux contes et poèmes viennent
témoigner d'une évolution de la littérature amérindienne
au Québec. Née de la révolte, elle a tendance à devenir
de plus en plus créative et soucieuse d'esthétique. La
littérature pour la jeunesse est également féconde et, avec

un matériel didactique très diversifié, circule en français, en anglais et dans les différentes langues amérindiennes, surtout dans les écoles des communautés[4].

Ce sont essentiellement des hommes qui ont publié dans les années soixante-dix, mais actuellement, il y a autant de femmes que d'hommes qui écrivent, quoique aucune femme n'ait encore publié de roman. La plupart des auteurs ont entre 40 et 60 ans et sont vivants. Seulement quelques-uns d'entre eux se consacrent totalement à la littérature et publient régulièrement. Ne pouvant vivre de leur écriture, pas plus que les auteurs québécois, ils ont une autre occupation. Le plus souvent, ils ne publient qu'un ou deux ouvrages, ce qui ne favorise ni la continuité ni l'abondance qui seraient très fructueuses pour leur cheminement d'écrivain. Presque tous ont atteint un certain niveau dans leurs études et, s'ils ne demeurent pas dans les grandes villes, ils s'y rendent souvent en raison de leurs activités ou de leur travail.

La reconnaissance ou la légitimation littéraire de ces pratiques d'écriture ne sont toutefois pas encore acquises. Leurs débuts ont favorisé néanmoins la constitution d'un corpus riche et varié, qui se veut distinct de la littérature dominante. Plutôt qu'une branche de celle-ci, la littérature amérindienne aspire à un statut autonome au sein des littératures francophones : l'affirmation de la figure d'auteur amérindien, le développement d'un marché, la création de prix littéraires, la promotion et l'enseignement des œuvres, l'attention et l'intérêt de la critique en sont des étapes essentielles. Le lectorat amérindien est pourtant encore faible et ne favorise pas le débat sur les œuvres. La littérature amérindienne subit et imite encore les paradigmes littéraires des colonisateurs sans réussir pleinement à choisir et à créer les siens. Elle n'est pas encore un modèle de référence pour les autres littératures : elle demeure «importatrice» d'originalité plutôt qu'«exportatrice[5]».

L'*Histoire de la littérature amérindienne au Québec* et le *Répertoire bibliographique des auteurs amérindiens du Québec* avaient été critiqués en 1993. Certains leur avaient surtout reproché de considérer comme corpus littéraire un ensemble de textes qui ne pouvaient pas l'être à cause de leur nature *littéraire* douteuse et du trop petit nombre d'auteurs (18) et d'ouvrages (27)[6]. Les recensements du ministère des Affaires indiennes et du Nord canadien indiquent que le nombre total d'Indiens inscrits officiellement au Registre des Indiens en vertu de la *Loi sur les Indiens*, en 2002 au Québec, était de 64 404. Parmi ceux-ci, environ 41 220 étaient originaires d'une communauté où le français est parlé. Si l'on considère que la population amérindienne francophone non inscrite officiellement selon la *Loi sur les Indiens* équivaut à celle inscrite, cela voudrait dire que la littérature amérindienne francophone au Québec est issue d'un bassin de population d'environ 82 000 individus. De ce point de vue, elle ressemble à d'autres littératures francophones minoritaires telles que la littérature kanak ou la littérature valdôtaine qui, tout en venant de populations limitées en nombre, offrent une production non négligeable et connaissent un essor toujours grandissant[7].

Le rôle social des auteurs

Dans le contexte amérindien actuel de la survie, du règlement des revendications territoriales, «l'art pour l'art» et la littérature ne sont pas des priorités fondamentales. Lors d'une entrevue réalisée en 2001, Romeo Saganash avouait regretter parfois «d'avoir passé la majeure partie de sa vie adulte en politique. Il aurait aimé être un chanteur, un poète, un artiste». Il trouvait dommage que «les jeunes Cris d'aujourd'hui n'aient pour modèles que des politiciens plutôt que des écrivains ou des poètes[8]». Les figures de référence principales des

Amérindiens à l'heure actuelle se limitent, pour l'essentiel, aux chasseurs et aux chefs politiques. M. Saganash me faisait aussi remarquer plus récemment combien il était épuisant pour un peuple d'investir ses meilleures ressources humaines dans les luttes politiques plutôt que dans l'art, la littérature, ou dans d'autres formes d'expression. La littérature et le message des artistes peuvent en effet être aussi efficaces à long terme que la politique, voire davantage : ils ont le pouvoir de porter l'attention internationale sur des questions précises, mais plus fondamentalement de donner de la fierté et de la dignité. Subversifs, ils peuvent contribuer à consacrer une autonomie, une liberté expressive et mentale que les régimes totalitaires ou répressifs à travers le monde ont toujours essayé de contrôler.

La littérature amérindienne francophone du Québec est devenue désormais un domaine de connaissance qui contribue à la compréhension des réalités et des enjeux amérindiens et québécois. Tout comme les conteurs oraux, les écrivains actuels racontent leurs traditions, expriment leur mémoire et leur vision du monde : ils assurent ainsi la transmission et le renouvellement de leur culture. Jacqueline Bouchard les a comparés à de « nouveaux chamans », parce qu'ils sont « des visionnaires et détiennent des pouvoirs similaires : magiciens du geste et du verbe, créateurs d'illusions, manipulateurs d'images et d'idéologies [...], personnages ambigus entre deux univers, deux identités[9] ». La littérature amérindienne permet d'entrer en contact avec l'imaginaire amérindien non plus seulement d'un point de vue anthropologique et folklorique, mais aussi d'un point de vue esthétique, à partir de l'analyse et de l'interprétation des textes.

Être un auteur amérindien aujourd'hui, signifie d'abord affronter l'angoisse de l'individu dans le monde moderne, seul face à sa collectivité immédiate et à la collectivité mondiale. Son rôle est difficile à assumer, car

il incarne toutes les ambiguïtés, toutes les impossibi-
lités d'un peuple colonisé, portées à l'extrême degré. En
même temps, les auteurs amérindiens au Québec qui
s'approprient la littérature écrite contribuent à affranchir
graduellement leurs communautés des limites créées par
la *Loi sur les Indiens* et par le système des réserves. De
plus en plus d'auteurs considèrent qu'écrire, publier et
être lu est gratifiant et efficace. Ils commencent à être
conscients du rôle social qu'ils jouent aujourd'hui. À
travers la création littéraire, ils assument l'histoire et
l'espace, ils font sauter les barrières qui leur ont longtemps bloqué l'horizon, ils acceptent le monde et les
réalités multiculturelles, ils s'approprient de nouveaux
moyens d'expression et participent au processus de
recomposition identitaire entamé par les leurs. Bref, ils
consolident graduellement leur regard critique face à leur
pratique littéraire. Ils sont l'exemple même que l'authenticité ne loge pas uniquement dans le passé et les traditions d'avant l'arrivée des Européens, mais plutôt que
la littérature écrite contemporaine permet une nouvelle
forme d'authenticité. Aux critiques qui voudraient que
les petites nations amérindiennes soient destinées à
mourir, les auteurs rétorquent que cela reste à voir, et que
la seule chose qui peut être constatée aujourd'hui, c'est
qu'elles sont encore bien actives et que leur création se
développe de plus en plus. Plusieurs textes expriment la
volonté de vivre ainsi que la projection dans l'avenir. Les
auteurs amérindiens au Québec sont donc bien davantage que des sujets d'étude : ils sont surtout les acteurs
d'une culture en mutation rapide.

Constitution du recueil

L'intérêt suscité par cette littérature au Québec,
au Canada, en Europe et chez les Amérindiens, m'a
poussé à constituer un recueil qui la présente au public

et qui rende compte de l'effervescence créatrice qui anime les auteurs amérindiens contemporains. Le choix initial des auteurs a été effectué à partir des répertoires de Diane Boudreau et de Charlotte Gilbert. Bien que Diane Boudreau inclue les auteurs de chansons dans son corpus, j'ai décidé de les exclure pour ne pas compliquer ma tâche ultérieurement. Le débat sur la place qu'occupe la chanson dans l'espace littéraire est encore ouvert au Québec à l'heure actuelle. Des manuels récents de littérature québécoise reproduisent des textes de chansons, considérant Gilles Vigneault ou Félix Leclerc comme des poètes. Cependant, l'auteur d'un texte destiné à être chanté, l'écrit en vue de son adaptation et de sa fusion avec la musique. Il se donnera donc des règles et des contraintes rythmiques propres au genre. Dans l'expression artistique amérindienne, la chanson — une production très importante — occupe une place privilégiée en tant que promoteur de la langue, de la culture et d'une prise de conscience sociale. Elle naît le plus souvent dans les différentes langues amérindiennes et comporte pour cela une barrière évidente pour un chercheur ne les maîtrisant pas.

Comme il n'existe pas de bibliographie exhaustive, de banque de données, ou d'ouvrages de référence sur la littérature amérindienne au Québec, il m'a fallu réunir moi-même les titres et les noms d'auteurs non répertoriés par Boudreau et Gilbert. Dans diverses communautés et villes, j'ai eu la possibilité de rencontrer plusieurs auteurs qui, connaissant mon intérêt pour la littérature, m'ont montré leurs manuscrits. Cette enquête sur le terrain m'a permis de découvrir un nombre considérable d'écrits inédits et de mesurer ainsi la rapide évolution et le dynamisme de la littérature amérindienne de langue française au Québec depuis 1993. Cette production manuscrite montre que, contrairement à ce qu'on pourrait penser, il existe une vitalité littéraire certaine chez les Amérindiens du Québec, une volonté d'écrire et de créer. Un certain nombre d'informateurs amérindiens ont ajouté d'autres noms à la liste d'auteurs que j'avais élaborée empiriquement. Plusieurs auteurs ont accepté de présenter leurs textes pour la première fois et m'ont envoyé des manuscrits qu'ils avaient parfois conservés dans des tiroirs pendant des années. C'est grâce à ces collaborateurs que j'ai appris, par exemple, l'existence du manuscrit posthume de Jean-Paul Joseph. Avec l'accord de sa famille, j'ai pu en reproduire un extrait.

Le corpus rassemblé jusqu'à présent comprend plus de 150 textes publiés en français par une cinquantaine d'auteurs. Toutes les formes de création littéraire y figurent : contes, nouvelles, poèmes, romans, pièces de théâtre, récits et témoignages. Cela souligne la diversité du corpus et présente des textes très différents par leur forme et leurs thématiques. Ainsi défilent le conte, la poésie revendicatrice, amoureuse ou satirique, le roman historique, autobiographique ou policier, le récit ironique ou humoristique, le journal intime, la réflexion sur la condition amérindienne actuelle : le métissage, les problèmes sociaux, le passé, le futur, le rapport intime avec la nature. Seuls les textes qui relèvent de la création personnelle paraissent dans ce recueil. Pour les légendes, par exemple, les simples transcriptions des récits oraux traditionnels ne sont pas reproduites laissant la place aux textes qui donnent lieu à une véritable recréation[10]. Après de longues réflexions, j'ai enfin décidé de ne pas inclure les essais, malgré leur éloquence, leur rhétorique et leur force émotionnelle, pour ne m'intéresser dans un premier temps qu'à la fiction, une expression contemporaine qui se rapproche certainement davantage du discours oral qui a tant marqué la tradition autochtone. Une étude approfondie des essayistes amérindiens pourrait très bien faire l'objet d'un prochain ouvrage.

Quelques auteurs, malgré leurs publications, ont avoué ne pas se considérer comme de *vrais écrivains* et ont préféré ne pas paraître dans ce recueil. Un autre, connu, le dramaturge huron-wendat Yves Sioui-Durand, a affirmé ne pas se reconnaître dans un tel projet qu'il ne jugeait pas représentatif de son cheminement artistique. J'ai accueilli ces positions avec intérêt parce qu'elles confirmaient à mes yeux que la littérature amérindienne et ses auteurs sont en train de s'affirmer et de se diversifier comme c'est le cas dans d'autres littératures mieux établies.

Compte tenu du nomadisme de plusieurs, je n'ai pu joindre toutes les personnes qui figuraient sur ma liste, mais 29 auteurs sont ici présentés. Sans chercher un équilibre factice, ce recueil se veut représentatif des diverses nations. Les auteurs ne sont pas classés pour autant par nation, la littérature transcendant les ethnies. Un classement par genre permet d'ailleurs une meilleure appréciation critique des thèmes et des formes.

Les textes de chaque auteur sont précédés d'une notice biographique qui permet aux lecteurs de se familiariser avec eux. Sans vouloir suggérer aux lecteurs un mode de lecture ou une analyse des textes retenus, ceux-ci sont présentés en quelques lignes pour les situer dans l'œuvre générale de l'auteur, en marquer la particularité ou la représentativité. Des « profils d'auteurs » plus développés figurent à la fin de l'ouvrage. Ceux-ci sont volontairement le plus détaillés possible, afin de fournir à ceux qui entament des recherches avancées sur le sujet un instrument de travail jusqu'à présent inaccessible. Certains auteurs les ont rédigés eux-mêmes, mais dans la plupart des cas je les ai rédigés à partir d'un *curriculum vitæ* qu'ils m'ont fait parvenir ou d'informations tirées d'articles et d'entrevues. Faute de renseignements précis fournis par les auteurs ou leur entourage, je n'ai pas toujours pu compléter à ma satisfaction quelques profils.

Vrais et faux Indiens

Lors de mes voyages dans les communautés amérindiennes et chez les auteurs, j'ai été confronté à des réalités qui ne figuraient pas dans *l'Histoire de la littérature amérindienne* de Diane Boudreau. Cet ouvrage, malgré ses mérites, était plus descriptif qu'analytique et ne proposait pas une étude des problématiques propres à la littérature amérindienne. Il donnait pour acquis le statut d'auteur amérindien et proposait une définition rapide, voire idéalisée, d'auteurs qui se reconnaissaient et se respectaient tous mutuellement. Mon expérience sur le terrain, les dynamiques observées et les entretiens, ont démontré que la question, encore inexplorée, est bien plus complexe et fascinante : ni les Amérindiens ni les Québécois ne s'entendent sur la définition d'*auteur amérindien*. J'ai donc poussé plus loin ma réflexion sur ce point afin de comprendre à partir de quels critères un auteur est défini, ou se définit lui-même, comme auteur amérindien, et non pas comme auteur *québécois* ou *canadien*. Pourquoi certains écrivains sont-ils considérés plus, moins ou pas du tout amérindiens ? Découvrir l'origine de ces désaccords, plonger au cœur des problèmes les plus délicats que pose le statut d'auteur amérindien, élaborer des paramètres et des critères de choix, ont permis de délimiter mon corpus textuel et mon champ de travail.

J'aurais pu me limiter, dans cette introduction, à analyser les ouvrages d'un point de vue strictement littéraire et esthétique, mais il fallait élargir la perspective sur les questions fondamentales et préalables à peine énoncées. Puisqu'il n'existe pas encore de frontières nationales clairement délimitées pour les Amérindiens, l'identification et l'identité sont floues. Parler de la littérature des États-Unis, voudrait dire se référer à des auteurs qui sont citoyens des États-Unis ou qui y vivent, aussi bien des Noirs, des Juifs, que des Blancs, etc. Est Américain

en effet quiconque est né ou a immigré aux États-Unis
et donc possède un passeport américain : la frontière
nationale y est clairement définie. Chez les Amérindiens,
les frontières culturelles d'identification ne correspondent pas aux frontières légales. La question identitaire
fait donc partie de ce recueil, non seulement dans la
définition de son contenu, mais parce qu'elle apparaît
constamment dans l'expression écrite issue des auteurs
amérindiens. Par exemple, dès mes toutes premières
rencontres avec des Amérindiens, la plupart d'entre eux
se permettaient d'emblée de faire des plaisanteries sur les
Italiens en utilisant parfois les stéréotypes les plus banals
et vexants, alors qu'ils étaient très susceptibles sur tout
ce qui regardait leur propre image publique. On pouvait
bien ironiser sur l'identité des Québécois francophones,
mais gare à qui le faisait avec celle des Amérindiens. Ces
derniers sont en effet peu nombreux au Québec et incer-
tains de leur avenir. En raison de cette insécurité identitaire, ils se sentent menacés et ils craignent souvent
qu'une ouverture sur l'extérieur puisse entraîner le vol
ou la perte de quelque chose, comme ce fut le cas dans
le passé. Le contexte historique, les faits et les rapports
sociaux permettent de comprendre et d'expliquer les
mécanismes qui ont modelé la situation d'aujourd'hui,
et les enjeux qui, dans l'évolution de la condition socio-
historique amérindienne contemporaine, agissent sur les
pratiques littéraires.

Les séquelles de la colonisation et de la *Loi sur
les Indiens* se reflètent dans la littérature amérindienne.
Leur force et leur caractère systématique remontent à
plusieurs siècles et cet héritage est toujours actif. Les
préjugés perdurent, les institutions également. Le
système des réserves s'est révélé un échec : il a maintenu
les communautés amérindiennes dans un état de sous-
développement économique en suscitant des tensions
dues à leur statut juridique particulier[11]. De plus en plus

d'Amérindiens quittent aujourd'hui les réserves pour s'installer en ville. Mais les tiraillements qui en découlent et qui divisent parfois les communautés sont tout de même des conflits dynamiques et créateurs.

Engagés dans une quête identitaire constante qui implique inévitablement la reconnaissance par autrui, les Amérindiens ont besoin de proclamer leurs valeurs et leur indianité face au monde entier. Comme cette quête occupe beaucoup de place dans leur thématique littéraire, on peu se demander si l'affirmation de l'écrivain nigérian Wole Soyinka[12], touchant les efforts des Noirs pour affirmer leur négritude, trouve sa pertinence dans le contexte amérindien : «Le tigre ne proclame pas sa tigritude, il tue sa proie et la dévore.» Soyinka souligne par là que lorsqu'on *habite une peau*, on n'y pense pas, on ne le proclame pas à tout bout de champ. C'est donc dans l'agir que les Amérindiens affirment leurs identités.

Il n'y a désormais plus une seule façon d'être Amérindien. Chacun peut construire son avenir et se faire soi-même en allant au-delà de ses appartenances immédiates, tout en travaillant en relation avec les autres. Le repli sur soi, la manière d'être Amérindien entretenue par la tradition ou par les stéréotypes de la colonisation, sont dépassés par une ouverture vers l'universel qui tend de plus en plus à faire des Amérindiens des citoyens du monde plutôt que des *citoyens des réserves*. Leur droit à la différence consiste à briser l'image modèle de l'*Indien traditionnel* et à s'ouvrir à l'altérité, aux échanges interculturels réfléchis pour faire place aux *acteurs sociaux amérindiens* qui sont appelés à bâtir leur avenir. Fouiller dans les trésors inépuisables de leur passé avec les facultés mentales aiguisées par les réalités d'aujourd'hui, profiter des conditions extraordinaires de notre époque, fonder de nouvelles continuités, sont les voies que les artistes et les auteurs amérindiens utilisent pour montrer qu'il y a d'autres choix que l'assimilation ou la disparition.

Ce qui ressort en fin de compte, c'est que les *Indiens* et les *Blancs* n'existent pas. Ces mots ne se rattachent pas à des personnes réelles. Ce ne sont que des représentations imaginaires d'un autrui significatif : les Blancs se sont définis en s'opposant aux Indiens et vice versa[13]. Les Amérindiens et les Québécois de souche francophone se perçoivent comme très différents les uns des autres, au point que toute compréhension entre eux semble être souvent difficile. Ils se considèrent encore respectivement comme des étrangers. Cette opposition est pourtant devenue aujourd'hui, dans plusieurs cas, la reconnaissance d'une différence qui n'est pas nécessairement conflictuelle, mais qui s'ouvre au dialogue. De même, il n'existe pas de *vrais* ou de *faux* Indiens. Il existe plutôt des façons artificielles de faire l'Indien, qui accréditent le cliché de l'Indien à plumes. Grey Owl[14] eut en son temps du succès en incarnant les stéréotypes de l'Indien des Blancs : la sagesse, le respect de la nature, etc. Et l'Indien inventé a fini par se fondre avec l'Amérindien réel.

Le contenu de ce recueil renvoie à des questions sociologiques, identitaires et littéraires prioritaires non seulement pour le corpus amérindien mais également pour les autres littératures *nationales*, dont la littérature québécoise. Il est donc possible de les mettre en perspective dans une vision plus large en les comparant également avec d'autres littératures émergentes. Par comparaison avec la littérature amérindienne des autres provinces du Canada, par exemple, qui est originale, bien développée et reconnue internationalement, celle du Québec en est encore à une étape antérieure. Amérindiens et non-Amérindiens ne se posent pas la question «qui est auteur?», mais «qui est Indien?», légalement ou culturellement. Les critiques informelles qu'ils adressent à plusieurs auteurs sont souvent fondées sur l'authenticité de leur indianité plutôt que sur un jugement de la qualité littéraire de leurs œuvres. Chaque auteur tient en effet à marquer sa différence et son authenticité par rapport aux autres à travers un certain nombre de traits empiriques et symboliques tels que la langue parlée, l'origine ethnique, le degré de métissage du sang, le statut légal, le lieu de naissance et de résidence, l'aspect physique. Les textes reflètent les tensions qui existent entre Indiens *vrais* et *faux*, entre Indiens *purs* et métissés, entre Indiens et Blancs.

L'autodéfinition

La notion d'auteur amérindien demeure floue et difficile à saisir. Bernard Assiniwi, qui écrivait en 1989 que la littérature amérindienne au Québec se composait d'une cinquantaine de titres dus à des Amérindiens autant qu'à des non-Amérindiens[15], établissait, deux ans plus tard, une nette distinction entre Amérindiens et non-Amérindiens qui écrivent sur les Amérindiens[16]. Cet exemple montre bien la difficulté de proposer une définition constante et largement acceptée.

S'il est vrai que l'identité vient de la conscience subjective qu'un individu éprouve pour ce qui le distingue des autres (qui comptent à ses yeux), et que l'identité est un projet en perpétuel mouvement[17], je propose une première définition générale, au terme d'un bilan sans doute destiné à changer encore : un auteur amérindien est celui qui se considère et se définit comme tel.

Cette identification, plus subjective que génétique, gagne du terrain aujourd'hui. Romeo Saganash, déjà en 1993, déclarait dans une entrevue :

> J'en suis arrivé à la conclusion que l'humanité tout entière est vouée au métissage, culturel certainement, et génétique aussi fort probablement. Nos sociétés subissent présentement des changements et des mutations qui amènent un

brassage de population ; c'est quelque chose qu'il n'est ni possible ni souhaitable d'éviter. Dans un tel contexte, la nationalité deviendra de plus en plus une question d'auto-identification individuelle. Ainsi il se peut que mes enfants s'identifient davantage comme Québécois que comme Cris, et il se peut qu'ils fassent chacun un choix différent. En ce qui me concerne, c'est une plus-value sur le plan humain et sur le plan culturel que de vivre une situation comme celle-là. J'essaie de mon mieux de leur transmettre la dimension crie de leur héritage ; ma femme leur en transmet la dimension québécoise. Et conscients de la beauté et de la valeur de chacune des cultures et de chacune des langues, ils sauront bien eux-mêmes trouver leur façon d'être dans le monde[18].

La loi finlandaise sur l'éducation des Lapons (Samis), considère lapon quiconque affirme l'être[19]. Conscients de la pertinence de cette affirmation identitaire, Bernard Assiniwi a intitulé un article « Je suis ce que je dis que je suis[20] ». Dans le même sens, Kenneth Deer me disait à Kahnawake, en juin 2000 : « *It's a state of mind to be a Native.* »
On est loin de la *Loi sur les Indiens* de 1876 (amendée en 1985) qui stipulait que, sans exception et sans aucun doute, lorsqu'une femme indienne épousait un individu autre qu'un Indien, elle, ainsi que les enfants provenant d'un tel mariage, cessaient d'être des Indiens[21]. Cette limitation révèle l'importance qu'accordait le gouvernement fédéral à la force de cet élément d'identification. Mais quelle est alors cette façon d'être à laquelle les Amérindiens aspirent et que le gouvernement redoutait tellement à l'époque ? L'important ici n'est pas de déterminer qui est un *vrai* et qui un *faux*, qui un *bon* et qui un *mauvais* auteur amérindien, mais pourquoi tel individu s'estime auteur *amérindien* et quel univers de référence il se donne.

Chaque être humain a une référence culturelle qui le façonne et par rapport à laquelle il se définit : langue, territoire, spiritualité, valeurs, sens du monde et de la vie, mode de vie et de pensée, coutumes, attitudes typiques, goûts, aspirations, imaginaire, traits de sensibilité ou de caractère, mémoire commune, ethnie, savoir transmis à travers le temps, époque, organisation sociale, etc. Ces traits sont partagés par une collectivité et deviennent son principe d'unité et de cohésion interne. L'auteur amérindien est celui qui se sent proche de ce patrimoine culturel auquel il décide consciemment de s'identifier. Par-delà certains traits plus généraux d'indianité, l'auteur amérindien se particularise encore par son appartenance à son groupe (Algonquins, Innu, Atikamekw, etc.) dont il faut prendre en compte l'imaginaire. L'origine ethnique, l'enracinement linguistique et culturel ne sont donc pas séparables de la création ; ils conditionnent fortement les auteurs sans pour autant les déterminer totalement. Mais l'utilisation même de l'expression *auteur amérindien* pourrait-elle renvoyer à une limitation ethnicisante, à une folklorisation du phénomène littéraire comme reflet d'une aliénation ? Même si le terme *amérindien* peut évoquer une réalité chargée de narcissisme ou un imaginaire saturé de stéréotypes, il faut pourtant l'utiliser pour désigner avec précision un phénomène semblable à d'autres, mais en même temps fort différent. Une littérature amérindienne francophone n'est pas une littérature québécoise, ni une littérature française, ni une littérature martiniquaise.

Du reste, la majorité des auteurs tiennent beaucoup à ce terme *amérindien* qui marque leur spécificité. Certains, pourtant d'ascendance amérindienne aussi, ne se considèrent pas comme des auteurs *amérindiens* et ne recherchent pas cette reconnaissance à tout prix. Robert Lalonde par exemple, d'origine mohawk, est né à Oka où il a passé son enfance. Ses origines mohawk ont beaucoup compté pour lui et sont restées dans sa façon d'être, mais il ne bâtit pas son œuvre là-dessus. Dans ses romans, on retrouve des thématiques amérindiennes comme la proximité avec la nature, très présente sensuellement dans son style, mais il vit et exprime son identité mohawk sans ressentir le besoin de l'extérioriser et de la revendiquer ouvertement. Elle constitue une partie de son expérience, mais ne définit pas l'ensemble de son identité et de sa création. En ce sens, l'amérindianité semble apporter un enrichissement, même si elle n'est pas une constituante essentielle de son œuvre. Peut-être est-ce pour cette raison que Diane Boudreau ne l'a pas retenu dans l'*Histoire de la littérature amérindienne au Québec*?

Le cas limite serait celui d'un auteur issu de deux parents amérindiens, qui aurait toujours vécu dans son village et parlé sa langue maternelle, et qui refuserait d'entrer dans la catégorie d'auteur amérindien ou québécois, estimant sa création littéraire au-delà de toute barrière ethnique[22].

L'autodéfinition pose pourtant un certain nombre de questions dont les réponses n'engendrent pas toujours le consensus. Les écrivains, surtout les métis, sont parfois accusés d'un déficit d'indianité. Les formes d'*autoproclamation* sont par exemple critiquées et rejetées par plusieurs Amérindiens. Grey Owl est souvent considéré comme un imposteur, même s'il a contribué à sensibiliser les Blancs et à valoriser les Amérindiens et la nature. Grey Owl était-il un *vrai* ou un *faux* Indien? Peut-on décider de devenir un Amérindien comme on pourrait devenir un Italien ou un Québécois? La question reste ouverte d'autant plus qu'elle amène à se demander si les enjeux ont changé aujourd'hui et s'il est devenu *symboliquement* et *exotiquement* sinon *financièrement* rentable d'être reconnu comme un auteur *amérindien* grâce à une stratégie de marketing visant à attirer l'attention et la curiosité du public pour mieux vendre ses ouvrages.

Une sorte d'attrait mythique et spirituel très fort lié aux Amérindiens semble inciter des individus à se sentir ou à vouloir devenir Amérindiens[23]. Ce n'est pas le cas, du moins dans la même mesure, pour l'envie de devenir Français, Allemand ou Japonais. Il est en effet possible de devenir un citoyen amérindien reconnu par la *Loi sur les Indiens*, si une famille amérindienne décide de nous adopter légalement. La question reste donc à savoir si l'on peut devenir Amérindien dans le sens culturel et historique. À l'arrivée des Européens, certaines nations amérindiennes, après une guerre, assimilaient de force les prisonniers en leur enseignant leur langue, leur culture, leur histoire, leurs propres traditions. De la même façon, ils assimilaient des Blancs qui devenaient des Amérindiens. Si cela était possible à cette époque, alors que le mode de vie des Européens était très distinct de celui des Amérindiens, pourquoi ne serait-ce pas possible aujourd'hui que le mode de vie de ces derniers s'est sensiblement rapproché de celui des Blancs? Bernard Assiniwi a soulevé cette question et nous a fait connaître indirectement sa position sur le sujet en relatant ce que William Commanda, un aîné algonquin de Maniwaki, lui disait un jour. Il parlait d'un homme de sa nation qui n'avait pas une goutte de sang algonquin dans les veines, mais qui vivait avec les Algonquins, qui avait épousé une Algonquine, qui parlait la langue, qui s'était adapté à leurs coutumes et traditions, et dont les enfants étaient nés dans la communauté. Aux yeux de William Commanda, aucune *Loi sur les Indiens* ni aucune mesquinerie ne pouvaient nier à cet homme le droit d'être un Algonquin[24]. Assiniwi touche ici à la définition même de l'identité telle qu'elle a été énoncée plus haut.

L'hypothèse la plus acceptable avec l'autodéfinition, me semble-t-il, est de considérer qu'il y a plusieurs façons d'être auteur amérindien. Je ne prends pas parti pour tel ou tel auteur, je n'établis pas de palmarès et je ne juge pas le degré d'indianité de chacun. J'essaie de comprendre comment chacun exprime ses origines, sa vision du monde dans ses œuvres, d'une façon qui lui est propre, selon son expérience, son cheminement personnel, son appartenance à telle ou telle nation, etc. Même s'ils abordent des sujets différents, s'ils les traitent distinctement, chaque auteur est amérindien à sa manière ; tout comme Marie Laberge, Dany Laferrière et Ying Chen sont tous des auteurs québécois malgré leurs grandes différences.

La définition d'auteur amérindien que je suggère ne donne pas de réponse rigide, infaillible et définitive. Une définition stricte et absolue risquerait d'être réductrice. Aussi me contenterai-je de ces propositions provisoires qui, si limitées soient-elles, permettent de mieux comprendre les dilemmes auxquels font face les créateurs et soulèvent des questions qui ouvrent des pistes de réflexion prometteuses. Si ces propos provoquent des réactions fortes de la part des lecteurs québécois et amérindiens, cela veut sans doute dire que je mets le doigt au bon endroit pour stimuler les nerfs les plus sensibles.

Tout ouvrage sur la littérature amérindienne francophone au Québec vise une catégorie très imparfaitement saisie qui exige au préalable de cerner les critères servant à la définir, compte tenu qu'il n'y a pas de littérature sans auteurs.

La rectitude politique

L'ensemble des constats évoqués, et élaborés après de nombreux séjours dans les communautés amérindiennes et auprès des auteurs, sont à l'origine de ces questionnements et de cette recherche. Ce travail a pour point de départ les énigmes et les contradictions que mon expérience de terrain m'a fournies et que les auteurs mettent en scène dans leurs ouvrages. Il essaie de rendre compte de cette réalité empirique parce que plusieurs ouvrages traitant des Amérindiens ne correspondent pas toujours aux réalités quotidiennes vécues dans les communautés. Il est frappant en effet de remarquer comment l'esprit critique diminue parfois lorsqu'on parle des Amérindiens ou lorsque ceux-ci s'expriment. La rectitude politique et le sentiment de culpabilité entraînent une édulcoration généralisée qui vise à ne pas les blesser davantage. Cette attitude n'est pas dénuée de mépris, car elle manifeste une forme d'infantilisation des Amérindiens qui n'auraient aucun libre arbitre, victimes de l'histoire et de la fatalité. On leur pardonne souvent ce qu'on ne tolérerait pas chez d'autres. Ce recueil s'efforce donc de ne pas livrer une présentation *molle*, condescendante et auto-censurée des auteurs, ni de les défendre, mais plutôt de les *mordre*, de les secouer, d'analyser sans complaisance et avec lucidité les choses comme je les perçois, afin de provoquer une compréhension et une réflexion sur eux et sur leur littérature. Ce sont pourtant *ma* perception et *mon* analyse que je propose ; elles ne correspondent pas nécessairement à celles des Amérindiens. Certains d'entre eux risqueront de ne pas se reconnaître au fil de cette introduction volontairement concise, et qui veut permettre aux lecteurs d'avoir un contact direct avec les textes sans avoir été influencés auparavant par de longues démonstrations théoriques[25].

La Fontaine le disait clairement dans sa fable *Le Meunier, son Fils et l'Âne* : « est bien fou du cerveau/ qui prétend contenter tout le monde et son père ». Ce recueil essaie néanmoins de relever le défi de s'adresser aussi bien au public amérindien qu'au public québécois, car depuis mon arrivée au Québec, un grand nombre d'entre eux m'ont interrogé sur mes recherches en manifestant leur intérêt et leur curiosité pour ce phénomène qu'ils ignoraient auparavant et qu'un « étranger » venait leur faire remarquer. Je me suis rendu compte en effet, tout au long de mes recherches, qu'être Italien a été un atout non négligeable. Quand j'ai commencé à côtoyer les Amérindiens et à voyager dans les communautés, ils m'ont accueilli très chaleureusement et généreusement, sans méfiance. Ils s'entretenaient de longues heures avec moi, se confiaient, voulaient mieux me connaître, en savoir plus sur l'Italie, etc. J'étais aussi exotique à leurs yeux qu'ils pouvaient l'être aux miens. Quand je leur demandais la raison de cette ouverture, alors qu'ils semblaient avoir des griefs importants contre de nombreux Québécois, ils me répondaient souvent que c'était parce que je n'étais pas un *vrai* Blanc, c'est-à-dire un colonisateur, un Québécois, un de ceux qui les avaient dépossédés. Les Québécois actuels en effet, quoi qu'ils fassent, portent inévitablement le poids du passé colonial de leurs prédécesseurs. J'avais de mon côté l'avantage de n'être ni un Amérindien ni un Québécois, de ne pas entrer dans la logique coloniale locale. Je pouvais travailler sur la littérature amérindienne, un *objet* qui n'était pas le mien, avec une distance créatrice que je n'aurais probablement pas eue autrement. Mon rôle de chercheur m'a amené justement à prendre du recul par rapport à la littérature amérindienne, à l'objectiver et à exprimer mon point de vue. En même temps, j'ai essayé d'utiliser mon empathie pour pénétrer les réalités amérindiennes et les comprendre de l'intérieur plutôt que de me projeter sur elles. Je ne suis pas convaincu, à ce sujet, comme la question m'a été posée à plusieurs reprises, que les Amérindiens soient nécessairement les seuls bien placés pour parler d'eux. Il ne suffit pas, par exemple, d'être Amérindien et de parler sa langue quotidiennement pour être capable de l'enseigner, à moins de se donner les instruments et les compétences pour le faire. Enfin, en tant qu'observateur extérieur, je n'ai pas voulu entrer dans les querelles qui existent aujourd'hui entre nations amérindiennes, clans, familles, personnes et auteurs.

   Ce recueil, je l'espère, fournira aux Amérindiens un outil pédagogique de première main pour diffuser et valoriser leur culture, tout en offrant aux chercheurs un instrument de référence fiable et un ensemble textuel original et agréable à lire.

▶ **NOTES**

  1   J'utiliserai le terme *Amérindien* pour désigner les descendants des habitants des Amériques à l'arrivée des Européens. Ce terme inclut les Amérindiens ayant droit à ce statut d'après la *Loi sur les Indiens*, ainsi que ceux qui revendiquent leur appartenance à ce groupe. J'emploierai de préférence le terme Amérindien plutôt qu'Autochtone parce qu'il me semble plus précis et sans équivoque : plusieurs Québécois, par exemple, se considèrent comme des *autochtones* parce qu'ils sont nés au Québec et correspondent ainsi à la définition de ce terme dans le dictionnaire. Le mot *Autochtone* apparaîtra néanmoins à quelques reprises parce qu'il est entré aujourd'hui dans le vocabulaire commun pour se référer aux Amérindiens et aux Inuit. À noter que ces derniers ne sont pas légalement des Indiens par décision de la Cour suprême du Canada. J'utiliserai le terme *Indien* quand je ferai référence au contexte légal de la *Loi sur les Indiens* ou quand le contexte historique l'exigera afin d'éviter des anachronismes terminologiques (au même titre que Canadien français/Québécois). Je l'emploierai également quand je voudrai me référer à l'imaginaire auquel il renvoie ; il sera alors souvent opposé à celui de Blanc. J'essaierai de ne pas limiter mon vocabulaire par rectitude politique et d'utiliser les termes *Indien*, *Blanc*, *réserve*, etc., quand le contexte l'exigera. Le terme général *non-Amérindien* me servira à désigner toute personne qui n'est pas d'origine amérindienne ou qui ne se considère pas comme telle. Il est peut-être délicat de définir un groupe de personnes par la négation d'un autre mais, dans ce contexte précis, les Amérindiens sont le point de référence principal autour duquel mon discours s'organise.
  2   Pour éviter toute confusion sur l'accord ou non du mot *innu* en français (innu/innuat plutôt que innu/innus/innues par opposition à ilnu, etc.), je le considérerai comme invariable. Dans le même souci de clarté et de simplification, *atikamekw* (graphie utilisée par les Atikamekw pour éviter des formes telles Attikameks, Attikamèques, etc.), *wendat*, *mohawk*, *naskapi*, *micmac* et *inuit* (inuk/inuit plutôt que

inuits/inuites, à ne pas confondre avec innu/innuat, etc.) seront inva-
riables. Il se peut néanmoins que ces mots se retrouvent, dans les
textes des auteurs et dans la bibliographie, avec des graphies différentes : j'ai respecté dans ce cas les formes choisies par les auteurs et
les éditeurs.

3   Voir la revue *Sivunitsavut. Notre avenir*, publiée en français et inuktitut par les étudiants inuit du cégep Marie-Victorin de Montréal
et diffusée dans les communautés du Nunavik ; la revue *Le Toit du
monde. Actualité nordique*, publiée par l'Association des francophones
du Nunavut et *Rencontre*, « Le Nunavik se francise », *Rencontre*, vol.
20, n° 2, 1999, p.18.

4   J'utiliserai les termes *communauté* et *village* pour faire référence aux
réserves amérindiennes.

5   Voir P. Rivas, « Émergence et différenciation des littératures sous
dépendance : quelques propositions théoriques », dans J.-M. Grassin,
dir., *Littératures émergentes*, Actes du XIᵉ Congrès de l'Association
Internationale de Littérature Comparée (Paris, 20-24 août 1985),
vol. 10, Berne, Peter Lang, 1996, p.183-186.

6   Voir G. Thérien, « Diane Boudreau, *Histoire de la littérature amérindienne au Québec* », *Recherches sociographiques*, vol. 35, n° 3, 1994, p.616-
618.

7   Les kanak, autochtones de la Nouvelle-Calédonie, sont aujourd'hui
environ 87000, alors que les habitants de la Vallée d'Aoste (Italie)
sont quelque 117000. Voir H. Mokaddem, « L'exiguïté de la littérature kanak contemporaine de 1965 à 2000 », dans R. Viau, dir., *La
Création littéraire dans le contexte de l'exiguïté*, Québec, MNH, coll.
« Écrits de la francité », 2000, p.299-332, et R. Gorris, dir., *La Littérature valdôtaine au fil de l'histoire*, Aoste, Imprimerie valdôtaine, 1993.

8   N. Petrowski, « Rencontre avec Romeo Saganash. Un Indien dans la
ville », *La Presse*, 11 juin 2001, p.C6.

9   J. Bouchard, « La pratique des arts visuels en milieux amérindien
et inuit », *Recherches amérindiennes au Québec*, vol. 23, nᵒˢ 2-3, 1993,
p.149.

10 En ce sens également, je n'ai pas reproduit dans cette première
édition *Le « Premier » des Hurons* de Max Gros-Louis, *Un monde
autour de moi* de Anne-Marie Siméon et *La Prise en charge* de Harry
Kurtness, n'ayant pas pu cerner clairement la nature de la contribu-
tion et la part de leurs collaborateurs Marcel Bellier et Camil Girard.

11 Voir R. Dupuis, *Quel Canada pour les Autochtones ? La fin de l'exclusion*, Montréal, Boréal, 2001.

12 Wole Soyinka est le premier écrivain africain à recevoir le Prix
Nobel de littérature en 1986. Voir <www.africultures.com/index.
asp ?menu=revue_affiche_article&no=1943>.

13 Voir J.-J. Simard, *La Réduction. L'Autochtone inventé et les Amérindiens d'aujourd'hui*, Québec, Septentrion, 2003.

14 Grey Owl, un Britannique installé au Canada au début du XXe siècle, se fit passer pour un Amérindien et écrivit plusieurs livres sous cette identité. Voir J. Billinghurst, *Grey Owl : sur les traces d'Archie Belaney*, Montréal, Trécarré, 1999.

15 Voir B. Assiniwi, « La littérature autochtone d'hier et d'aujourd'hui », *Vie des Arts*, vol. 34, n° 137, décembre 1989, p.46.

16 Voir B. Assiniwi, « Les écrivains aborigènes… qui sont-ils ? », *Liberté*, vol. 33, n°s 4-5, août-octobre 1991, p.87-93.

17 Formule empruntée à Jean-Jacques Simard.

18 Terres en vues, « Penser ensemble l'avenir. Entrevue avec Romeo Saganash ex-vice-grand chef du Grand Conseil des Cris et coprésident du Forum paritaire Québécois-Autochtones », *Terres en vues*, vol. 1, n° 4, 1993, p.13. Voir également la définition de la population autochtone que propose le rapport Martinez-Corbo du sous-comité des ONG du Conseil économique et social à l'ONU, à New York en 1987, cité par Saganash dans « Gouvernement autochtone et nationalisme ethnique », *Cahiers de recherche sociologique*, n° 20, 1993, p.24.

19 Voir Simard, *La réduction…*, p.35. Saganash fait aussi remarquer que les Maoris en Nouvelle-Zélande « accueillent parmi eux toute personne qui se présente comme Maori » et qu'il « n'existe pas de système d'enregistrement d'identité comme au Canada » (Saganash, « Gouvernement autochtone… », p.41).

20 B. Assiniwi, « Je suis ce que je dis que je suis », dans M. Calle-Gruber, J.-M. Clerc, dir., *Le Renouveau de la parole identitaire*, Université Paul Valéry (Montpellier)/Queen's University (Kingston), Centre d'Études littéraires françaises du XXe siècle, Groupe de Recherche sur les expressions françaises, cahier n° 2, 1993, p.101-106.

21 Voir R. Savard, J.-R. Proulx, *Canada : derrière l'épopée, les autochtones*, Montréal, l'Hexagone, 1982 ; et P. Lepage, *Mythes et réalités sur les peuples autochtones*, Québec, Commission des droits de la personne et des droits de la jeunesse, 2002.

22 Penser au cas de Ying Chen qui refuse d'être une écrivaine chinoise ou québécoise, mais aspire plutôt à être une écrivaine universelle. M. Labrecque, « Immobile », *Voir* (éd. de Québec), 10 septembre 1998, p.87 ; R. Chartrand, « Le chant d'une sirène maladroite », *Le Devoir*, 19 septembre 1998, p.D3.

23 Voir O. Maligne, « Cheval Debout, un Indien de France ? », *Recherches amérindiennes au Québec*, vol. 29, n° 3, p.53-65.

24 Voir Assiniwi, « Je suis ce que je dis que je suis… », p.105-106.

25 Pour une illustration détaillée des propos brièvement illustrés ici, voir M. Gatti, *Qu'est-ce que la littérature amérindienne francophone au Québec ?*, thèse de doctorat, Université Laval, Département d'études littéraires, 2003.

Contes et légendes

► ## Christine Sioui Wawanoloath

Née à Wendake (Village Huron) en 1952, Christine Sioui Wawanoloath est Wendat par son père et Abénaquise par sa mère. Aujourd'hui agente en communication pour Terres en vues, société de diffusion culturelle autochtone, elle est aussi peintre et illustratrice. Elle vit à Montréal.

Coordonnatrice du dossier de la non-violence pour Femmes autochtones du Québec, *Christine Sioui Wawanoloath invente une* légende, *mot qui à l'origine signifie* ce qui doit être lu, *pour décrire, dans un style allégorique, comment est née la violence dans un monde peuplé d'oiseaux, plutôt que de proposer un ouvrage résumant des centaines d'années d'histoire :* La Légende des oiseaux qui ne savaient plus voler. *Celle-ci montre comment la tradition des légendes n'appartient pas uniquement au passé mais bel et bien au présent, comment elle se renouvelle et évolue aujourd'hui constamment en milieu amérindien. L'extrait reproduit ici représente le moment où les oiseaux jaunes arrivent sur le continent des oiseaux verts et où la situation conflictuelle entre les deux éclate de manière définitive. La précision de Christine Sioui Wawanoloath concernant les événements sociohistoriques qui ont scandé la colonisation de l'Amérique du Nord est renforcée par cette transposition dans le monde des oiseaux qui permet au lecteur de réfléchir avec recul à la condition amérindienne actuelle.*

La Légende des oiseaux qui ne savaient plus voler

Au début, les oiseaux verts les avaient laissés faire. Ils avaient même offert aux oiseaux jaunes de les aider. Ils voulurent également leur apprendre à voler car, d'après leurs enseignements, tous les oiseaux étaient égaux et libres et devaient cohabiter en paix. Les oiseaux jaunes ne voulaient pas voler. Tout ce qu'ils voulaient, c'était rapporter le plus de feuilles possible au continent jaune. Lorsqu'ils virent que les oiseaux jaunes venaient de plus en plus nombreux et qu'ils décimaient les arbres, les oiseaux verts comprirent qu'il y avait du danger à les laisser occuper leur continent.

Les oiseaux verts essayèrent de repousser les oiseaux jaunes. Ce fut peine perdue. Les oiseaux jaunes étaient bien trop armés avec leurs filets et leurs esclaves volants. Des milliers d'oiseaux verts moururent aux champs de bataille. D'autres succombèrent aux maladies apportées par les oiseaux jaunes, maladies qu'ils ne pouvaient guérir par leurs plantes. À cela s'ajouta la famine quand leurs réserves de vivres étaient saccagées. Un groupe d'oiseaux verts s'enfuit vers le nord, au-delà des montagnes.

Après de longues années, la paix fut rétablie. La défaite des oiseaux verts était complète. Dorénavant, les oiseaux jaunes formaient un groupe bien supérieur en nombre à celui des oiseaux verts. Néanmoins, les oiseaux jaunes leur laissèrent encore la possibilité de vivre plus ou moins comme ils l'avaient toujours fait.

Mais rien n'était plus comme avant pour les oiseaux verts. Au contact des oiseaux jaunes, leur mode de vie avait considérablement changé. Par exemple, les oiseaux jaunes leur avaient envoyé les Jaunes Meilleurs qui étaient les gardiens de la croyance de Jaune Suprême. Les Jaunes Meilleurs étaient chargés d'apprendre aux oiseaux verts qu'il était fou de croire en deux Créateurs. Ils affirmaient que les compagnes devaient se limiter à pondre des œufs en silence. De plus, ils disaient que tous devaient obéir et être soumis au représentant de Jaune Brillant, l'empereur qui veillerait à leurs besoins et qui déciderait de tout pour eux.

Les oiseaux verts avaient terriblement souffert au cours des interminables guerres contre les oiseaux jaunes. Ils avaient perdu, entre autres, la joie de vivre qui les caractérisait si bien par leurs chants et leurs danses dans le ciel. Les grands sages, mâles et femelles, avaient succombé depuis longtemps aux maladies et surtout, à la peine qu'ils avaient eue de ne pas avoir réussi à garder la paix. Les enseignements des Créateurs avaient plus ou moins péri avec eux. Maintenant, les oiseaux verts s'en souvenaient à peine. Quant aux chants et aux danses, les Jaunes Meilleurs les avaient formellement interdits sous peine de la corde à la patte, un châtiment qui avait pour but de retenir un oiseau prisonnier au sol.

La vie des oiseaux verts se limitait donc à faire l'échange de fruits et des feuilles décoratives que convoitaient les oiseaux jaunes. Bientôt, on ne put trouver ces denrées que dans les endroits les plus reculés du continent. Comme les oiseaux verts étaient les seuls à connaître le territoire et comme ils rapportaient des fruits et des feuilles décoratives aux oiseaux jaunes, ceux-ci les laissèrent relativement libres de circuler partout.

En échange des marchandises tant convoitées, les oiseaux jaunes donnaient aux oiseaux verts des petites fleurs roses sucrées et séchées que l'on nommait les *karies*. Celles-ci poussaient en abondance sur le continent bleu. Les oiseaux jaunes donnaient aussi aux oiseaux verts des petites graines noires, le *bribri*, qui poussaient en abondance sur le continent jaune. Une fois avalées, ces petites graines produisaient un effet hilarant. Ceux qui en prenaient se sentaient soudainement très joyeux. Ils en prenaient donc davantage. Cependant, le *bribri* consommé en trop grande quantité produisait l'effet contraire. Les oiseaux devenaient tristes, puis coléreux et soupçonneux. Ils finissaient généralement par se battre entre eux à coups de griffes et de becs. On assistait alors à «la grande volée». Les plumes volaient partout et certains en sortaient très amochés et même handicapés par la perte d'un œil ou d'une aile à jamais brisée.

Les compagnes avaient gardé leur bon sens, mais elles devaient toujours rester au nid pour prendre soin des poussins. Quand elles essayaient de raisonner avec les oiseaux mâles à propos de leur comportement, ils se moquaient d'elles. Les mâles rappelaient à leurs compagnes qu'elles n'avaient rien à dire et qu'elles devaient se contenter de pondre et de faire le nid. D'ailleurs, les oiseaux jaunes qui s'occupaient de troquer la marchandise ne le faisaient qu'avec les oiseaux verts mâles. Ceux-ci avaient donc le contrôle sur tout. Il était loin le temps où les oiseaux verts, mâles et femelles, vivaient ensemble en harmonie se relayant pour couver les œufs et pour aller chercher la nourriture. Désormais, les femelles devaient attendre que le mâle rapporte la nourriture au nid. Elles se consolaient un peu en croquant les *karies* sucrées et, comme elles ne bougeaient pas beaucoup, elles se mirent à engraisser.

Cette période de liberté contrôlée ne devait pas durer pour les oiseaux verts. Le continent jaune devenait surpeuplé et les oiseaux jaunes immigraient massivement vers les continents vert et bleu à la recherche d'espace et de nourriture. Au fur et à mesure qu'ils occupaient un continent, ils apprenaient à se débrouiller et à l'explorer. Bientôt, ils commencèrent à faire eux-mêmes le troc des marchandises. Les oiseaux jaunes n'avaient donc plus besoin des oiseaux verts pour le commerce.

Les oiseaux verts pouvaient toujours voler, mais de moins en moins bien. L'art de la danse et du chant ne se perpétuait plus chez eux depuis longtemps. Cependant, il leur restait toujours la liberté de voler. Mais cela énervait le représentant de Jaune Suprême et les Meilleurs. Ils pensaient que voler était dégradant pour des oiseaux évolués et qu'il fallait réprimer cette pratique chez les oiseaux verts. Ils décidèrent d'inventer une loi spéciale pour eux. Désormais, ils devaient se couper les plumes de vol sous peine de la corde à la patte s'ils ne le faisaient pas. Cela leur donnerait, disait la Loi, l'avantage et le privilège d'être égaux aux oiseaux jaunes qui avaient aboli depuis longtemps cette coutume barbare de voler comme des oiseaux primitifs.

De plus, pour assurer leur bien-être et leur sécurité, ils devaient habiter dans un enclos. Dorénavant, seuls les mâles pouvaient en sortir pour rapporter la nourriture qui poussait au ras du sol et seulement sous surveillance. S'ils avaient des surplus, ils pouvaient les échanger librement contre des *karies* et contre des graines de *bribri*. En réalité, les oiseaux jaunes voulaient cacher les oiseaux verts et les enfermer dans des enclos afin que tout le continent leur appartienne.

Les oiseaux verts essayèrent de s'adapter à leur nouvel environnement du mieux qu'ils purent. Mais ils n'étaient pas heureux. En fait, leur seul bonheur était de se faire raconter par les plus âgés de très vieilles histoires qui relataient que leurs ancêtres pouvaient voler dans le ciel. Les oiseaux verts ne croyaient pas que c'était vraiment possible. Après plusieurs générations, ils n'avaient plus besoin de se couper les plumes de vol. Leurs ailes s'étaient atrophiées par un manque général d'exercice. De toute façon, ils ne savaient pas à quoi pouvaient bien servir des ailes. Néanmoins, ils étaient fascinés par ces récits de la liberté qu'auraient eue leurs ancêtres.

(*Dépasser la violence*. Précédé de *La Légende des oiseaux qui ne savaient plus voler*, Montréal, Femmes autochtones du Québec, 1995, p. 13-18)

▶ **André Dudemaine**

Né en 1950, l'Innu André Dudemaine vit aujourd'hui à Montréal où il est directeur des activités culturelles de Terres en vues, société pour la diffusion de la culture autochtone.

Dans les deux contes qui suivent, André Dudemaine met en scène le héros mythique Tshakapesh, le trickster, qui, projeté dans notre époque, continue à faire preuve de sa débrouillardise et de son humour légendaires. Côtoyant des personnages et des situations qui sont bien réels et connus en milieu amérindien, Tshakapesh suscite l'hilarité du lecteur lorsqu'il parle, par exemple, des qualités de l'artiste Nick Huard auquel la revue consacre un article qui précède de quelques pages le texte de Dudemaine. Le conte devient alors métaconte. Avec une allégresse typiquement amérindienne, qui consiste à rire même dans des situations tragiques, Tshakapesh devient aussi le prétexte pour expliquer la position politique amérindienne, dénoncer certaines réalités difficiles vécues à une certaine époque, intégrer subtilement des éléments historiques comme la Grande Paix de Montréal de 1701, ou souligner l'impor- tance du rêve.

Tshakapesh affronte Maître Oui et Maître Non

Ce jour-là, Tshakapesh et sa sœur se trouvaient à Québec pour assister au troisième concours de musique autochtone, organisé par la Corporation culturelle Mamu. Pour rien au monde, nos deux héros n'auraient manqué cette occasion de connaître les jeunes talents émergeant des communautés autochtones du Québec.

Profitant du beau temps, ils se promenaient sur les plaines d'Abraham supputant les chances de Tshemun, de Innu Pacifique, de Pinaskin, et d'autres groupes de remporter tel ou tel prix.

C'est alors qu'un homme arborant une énorme épinglette sur laquelle on pouvait lire « Oui » fit signe à Tshakapesh de s'approcher.

« N'y va pas, lui dit sa sœur. Je connais ce genre de personnes. Elles ont étudié chez les jésuites et par leurs discours embrouillent les idées dans les têtes les plus solides.»

Mais n'écoutant que sa témérité, Tshakapesh s'avança vers le nouveau venu en disant à sa sœur de ne pas s'inquiéter, qu'il saurait bien garder son équilibre intellectuel et mental, tout tordus que soient les propos auxquels son esprit allait être soumis.

— Alors vous êtes contents! dit Maître Oui à Tshakapesh. Le chef du clan du « Non » a reconnu la souveraineté des peuples autochtones.

— Mais comment donc? demanda Tshakapesh intrigué.

— Il a déclaré que tous les Québécois sont des immigrants, dit Maître Oui.

— Oui, j'ai lu cela dans le journal, répondit Tshakapesh.

— Et il a spécifié que les Québécois étaient soit des arrivants de fraîche date, ce que ne sont pas les autochtones, n'est-ce pas? Tshakapesh acquiesça. Soit des descendants des premiers colons de la Nouvelle-France, ce que ne sont pas non plus les gens des nations autochtones.

Tshakapesh acquiesça de nouveau et s'abstint de parler de l'œuvre de chair qui fut bien quelques fois consommée par certains coureurs de bois à l'époque où les contraceptifs n'étaient guère en usage chez les Amérindiennes.

— Donc, si on suit la logique du chef de ce clan, poursuivit Maître Oui, les autochtones ne sont pas Québécois. S'ils ne sont pas Québécois, ils sont donc d'une autre nation. Le droit souverain des nations à l'autodétermination étant reconnu internationalement, il faut donc en conclure que le chef du clan du « Non » vient de reconnaître la souveraineté des Premières Nations!

Ici, Tshakapesh s'apprêtait à dire quelque chose quand un cri effrayant retentit.

— Renégat! Traître! Argumenteur anticonstitutionnel!

L'homme qui vociférait ainsi portait une énorme épinglette toute semblable à celle que portait l'interlocuteur de Tshakapesh, mais au lieu du OUI on pouvait y lire un NON tout aussi tapageur. Cet homme en colère était accompagné d'une femme qui le retenait par les rebords de sa toge et qui lui disait, bien inutilement d'ailleurs :

« Du calme, Guy! Tu as assez fait d'esclandre comme cela! »

Mais Maître Non ne se laissait pas arrêter dans sa lancée.

— Je vais t'amener en Cour suprême, dit-il à Maître Oui. Avec tes arguments, tu prétendras bientôt que les Québécois sont des immigrants illégaux!

— Mais triple buse, répondit dare-dare Maître Oui, ce sont les présupposés de ton chef qui amènent cette sinistre conclusion!

Alors, les deux hommes se prirent aux cheveux et se mirent à se battre, chacun qualifiant son adversaire d'épithètes peu flatteuses.

Alors Tshakapesh rejoignit sa sœur et lui dit :

— Laissons-les se chamailler et profitons du beau temps.

Et ils reprirent joyeusement leur route.

(Terres en vues, vol. 3, n° 2, 1995, p. 7)

Tshakapesh au Café Chez Jacques

Un beau matin de décembre, la sœur de Tshakapesh se leva toute bouleversée. Visiblement, elle avait mal dormi ; son teint était pâle et ses paupières portaient le poids de son insomnie.

Pendant qu'il préparait le thé matinal, son frère la vit verser une larme.

«Que se passe-t-il donc ma sœur?», lui demanda-t-il.

En pleurant de plus belle, sa sœur lui dit qu'elle était certaine que ce Noël serait un Noël triste pour tous les Indiens. Un cauchemar qui l'avait poursuivie pendant la nuit en était le présage.

Tshakapesh lui dit de ne pas s'alarmer outre mesure, qu'il saurait arranger les choses.

«Tu sais bien qu'il ne te servira à rien de lutter contre le destin, lui dit sa sœur. Tu ne pourrais qu'empirer le malheur en t'exposant à des dangers mortels.»

Plutôt que d'argumenter, Tshakapesh demanda à sa sœur de lui raconter son rêve.

Voici le récit qu'elle fit alors à son frère :

«J'étais dans une petite ville d'Abitibi au début des années soixante. C'était au crépuscule : il tombait une neige légère, mais il ne faisait pas encore froid. Un groupe d'Algonquins se tenait à la porte d'un restaurant animé appelé le Café Chez Jacques. Les Indiens devaient se contenter de regarder les clients par la grande baie vitrée car on leur refusait l'entrée.

«À l'intérieur, on retrouvait toutes sortes de responsables des affaires culturelles et de la communication : organisateurs d'événements, fonctionnaires, commanditaires, accompagnés par des amis du monde politique. À une table, un directeur de musée mangeait un *club sandwich* avec des fabricants d'automobiles. À un autre endroit, des hommes se partageaient un poulet BBQ et causaient d'une espèce de camp spatial. Deux anciens premiers ministres qui portaient le même nom (lequel? la sœur de Tshakapesh ne s'en rappelait pas) étaient assis à la même table qu'un personnage qui faisait beaucoup de bruit en mangeant. Il avait devant lui une pizza géante et, comme si cela ne suffisait pas, un des gérants du restaurant, un certain monsieur Pétel, lui tartinait généreusement des toasts, et des deux côtés! Pendant ce

temps, entre deux bouchées de pizza, l'homme racon-
tait comment il allait s'y prendre pour s'emparer du petit
tas de vingt-cinq cents qu'un aveugle avait patiemment
amassé en mendiant au coin de la rue. Tous ses compagnons s'esclaffaient, et à un voisin de table qui voulait se
scandaliser, on répondit : "C'est juste pour rire, voyons !"

« Pendant ce temps, dehors il faisait de plus en plus
froid, et les Algonquins s'impatientaient. "Ils n'ont pas
le droit de nous laisser dehors, dit un plus jeune. C'est
notre pays après tout." "Dites-leur qu'on manque de
nourriture", disait pendant ce temps un des gérants du
restaurant aux employés qui gardaient l'entrée.

« À l'intérieur, une sénatrice assise à une table
de femmes pestait : "Ils ne vont toujours pas empêcher le progrès, ces saprés autochtones." Et sa voisine
d'acquiescer : "Vous avez bien raison, madame
Bacon." "Ils n'ont qu'à s'ouvrir un restaurant", dit quelqu'un du fond de la salle.

« La nuit tombait dehors, le vent se levait. "Il nous
faut entrer de gré ou de force", dit une jeune fille algonquine qu'une femme plus âgée cherchait à calmer.

« Je vais vous arranger ça, dit enfin au petit groupe
d'Algonquins quelqu'un qui était à l'intérieur et dont
la tête dépassait dans l'embrasure de la porte. J'ai déjà
joué au hockey avec les Indiens quand j'étais étudiant.
Vous êtes mes amis, je vais intervenir, ne vous inquiétez
pas." Mais aussitôt qu'il eut rejoint sa table, il se joignit à
la conversation qui y avait cours et oublia sa promesse.

« Un groupe de sept jeunes qui consommait des
boissons gazeuses risquait à tout moment de se faire
expulser, car leur présence indisposait certains gros
clients. "Pourvu qu'on ne laisse pas entrer les Indiens,
disaient-ils. Comme ça, on a de meilleures chances de
garder notre place."

« La température extérieure baissait encore et
les Algonquins ne pouvaient que tristement regarder

les autres faire ripaille puisque l'entrée du Café Chez Jacques leur demeurait interdite… "Ils nous ennuient à la fin! dit un certain Ouellet, un des employés du restaurant. Je vais appeler la police!"»

La sœur de Tshakapesh ne voulut pas aller plus loin et raconter la fin de son rêve. Ce dernier était fort embêté et ne trouvait pas de mots pour consoler sa sœur.

Il lui conseilla de bien déjeuner en ne pensant pas trop à son cauchemar et il s'éloigna.

«Pourtant, pensait-il, elle a un capteur de rêves de toute première qualité, fabriqué par Nick Huard. Comment se fait-il que ce mauvais rêve n'ait pas été arrêté par cet objet qui nous garantit un sommeil paisible?»

Pour en avoir le cœur net, il alla vérifier et vit que le filet tissé en peau de cerf avait été rongé par des dents de souris. «Voilà l'explication!» se dit-il. Aussitôt, il entreprit de le réparer afin de refaire les fines mailles qui évoquent la toile de l'araignée. Puis il alla porter un bout de bannique* à la souris en la priant de désormais s'abstenir d'aller pique-niquer à même le capteur de rêves.

Tshakapesh put alors dire à sa sœur : «Va te recoucher. Ton mauvais rêve n'était dû qu'à une indisposition passagère.»

Sa sœur voulut répliquer, mais elle était tellement fatiguée qu'elle obéit sans dire un mot.

Aussitôt couchée, elle s'endormit et se mit à rêver.

Le Café Chez Jacques avait été rénové. C'était désormais un libre-service ouvert à tous et on y trouvait des plats du monde entier. Une cuisinière algonquine avait son stand et offrait de la bannique aux clients. On pouvait même trouver du phoque et du caribou au menu! Dehors, il faisait soleil ; une grande terrasse

---

* Pain amérindien traditionnel.

avait été construite qui était fréquentée par une foule de
gens. Des ouvriers étaient à installer une pancarte indi-
quant le nouveau nom de l'établissement. Il s'appellerait
désormais le Café de la Grande Paix, sis au 2001, rue
Principale, à l'intersection du boulevard des Premières
Nations.

Quand elle se réveilla, la sœur de Tshakapesh s'empressa d'aller lui raconter son rêve merveilleux. Et tous
deux s'accordèrent pour dire que celui-ci était d'heureux
augure. En s'embrassant, ils firent des vœux de Noël et
souhaitèrent la paix partout sur la terre aux hommes de
bonne volonté.

(*Terres en vues*, vol. 3, n° 4, 1995, p. 14-15)

► ## Armand McKenzie

Né en 1966, Armand McKenzie est un Innu de Schefferville. Avocat, il représente son peuple auprès des Nations Unies. En même temps que son engagement pour obtenir l'autodétermination et assurer les droits fondamentaux des peuples autochtones, Armand McKenzie a conservé son intérêt pour l'écriture. Il a rédigé au fil des ans un recueil de contes encore inédits pour la plupart. Le Loup qui adorait manger du neuaikan *souligne le rapport d'égalité des Innu et des animaux à qui l'on s'adresse comme à des êtres humains, et mélange avec humour ces éléments traditionnels avec des éléments apportés par les Européens, comme le commerce des fourrures.* L'ancêtre du caribou *est un hommage à Mathieu André, personnage clé dans l'histoire récente des Innu. L'auteur, s'inspirant d'une légende traditionnelle, y souligne l'importance vitale du caribou dans l'existence passée et présente de son peuple : encore aujourd'hui, rien que d'en apercevoir un constitue une chance qui n'est pas donnée à tous.*

Le Loup qui adorait manger du neuaikan

Après avoir fumé toute la viande, Ishkueu, la femme du chasseur, commença à faire du neuaikan. Assise, elle choisit une grosse roche bien ronde pour ne pas se blesser sur les aspérités, et la plaça entre ses genoux. Elle mettait des morceaux de viande de caribou dessus et frappait pour l'aplatir. Ishkueu se disait : « Mon mari sera content de ce que je prépare, de même que mes enfants.» Ces derniers étaient dehors, à quelques pas du campement, et s'amusaient.

Soudain, les enfants de Ishkueu crièrent :

— Maman! Maman!

Celle-ci fut très surprise de les entendre ainsi et s'empressa de sortir de la tente pour constater ce qui arrivait. Laissant là son travail, elle parla à ses enfants :

— Que vous arrive-t-il les enfants? Que se passet-il?

Le plus vieux répondit :

— Il y a un gros loup derrière ce sapin, maman.

Il n'a pas fallu beaucoup de temps à Ishkueu pour l'apercevoir. Il était effectivement caché. Ishkueu cria :

— Sors, le loup ! Sors de ta cachette ! Cesse de faire peur à mes enfants ! Va te promener plus loin.

Neuaikaniss, le loup, répondit :

— Je ne veux pas effrayer tes enfants. Je veux seulement te demander de me donner un peu de viande séchée parce que j'aime en manger. Tu n'as pas à avoir peur de moi.

— Non, va-t-en, le loup ! Je ne veux pas que tu effraies mes enfants.

Et le loup s'en alla.

Ses amis les loups ne manquèrent pas de rire de lui et de le taquiner. Ils avaient vu ce qu'avait fait Neuaikaniss et lui dirent :

— Laisse les humains tranquilles. Il n'est pas bon de les fréquenter. Ils peuvent t'attraper et vendre ta fourrure à la Compagnie de la Baie d'Hudson. Ils sont vraiment malhonnêtes.

Entendant ces conseils, Neuaikaniss répliqua :

— Non, les hommes ne sont pas comme vous les décrivez. Ils sont gentils.

Un peu plus tard, comme le mari d'Ishkueu avait fait une bonne chasse, un jour qu'il était absent elle décida de préparer de la viande séchée. Elle demanda à ses enfants d'aller s'amuser dehors. Ceux-ci ne restèrent pas longtemps à l'extérieur, car elle les entendit appeler :

— Maman ! Maman ! disait l'aîné, le loup est revenu.

Ishkueu parla à la bête :

— Que fais-tu ici, le loup ? Ne t'ai-je pas dit d'aller te promener plus loin ?

— Je ne veux pas effrayer tes enfants, Ishkueu. Mon nom est Neuaikaniss. On m'a appelé ainsi parce que j'aime manger de la viande séchée. Je veux plutôt te demander de m'en donner un peu.

Ishkueu répondit :

— Pourquoi est-ce que je te donnerais de la nourriture ?

— Je garderai tes enfants, je les amuserai pendant que tu travailles, je vais jouer avec eux et quand vous partirez pour des longues randonnées, je tirerai votre traîneau.

— C'est certain que dans ce cas-là tu nous serais bien utile, répondit Ishkueu, mais de quoi vais-je te nourrir ?

Sans attendre, le loup dit :

— De viande séchée !

C'est ainsi que Neuaikaniss, au comble du bonheur, réussit à se faire garder par cette famille innu et qu'il se nourrit encore de viande séchée.

(*Rencontre*, vol. 9, n° 1, 1987, p. 10)

L'Ancêtre du caribou

Il y a quelque temps de cela, cette histoire s'est déroulée dans le pays où habitent les Innuat*. C'est l'histoire d'un homme qui était déjà assez âgé. Dans son cœur, il était triste parce qu'il sentait que bientôt il allait mourir. Il aimait beaucoup vivre.

Il réfléchissait et voyait dans sa tête défiler toutes sortes d'images. Il se rappelait combien il avait aimé la vie et il pensait à ses amis et à ses parents. Il se rappelait aussi le temps où il était jeune et fort, le plaisir et l'étonnement qu'il ressentait lorsqu'il voyait un caribou. Il revivait en lui des moments de chasse inoubliables.

---

* Dans la langue montagnaise, pluriel du mot *innu*.

Il était très malheureux et dans son âme, il sentait une sorte d'étranglement. Il se disait qu'il lui fallait absolument voir un caribou avant de mourir. Il refusait d'admettre une mort aussi triste. Partir pour l'autre monde sans avoir vu un caribou serait manquer de respect envers le maître des animaux terrestres. N'est-ce pas grâce à lui qu'il avait pu bien vivre?

C'est ainsi qu'il décida de quitter la demeure qu'on lui avait offerte afin qu'il cesse de chasser. Le vieil homme s'en alla donc loin de son village. Pour lui, cette vie d'homme assis était finie.

Dehors, il commençait vraiment à faire très froid. Mais pour le vieil Innu, cela avait peu d'importance en comparaison du rêve qu'il voulait réaliser. Il préférait vivre ses derniers moments dans la forêt, là où il était né, plutôt que de se laisser mourir dans la petite pièce d'une maison. Toutefois, même s'il était dorénavant chez lui en forêt, il ressentait encore une certaine tristesse. Il n'avait pas encore vu l'animal qu'il avait tant désiré voir. Il commençait à se sentir faible. Il se disait que le caribou était sûrement à l'abri afin de se protéger du froid et du vent. La température ne s'améliorait guère au fil des heures. Dans ses genoux et ses coudes, il sentait déjà le froid pénétrer en lui, l'immobilisant. Il sut alors qu'il n'en avait plus pour très longtemps. De plus en plus, il se demandait si, dans les instants à venir, il verrait le caribou. S'écroulant soudainement au sol, le vieil Innu se retrouva face contre neige. Sa longue barbe blanche était déjà toute gelée. Sentant qu'il ne le verrait pas, une grande peine l'envahit. Une peine aussi forte que le vent glacial qui soufflait sur les lacs immenses de son pays. Le vieil Innu se mit alors à pleurer amèrement.

Dans cette longue plainte, le maître créateur entendit les pleurs du vieil homme. Il vit dans quel état se trouvait l'Innu et comprit tout l'amour que cet

homme avait pour la nature, les animaux, et particulièrement pour le caribou.

Le vieux allait rendre son dernier souffle et avait
épuisé ses dernières forces lorsque quelque chose de
merveilleux se passa. Une voix lui dit : «J'ai vu combien
tu tenais à la vie et j'ai vu l'amour que tu portais aux
animaux que j'ai créés. Ta force m'a touché. Pour te
montrer la joie que j'ai de te voir agir ainsi, je veux que
tu sois le maître du caribou. Accepte mes paroles.»

Le vieil homme tout surpris accepta. Dès ce
moment, l'Innu devint un caribou. Il reprit des forces
et sentit sa douleur disparaître rapidement. Il marchait
mieux, son souffle était aisé.

La nature devenait plus calme. La tempête s'estom-
pait, le vent et le froid laissant place aux premiers rayons
de soleil de la journée. Notre vieil homme devenu le
maître du caribou pouvait enfin admirer et contempler
le caribou dans toute sa splendeur.

Je crois que c'est pour cela maintenant que le
caribou est blanc juste au-dessous de sa bouche. C'est à
cause de la longue barbe du vieil Innu, qui est l'ancêtre
du caribou.

(*Rencontre*, vol. 13, n° 3, 1992, p. 5)

▶ Dolorès Contré Migwans

Artiste interdisciplinaire, métisse d'origine Odawa, Dolorès Contré Migwans est née en 1957, près de French River en Ontario. Elle occupe aujourd'hui le poste d'adjointe aux Programmes autochtones du Musée McCord à Montréal où elle développe des projets qui valorisent et font connaître le patrimoine historique, culturel et artistique des Premières Nations.

Dolorès Contré Migwans a écrit plusieurs articles dans des journaux et des revues, ainsi que des contes et des nouvelles inédites. Le conte Poisson-Volant voulait devenir Oiseau-Mouche *raconte de façon métaphorique la quête identitaire, le désir inébranlable d'un petit poisson-volant de partir en voyage pour réaliser ses rêves et devenir ce qu'il souhaite pleinement, hors des lois naturelles et sociales. Le jeune poisson-volant, après de nombreuses péripéties et faisant preuve de beaucoup de détermination, réussit à vivre une mutation et se transforme en oiseau-mouche, illustrant ainsi l'essence d'un changement par le pouvoir miraculeux de l'amour.*

Poisson-Volant voulait devenir Oiseau-Mouche

Ce soir-là, tout était calme. Notre héros poisson-volant, que nous appellerons Guigon, dormait parmi ses frères et sœurs bien à l'abri, camouflé parmi les rochers d'une grotte. Il fit un rêve, mais quel rêve extraordinaire !

Il rêva qu'il était entouré de plantes non pas aquatiques mais plutôt tropicales. De grosses fleurs rouges et orangées l'invitaient à prendre le nectar au cœur de leur vie et elles se mirent à se moquer de sa maladresse quand il voulut s'en abreuver. Il n'avait pas le bec assez pointu pour y arriver ! Bientôt le soleil ne tarda pas à l'éblouir et à lui dessécher la peau.

Guigon se réveilla tout tremblotant !

— Debout les enfants, dirent les parents. C'est aujourd'hui votre premier exercice de vol. Allons pressons ! Nous avons pour déjeuner quelques planctons et des menés.

Guigon trouva difficile son premier essai. Il devait apprendre à nager en propulsant tout son corps en avant vers la surface de l'eau. Et à l'émergence, déjà fatigué, il devait commencer à battre des ailes. Imagine un peu!

— Ouf! Je n'y arriverai jamais, pensa Guigon.

Il réussit néanmoins dans un premier élan à se maintenir à la surface de l'eau et put, pour quelques instants, se réjouir d'une brise agréable. Rassemblant alors toutes ses forces, hop! il s'élança en battant rapidement des ailes, gagna un peu d'altitude et enfin, prit son envol.

Voler! Mais pour aller où? songea-t-il.

Plusieurs mois passèrent ainsi et Guigon était devenu un véritable expert en vol de surface au ras de l'eau, à la vue des pêcheurs agacés. Il ne se ferait pas prendre dans leur filet, oh! que non. Il aimait bien trop la liberté de mouvement que lui offrait sa double vie de poisson-volant!

Il décida qu'il quitterait sa famille pour découvrir le monde.

— Que cela doit être beau de l'autre côté du rivage, à l'intérieur des terres environnantes. Quelles merveilleuses créatures pourrais-je rencontrer? fabulait déjà Guigon.

Sans tarder, il fit ses adieux à ses frères et sœurs mécontents des idées fantasques qui trottaient dans la tête de leur cadet.

— Que diront nos parents de ta disparition? répliqua l'aîné. Tu ne pourras pas survivre seul. Rappelle-toi que tu es un poisson!

— Oh si! Vous verrez! vociféra avec orgueil Guigon.

Comme dans son rêve, Guigon traversa l'océan, puis arriva près d'une île et avec effort pénétra dans la jungle humide. Heureusement, une rivière rafraîchissante coulait tout près où poussaient des dahlias rouges et orangés. Camouflé dans un feuillage, il aperçut un oiseau aux brillantes couleurs. L'oiseau était muni d'un long bec noir qui lui permettait de puiser le nectar de la corolle d'une fleur. Léger, ses ailes battaient si rapidement qu'à peine Guigon pouvait-il les apercevoir! C'était ahurissant!

Intrigué et séduit par tant de beauté qui émanait de cette créature, Guigon s'en approcha pour mieux distinguer son plumage iridescent : vert clair sur le dos, jaune doré sur le dessus et le bout des ailes et gris perle à l'intérieur. Sa gorge rouge ressemblait à des écailles de poisson et se terminait par un poitrail tout blanc. À la lumière, on eût cru y apercevoir toutes les couleurs de l'arc-en-ciel!

— Quelle merveilleuse et délicate apparition! se dit Guigon émerveillé.

Du coup, il en tomba amoureux et n'eut qu'un seul désir : découvrir qui elle était!

Le poisson-volant en oublia les rayons ardents du soleil qui étaient sans pitié pour lui et il défaillit sur le sol. Le bruit de sa chute attira l'oiseau-mouche. Celui-ci s'approcha de Guigon, se pencha et lui versa à l'aide de son long bec, du nectar frais, sucré et savoureux, dans la bouche. Le poisson-volant se ranima, ouvrit les yeux et prompt lui demanda :

— Dis-moi, bel-oiseau-qui-m'a-sauvé, qui es-tu?

— On m'appelle Nanooskas, je suis un colibri, répondit l'oiseau de sa toute petite voix.

— Dis-moi comment pourrais-je faire pour devenir un colibri aussi beau que toi?

Nanooskas se prit d'un fou rire avant de pouvoir répondre :

— Mais c'est impossible, tu es un poisson, jamais tu ne pourras devenir un oiseau même si tu possèdes des ailes tout comme moi!

— Si justement. Peut-être y parviendrais-je. Ne te moque pas, je t'en prie. Je déteste la vie de poisson où il faut travailler constamment pour trouver sa nourriture. Sans compter qu'il faut toujours faire attention aux prédateurs, ces monstres marins qui peuvent vous avaler en une seule bouchée. La vie est douce ici. Tu bois du nectar que t'offrent les fleurs et tu t'endors au crépuscule bercé par le chant des oiseaux de paradis.

— Oh! Tu sais, ce n'est pas si simple. Mais ne te décourage pas, ajouta Nanooskas. On trouvera bien une solution. En attendant, je t'invite chez moi. Je dois te montrer à construire ton propre nid, car le mien risque d'être trop petit pour toi. Aide-moi à ramasser des brins d'herbe, des feuilles, des écorces et des toiles d'araignée pour coller le tout. À l'intérieur, nous y mettrons de la mousse et du duvet.

Guigon apprit non sans peine à vivre selon les mœurs et les habitudes des colibris. Entêté et impatient d'obtenir tout ce qu'il voulait, il apprit peu à peu à progresser dans le chemin de la patience. Il n'avait pas la capacité de respirer comme eux à l'air libre, aussi cela lui causa-t-il quelques difficultés. De temps en temps, il devait plonger dans la rivière à la recherche de quelque chose de comestible. Heureusement, les insectes pullulaient et le poisson-volant s'en contenta, mais sa résistance au soleil était moins grande qu'il ne l'aurait cru. Aussi vivait-il partiellement dans l'eau et en forêt équatoriale.

Un jour, cependant, des singes décidèrent d'attaquer Guigon par surprise. Le voyant incapable de se défendre parce que moins rapide qu'un oiseau-mouche, ils se moquèrent de lui.

Guigon, blessé, fut pris de spasmes et, pour la première fois, connut vraiment la peur.

Épuisé, il se découragea et admit intérieurement qu'il n'était pas fait pour vivre parmi toutes ces créatures de la jungle.

C'est alors que Nanooskas vint le trouver.

— Guigon, dit-elle simplement. Approche que je
te soigne. Puis, elle alla cueillir une fougère pour panser
sa plaie. Il faut que je t'explique quelque chose : je sens
que ton âme est humiliée. Tu te sens ridicule ainsi sans
force, n'est-ce pas ? Tu ne dois pas chercher à nous imiter
et même à poursuivre hors de toi-même ce dont tu as
besoin. Tu ne peux réussir à devenir un oiseau-mouche,
car tu es un poisson-volant et tu es fait pour vivre dans
le monde marin. Crois-moi, mes paroles sont tristes à
entendre et tu me manqueras beaucoup. Mais tu dois
absolument retourner chez les tiens.

— Nanooskas, tu pleures !

— Oui, c'est vrai, car je t'aime énormément. Mais il
y a aussi autre chose que je voulais t'annoncer.

Puis d'une voix triste elle déclara :

— Ma famille et moi devons partir bientôt. C'est la
loi de la migration qui l'exige et je n'y peux rien. À chaque
année, depuis des millénaires, nous voyageons vers les
pays du Nord en quête d'une nourriture plus abondante
et d'un soleil moins cruel. Celui-ci assèche nos rivières
et fait mourir ces fleurs dont nous nous délectons. Tu ne
peux demeurer ici plus longtemps, car tu mourras aussi !
Et tu ne peux nous suivre là-bas, car tu ne résisteras pas
à un tel voyage. Retourne chez toi, je t'en supplie. Peut-
être ne nous reverrons-nous jamais, mon ami ?

Sur ces dernières paroles sages, Guigon rebroussa
chemin et retourna à la mer. Cependant, déçu, il ne
découvrit pas ce qu'il lui fallait pour être heureux.
Quelque chose lui manquait ou plutôt quelqu'un. Il avait
oublié comment survivre dans un tel environnement
rude et eut du mal à s'y habituer. Ses frères et sœurs
s'étaient tous installés ailleurs et le nid familial avait été
détruit. Ses parents, trop vieux maintenant, avaient sans
doute été engloutis par des requins.

— Puisque c'est ainsi, songea-t-il, je tâcherai de
voyager à ma manière. Je ne peux continuer à vivre seul.

Je retrouverai Nanooskas. Maintenant que je connais mes forces et mes faiblesses, je sais ce dont je suis capable afin d'éviter toute imprudence pouvant m'être fatale.

(inédit)

▶ Geneviève McKenzie

Auteure-compositrice-interprète, Geneviève McKenzie est née en 1956 à Matimekush, près de Schefferville, et vit aujourd'hui à Wendake.

La Légende du loup *raconte l'aventure de Maïkan (le loup en innu) qui voulait devenir un être humain et qui y parvint grâce à l'aide de Mishtuk, l'arbre, et de Pishemuss, la lune. Maïkan finit par apprendre «la belle magie d'être ce que l'on est tout simplement» et Geneviève McKenzie en profite pour suggérer qu'il est possible de faire la transition entre le monde innu d'autrefois et le monde nord-américain contemporain, tout en gardant les valeurs traditionnelles et en les adaptant de façon constructive.*

La Légende du loup

Un jour, un peu par hasard, mais aussi poussé par le désir de s'échapper au milieu des bois, Maïkan le loup s'aventura dans la montagne des Innu pour écouter le bruissement de leur vie trépidante dans le campement. Il entendait des chants traditionnels accompagnés de tambours, et ces voies mélodieuses racontaient aussi des histoires plutôt drôles. C'est ainsi que, peu à peu, Maïkan acquit une apparence lumineuse, son pelage devenant argenté sous la pleine lune.

Souvent, à la tombée de la nuit, il courait très vite autour du campement, comme pour danser au rythme des brindilles de sapins qui crépitaient dans le feu. Le rire des enfants enjoués et l'odeur de la fumée à son nez réveillaient en lui un sentiment tellement doux qu'il désirait en son cœur rire aussi de bonheur. Au fond de lui-même, il souhaitait ardemment devenir un être humain…

Cette nuit-là, au mois de février, alors qu'il faisait si froid, il s'endormit près d'un arbre. C'était le vieil arbre Mishtuk qui secoua aussitôt ses branches d'un air agacé et prit la forme d'un Innu du Nord. Il voulait donner une bonne leçon au loup, car, se disait-il : «Maïkan n'est pas heureux de hurler comme un loup.» Il se tourna donc du côté de la pleine lune Pishemuss et lui dit : «Qu'il est triste de voir le loup Maïkan si seul dans ce grand territoire. Descends de ton ciel, Pishemuss. Tu vois, Maïkan a besoin de comprendre. Va au campement, nous te rejoindrons. Ah oui! comme j'aimerais que tu prennes la forme d'un enfant. À bientôt...»

Tout à coup, le ciel s'assombrit de tant de noirceur dans ce grand froid de l'hiver que le feu du campement resplendit de lumière. L'arbre Mishtuk, le vieil Innu du Nord, se pencha sur Maïkan, caressa son pelage argenté et voilà que Maïkan reçut instantanément le don de la parole. Le loup resta d'abord immobile, tout surpris, les oreilles bien droites. Il s'étonnait de comprendre enfin ce langage, lui, un être errant, chasseur et nomade. Mishtuk, l'Innu du Nord, s'empressa de lui dire : «Mon ami Maïkan, il y a longtemps que je t'observe, allant et venant autour du campement. Alors, je me demande si tu aimerais rencontrer mon ami Pishemuss dans son village Matimekush qui est de ce côté-là?»

Maïkan hocha la tête d'un air approbateur, tout heureux de suivre le vieillard au petit pas. Mais tout à coup, Maïkan s'arrêta brusquement. Il baissa les yeux et sentit une odeur de peau humaine à l'endroit de ses pattes : «Avez-vous vu mes pattes? s'exclama-t-il.» Mishtuk se moqua de lui en riant très fort : «C'est le froid qui a probablement croqué tes pattes de loup pendant que tu dormais là-bas sur la montagne, lui dit-il.»

Arrivé au campement innu, Pishemuss, qui aimait les animaux de la forêt, se jeta au cou du loup et lui dit : «Viens vite te chauffer, mon grand chien!» «Non, non, pensa Maïkan, ouf, j'ai chaud!» Et toute la nuit, on s'amusa, riant et chantant les plus beaux chants dans toutes les familles réunies. Et les jours passaient, tout le monde semblait être fou de joie, tous, sauf Maïkan.

Alors, il voulut partir. Mais les yeux si gentils et heureux de Pishemuss le retenaient. Au bout d'un certain temps, Pishemuss remarqua les drôles de pattes de Maïkan et puis son visage qui s'arrondissait, et son nez devenait si laid que Mishtuk n'arrêtait pas de rire. C'est ça, il faut le dire, le superbe grand chien de Pishemuss devenait peu à peu un homme-loup!

Maïkan, le plus beau et le plus rusé des loups, finit par perdre son regard lumineux d'enfant jovial. Il n'était plus le loup fort et courageux, ni un chien doux et mignon et pas du tout un humain réconfortant et bon. Il était devenu si malade que seul Pishemuss pouvait l'approcher. Même le plus vieux guérisseur du village ne put le soigner avec ses remèdes aux herbages.

Tout à coup, entre les arbres de la forêt noire, une bande de loups hurla à plein ciel, d'un hurlement si harmonieux que Maïkan tourna la tête en s'étonnant d'entendre le très beau chant des loups des bois. Pour la première fois, Maïkan, comme un humain malheureux, versa des larmes de chagrin. Il comprit la belle magie d'être ce que l'on est tout simplement…

Pishemuss aussi pleurait de tout son cœur et le prit de toutes ses forces pour le déposer dans son traîneau à neige. Ah! que Maïkan était lourd. «Ne meurs pas, mon superbe grand chien, cria Pishemuss, ne meurs pas! Je t'emmène à la montagne.» À bout de souffle, Pishemuss n'arrêtait pas de tirer, quand soudain il aperçut au loin un arbre. On aurait dit son grand ami Mishtuk refroidi, tout de glace, comme pour arrêter le temps. Arrivé à l'endroit où Maïkan s'était endormi, le loup reconnut l'arbre Mishtuk figé dans le froid.

Tandis que le chant des loups berçait son cœur, Maïkan sentit la douce chaleur des bras de Pishemuss le déposer au fameux pied de l'arbre. Et là, Pishemuss, à son tour, caressa son pelage, et au même moment, le loup se mit à pousser des hurlements de toute son âme.

Ah! que le cri de vivre sa vie animale était strident. On l'entendait à des kilomètres à la ronde.

Maïkan hurlait enfin comme un loup! D'un bond, il se réveilla de son rêve près de l'arbre pour s'apercevoir qu'il était aussi beau qu'avant de s'endormir. Et d'un geste élégant, comme pour honorer son rêve, il jeta un dernier coup d'œil à l'arbre Mishtuk et au campement innu. Avant de partir, il leva les yeux et sous le regard bienveillant de Pishemuss, la pleine lune, il retourna dans la forêt.

(inédit)

▶ Marie André-Fontaine

Née en forêt près de Schefferville en 1953, Innu d'origine, Marie André-Fontaine vit aujourd'hui à Maliotenam (près de Sept-Îles) où elle enseigne la langue innu et la religion.

Reprenant une tradition familiale héritée de ses parents qui lui racontaient pendant son enfance des légendes transmises oralement, Marie André-Fontaine rédige un conte, Pinashuess, *en hommage aux enfants, mais adressé aux adultes également, afin de raconter la manière particulière de fêter le Noël en forêt chez les Innu. Elle réussit à fusionner harmonieusement la mythologie traditionnelle innu et la tradition européenne. Le rapport privilégié que les Innu entretiennent avec les animaux est décrit avec la douceur et la convivialité d'une auteure qui affectionne la vie en plein air. Le conte* Pinashuess, *retenu et publié par le magazine* Rencontre *lors d'un concours d'écriture (1984), a été diffusé pendant quelques années sur les ondes du service nordique de Radio-Canada et, en 1996, il a été sélectionné pour paraître dans le recueil* Mille ans de contes : Québec.

Pinashuess

En ce matin d'hiver, quand le soleil se leva sur la majestueuse forêt, un enfant surnommé Pinashuess vivait avec une famille, sous la tente. Pinashuess était un petit garçon très obéissant. Il aimait que son père lui apprît à chasser. Quand ils partaient tous les deux, ils n'arrêtaient pas de parler car Pinashuess voulait tout savoir des animaux.

Ce matin-là, ce n'était pas un jour comme les autres. Il faisait beau, il n'y avait pas un seul nuage dans le ciel et c'était la veille de Noël. Comme chaque année, les familles passaient l'hiver dans le bois et déterminaient un point de rencontre pour passer la fête de Noël.

Pinashuess décida d'aller voir ses hameçons tendus sous la glace.

«Tiens, se dit-il, je sens que c'est un gros poisson. Maman va être contente, elle aura quelque chose à faire cuire pour la rencontre des familles demain à Noël.»

Puis, Pinashuess retourna au campement. Il était presque arrivé lorsque soudain quelqu'un lui adressa la parole :

— *Kuei Kuei** !

— *Kuei Kuei*! répondit Pinashuess en se retournant.

Mais il ne vit personne, sauf un lièvre assis près d'un sapin.

«Mais qui ça peut bien être? Il n'y a personne!» se demanda Pinashuess qui courut au campement en se disant que c'était sans doute sa mère qui l'avait interpellé. Il souleva la toile et vit que ses parents dormaient profondément.

«Il doit sûrement y avoir quelqu'un derrière la tente... Mais non! Pourtant, j'ai bien entendu une voix.» Le lièvre était resté à la même place et fixait l'enfant. Pinashuess réagit et fit semblant de courir. Le lièvre ne bougeait pas. Pinashuess refit le même geste. Le lièvre restait toujours immobile mais parla :

— Bonjour, dit-il en montagnais. Voyons, qu'est-ce qui te prend? Je viens juste te dire bonjour!

Et Pinashuess, tout surpris de l'entendre parler :

— Est-ce que c'est toi qui me parlais? Non, ce n'est pas possible!

— Eh oui! répondit le lièvre, c'est bien moi! Mais pourquoi es-tu si surpris? Ton père ne t'a jamais raconté qu'autrefois, il y a bien longtemps de cela, les animaux et les hommes vivaient ensemble. Ils se côtoyaient et se comprenaient tellement qu'ils en venaient à imiter leurs comportements respectifs. Tu vois, certains animaux empruntent encore aux hommes leurs habitudes de vie. Ainsi, lorsque vient le temps d'hiverner, les animaux

---

* *Bonjour* en innu.

étendent des branches de sapin dans le fond de leur trou, à la manière des hommes qui mettent du sapinage dans leur tente en guise de tapis. Si tu voulais, je t'amènerais faire un tour au royaume des animaux car, chez nous, c'est aussi à Noël que tous les animaux de la forêt se rassemblent.

— Ah oui ! J'aimerais tellement ça ! s'exclama Pinashuess. Mais il faut qu'on revienne avant que mes parents se réveillent. Il ne faut pas qu'ils s'inquiètent à cause de moi.

— On y va ! rétorqua le lièvre. Mais avant, va me casser des branches de sapin. Je te dirai ensuite quoi faire.

Pinashuess courut chercher le sapinage ; il avait tellement hâte de voir ce que le lièvre allait en faire.

— Tiens, je les ai apportées, dit l'enfant en revenant. En as-tu assez ?

— Oui, je vais en étendre un peu sur la neige et tu vas t'asseoir à côté de moi, expliqua le lièvre. Viens ! assieds-toi, ferme les yeux, et surtout, ne triche pas, car mon pouvoir ne marchera pas.

Alors, Pinashuess ferma les yeux très fort et, soudain, il se sentit comme soulevé et agité, comme s'il était emporté par les branches de sapin.

— Maintenant, tu peux regarder, reprit le lièvre.

Pinashuess ouvrit les yeux et la première constatation qu'il fit, c'est que ses mains étaient poilues et toutes blanches. Il regarda aussi ses pieds, il avait de longues pattes et sentait ses grandes oreilles se dresser.

— Mais tu m'as changé en lièvre ! s'exclama-t-il.

— Ne t'inquiète pas ! répliqua le lièvre. Il fallait bien que je te transforme en lièvre pour t'amener visiter notre royaume. Sans cela, on ne t'aurait pas laissé passer ! Bon dépêchons-nous !

Pinashuess se sentait bien dans la peau d'un lièvre. C'était la première fois qu'il courait si vite. Il agissait comme le lièvre. Il dressait ses grandes oreilles pour écouter et quelquefois il faisait des pirouettes. Il était tout émerveillé de ce qui lui arrivait et cria à son ami :

— Regarde-moi, je suis aussi rapide que toi et je me sens si léger, on dirait que je vole. Je n'en reviens pas. C'est comme dans un rêve !

Ils arrivèrent à la clairière du royaume. Déjà les animaux étaient très occupés à s'installer. Pinashuess était très heureux de pouvoir s'approcher d'eux, car il n'avait jamais eu l'occasion de les voir de si près. Il resta bouche bée à les regarder et à les admirer. Il était si content d'être parmi eux et de pouvoir tellement mieux les connaître.

Le lièvre lui suggéra de ne pas rester planté là :

— Va te promener. Va leur présenter tes meilleurs vœux de Noël.

Pinashuess s'approcha alors du renard qui était en train de construire son terrier.

— *Kuei*! mon ami, dit-il. Je te souhaite d'avoir un pelage qui reflète la couleur du soleil.

Et le souhait se réalisa à l'instant même.

Pinashuess décida ensuite d'aller voir l'ours qui lui confia :

— Si tu en viens à fonder une famille, prends bien soin de tes petits comme je l'ai toujours fait !

— Tu mérites tellement de respect, lui répondit Pinashuess, que je te souhaite que toutes les nations t'appellent toujours *nimushum* ou *nukum**** comme te nomment les Amérindiens qui savent t'honorer.

Puis Pinashuess alla saluer le caribou qui était tout ému de le recevoir. Le caribou lui offrit de l'eau du lac. Pinashuess, tout en buvant, vit son visage dans l'eau, et c'est ainsi qu'il lui dit :

---

* *Grand-père* et *grand-mère* en innu.

— Pour te remercier de ton hospitalité, je te souhaite qu'à chaque automne, lorsque viendra le temps pour toi de frotter aux arbres ton panache afin d'enlever la peau qui le recouvre, tu puisses t'admirer sur le miroir des eaux avec tes majestueux bois qui font de toi le plus beau des animaux.

Le caribou remercia Pinashuess et lui présenta son ami le castor.

— *Kuei! Kuei!* mon ami, accepte mes meilleurs vœux, dit Pinashuess en le saluant. J'ai toujours admiré la vaillance et la façon dont tu transmets le goût du travail à tes petits. C'est une grande richesse.

La fête continuait, tous les animaux fraternisaient. Au même moment, Pinashuess aperçut une grosse boule noire parmi la foule. Son cœur se mit à battre car c'était son ami le porc-épic.

— Je t'ai perdu, mais où étais-tu donc passé ? lui demanda l'enfant. Il y a longtemps que je ne t'ai vu !

— Vois-tu, avec le temps qu'il a fait, je n'osais pas m'aventurer trop loin de mon habitat, répondit le porc-épic. Mais je suis vraiment content de te rencontrer en ce jour de Noël et je t'offre toute mon amitié.

Ce à quoi Pinashuess répondit :

— Je te souhaite qu'à chaque année, lorsque tu grimperas dans les arbres, tu choisisses les sapins qui ont les aiguilles les plus pointues ; ainsi, tu pourras te frotter sur elles pour rendre ton poil plus rude et plus piquant, ce qui te servira de moyen de défense au cas où tu serais en danger.

Déjà, on commençait à danser le *makusham* en signe de bienvenue à tous. Mais Pinashuess regarda la hauteur du soleil et comprit que c'était déjà le temps de partir. Il alla à la rencontre de son ami le lièvre. Ils s'installèrent sur les branches de sapin et repartirent. Déjà loin, ils entendirent les cris des outardes qui, à peine arrivées au rassemblement, pleuraient d'émotion. Et Pinashuess retourna fêter Noël avec sa famille et ses amis, tout heureux d'avoir vu aussi celui des animaux.

(*Mille ans de contes : Québec*, Bergame, Éditions Milan, 1996, p. 160-165)

▶   Jean-Louis Fontaine

Innu de Uashat mak Maniutenam (Sept-Îles), Jean-Louis Fontaine est né en 1951. Il vit aujourd'hui à Québec où il travaille comme consultant en histoire autochtone en offrant ses services aux communautés amérindiennes du Québec.

Le Temps est avenir *concerne le mystérieux pouvoir de la pratique ancestrale de la tente tremblante,* kushapatshikan, *un moyen utilisé traditionnellement par les chamans innu pour entrer en contact avec les esprits. Jean-Louis Fontaine la rappelle dans ce récit pour parler de la réincarnation.*

Le Temps est avenir

Ntsuk^u* avait vu défiler quatre-vingt-douze hivers dans sa vie et ses forces déclinaient. Elle ne regrettait rien, car elle avait vécu des jours heureux en compagnie de sa famille.

Mais maintenant il fallait partir, elle savait qu'elle était devenue un fardeau pour son entourage. Chasseurs nomades, ils se déplaçaient régulièrement sur de longues distances, surtout en hiver, quand s'imposaient les voyages à l'intérieur des terres. Elle ne voulait plus ralentir leur marche et ainsi être la cause de mauvaises chasses. Elle se prépara donc à cette éventualité : partir au-delà du temps.

Elle avait dressé au creux de la forêt, à l'insu de tous, l'abri où s'écouleraient ses derniers instants. Elle souhai-

---

* En innu, ^u en exposant indique un k labialisé qui survient en finale de mot et qui contraste avec un k normal. Par exemple, *ishkueshk* signifie « outarde femelle » alors que *ishkueshk^u* signifie « ours femelle ». Cette labialisation est phonologique, ce qui veut dire qu'elle fait partie de la structure de la langue. Au cours du processus de normalisation de l'orthographe innu (commencé vers 1975), les linguistes ont essayé toutes sortes de solutions pour représenter cela (entre autres, écrire kw) mais celle qui a fait l'unanimité chez les locuteurs est ce k suivi d'un petit ^u en exposant. Il fait maintenant partie de l'alphabet innu qui est utilisé dans les écoles, dans les publications, etc. (source José Mailhot).

tait, tout comme sa grand-mère et sa mère l'avaient fait, s'éteindre dans le cœur même de ses croyances.

S'étant donc éloignée des autres, vivant sous un tipi, elle avait construit tout près de sa demeure un *kushapatshikan* qui lui permettrait de mourir honorablement. Elle avait recouvert cette armature de peaux pour bien l'isoler de l'extérieur, excepté le haut qu'elle avait laissé à l'air libre. C'est par cet espace que les esprits la rejoindraient. Tout était prêt pour le grand départ, l'apparition de la pleine lune serait propice au grand voyage.

Le matin même, elle s'était levée très tôt pour rendre ses derniers hommages au soleil. Toute la journée Ntsuk^u avait joué du tambour, dansé autour du feu, s'était adressée aux esprits afin d'être bien accueillie dans l'au-delà.

Dès que l'astre du jour se fut faufilé derrière les arbres, elle s'approcha du lieu qui allait être celui de son dernier recueillement. Sans hésiter, elle souleva les pans du *kushapatshikan* et s'y glissa. Elle s'installa confortablement, se confiant, sans la moindre appréhension, aux soins de ses ancêtres.

Elle était là depuis des heures, chantant, priant, invoquant les esprits, quand soudain le sol se déroba sous son poids.

— Où suis-je ? Que suis-je ?

Ses dernières questions restèrent sans réponses.

Elle n'arrivait plus à se situer, ni dans le temps ni dans l'espace. Autour d'elle flottait un nuage noir et opaque. Tout était si confus. Elle s'était retrouvée là, elle ne savait plus trop quand ni comment. Sa seule certitude : sa réelle présence. Qu'allait-il advenir d'elle ? Malgré ses questionnements, elle n'éprouvait aucune crainte.

Elle ne resta pas inactive, étant mue par un mouvement circulaire. Elle était secouée, ballottée dans un sens et dans l'autre, effleurant des parois visqueuses. Ce canal n'en finissait plus, où allait-elle aboutir ?

Tout à coup, elle fut expulsée dans le vide. Ce plongeon dans le pur inconnu l'amena ensuite en un lieu qu'elle n'eut pas le loisir d'apprécier, car il n'allait être qu'un refuge temporaire. Sitôt arrivée, elle repartit, longea un mur au bout duquel un resserrement ralentit sa progression.

Et c'est à ce moment qu'une barrière se présenta devant elle. Elle s'écrasa sur un écran gélatineux, mais une impulsion incontrôlable la relança sur l'obstacle qui finit bientôt par céder. Elle le franchit en s'y glissant vivement, comme si elle eût soudainement l'impression d'avoir déjà vu un tel endroit.

Une nouvelle sensation prenait forme en elle. Une transformation s'opérait irrésistiblement dans ce qu'elle croyait être son corps. Ce changement lui procurait un plaisir jusque-là inconnu, et elle pouvait le percevoir dans toute son entité, se le représenter.

Elle aurait voulu demeurer dans cet état d'équilibre, sans ruptures ni bousculades, mais elle comprit bien vite qu'il ne pouvait en être ainsi. Son nouveau moi fut entraîné par de minuscules ondulations encore et toujours vers l'infini. Ce voyage dura un temps indéfini, puis ce fut le retour de la stabilité.

Enfoncée dans une mince couche de tissu, elle sentit une modification permanente se produire en elle. Une énergie neuve et inhabituelle se propagea dans tout son être comme une substance chaude, onctueuse, stimulante qui lui fut d'un apport insoupçonné. La vie l'emplissait à nouveau et elle en soupirait d'aise.

Elle fut surprise par cette force naturelle et magique, cette connaissance qui emplissait tout son être. Sa croissance devint plus rapide, hâtive. Elle envisageait déjà tout le bonheur et la joie des moments à venir. Maintenant, elle reconnaissait qu'un événement extraordinaire allait se réaliser.

Tout son environnement se resserrait sur elle, elle n'arrivait presque plus à bouger. Pourtant, ici et là, quelques soubresauts à peine tangibles lui révélaient que son périple n'était pas encore terminé. Alors, péniblement, elle s'engagea dans ce qu'elle croyait être le chemin à suivre.

Des secousses, se rapprochant de plus en plus, la poussaient dans une cavité en forme d'entonnoir. Soudain, une pression plus importante que toutes les autres l'immergea dans un flot de lumière. Enfin, elle était délivrée! Ses premiers pleurs d'enfant se mêlaient au brouhaha de l'hôpital et n'étaient pas tellement rassurants. Dans son «bagage génétique», les mêmes questions revenaient.

— Où suis-je? Qui suis-je?

(inédit)

Poèmes

► Éléonore Sioui

Née à Wendake en 1925, Éléonore Sioui est la première Wendat (Huronne) à avoir publié un recueil de poèmes au Québec. L'ensemble de ses activités lui valent en 2001 le titre d'officier de l'Ordre du Canada.

Éléonore Sioui, inspirée par ses ancêtres, écrit depuis sa jeunesse et publie aujourd'hui en trois langues : français, anglais et espagnol. Son langage précis et clair, parfois ironique, ses images originales, tantôt douces et apaisantes, tantôt violentes et marquées par la souffrance, témoignent de sa communion spirituelle avec la nature.

Seousquachi. Unité transcendante

J'ai vu le Cœur
Et l'Esprit
De Manitou
Penchés sur le côté droit d'un nuage
Étincelant de rose
Transparent d'azur et de gris
Projetant trois rayons
Sous un voile de rosée
Dentelé de lumière tamisée
Descendant se baigner
Dans un passage d'or
Sur la mer à mes pieds
Et qui doucement se transformaient
En myriades d'arcs-en-ciel.

(*Andatha*, Val-d'Or, Éditions Hyperborée, coll. « Bribes d'Univers », 1985, p. 10)

Obedjiwan

Obedjiwan
La ouate
De tes neiges
Sans fin
Renferme
Les glaçons
Aigus
Argentés
Des sanglots
Perdus.

(*Andatha*, Val-d'Or, Éditions Hyperborée, coll. « Bribes
d'Univers », 1985, p. 33)

Ondechaterri. J'ai partout mal

Je n'ai été l'amante
Que du Soleil
Je n'ai engendré
Que par Lui
Je n'ai connu
La caresse amoureuse
Qu'étendue sous ses chauds baisers
Fécondée par la pluie
C'est la création de mon univers
Parfois lorsque le désir
D'être aimée m'entraîne
Je pars jusqu'à la mer
Qui boit mes plaies
Et me verse l'oubli
À grands coups de vagues
Distillant mes sanglots
En poèmes de paix

Dans le fond du vert de mes yeux
Grisant l'engouement qui me tord
Comme une source évictée.

(*Andatha*, Val-d'Or, Éditions Hyperborée, coll. «Bribes
d'Univers», 1985, p. 36)

Autochtonicité

Dans un verre
De vin blanc
Déposez deux ou trois gouttes
De sang indien
Ajoutez-y une once de pollution
Brassez à l'européenne
Et vous aurez un mélange de deuxième classe
Puis fermentez le résidu de l'élixir
Qui vous procurera une troisième classe
Dont la dilution deviendra
L'Amérindien
Contaminé dans son authenticité.
Make big plans, aim high in hope and work
Do not make little plan as it gives no magic stir.

(*Femme de l'île*, Rillieux, Sur le dos de la tortue, numéro
hors série, 1990, p. 12)

En vers

Au bout de tes pas
La terre monte vers toi
Comme une prière d'enfant
Puis éclate le silence

Du maïs fécondé
De rides millénaires.

(*Corps à cœur éperdu*, Val-d'Or, D'ici et d'ailleurs, coll.
«Cygnes du ciel», 1992, p. 32)

Blanc sur Noir

J'ai ressenti la lie
Des jours stagnants
De mes frères muselés
Le sourire aux dents
Matés dans une fragilité menaçante
Rôdant enchaînés, encastrés
Dans le carcan du vert ramier
Prêts à mordre le bâillon
De sang jaillissant
De leurs yeux infectés
De rouge, de noir et de blanc
Remplis de luisants horizons
À perte de bras
Mais n'osant dénouer
Leur voix.

(*Corps à cœur éperdu*, Val-d'Or, D'ici et d'ailleurs, coll.
«Cygnes du ciel», 1992, p. 110)

Orixha. À celles qui se sont tues

J'ai lu, médité, crié
Mes souvenirs
Qui ont taché mon oreiller
Comme une gorgée de sanglots
Pour embrouiller ta trace

Perdue au fond du gouffre
Où le chemin ne s'arrête à jamais.

Je suis si seule
Ma consolation
Lire, essayer de comprendre et sangloter
Quelle pitié, et personne ne m'entend.

(*Corps à cœur éperdu*, Val-d'Or, D'ici et d'ailleurs, coll.
«Cygnes du ciel», 1992, p. 125)

▶ Rita Mestokosho

Rita Mestokosho est la première poétesse innu à avoir publié un recueil au Québec. Elle est née dans la communauté d'Ekuanitshit (Mingan) en 1966, où elle réside encore aujourd'hui et où, en tant que conseillère au Conseil de bande, elle développe des projets culturels et éducatifs.

Les Aurores boréales *constituent une invocation à Tshishe Manitu, le Grand Esprit. En se laissant bercer par le rythme calme et ouaté des mots, le lecteur est porté naturellement à imaginer la poétesse, en hiver, quelque part dans* Nitassinan *(notre territoire en innu), se recueillir et entamer ce dialogue avec Tshishe Manitou, avec elle-même, avec la vie, avec la terre, dans l'atmosphère mystique qui caractérise la taïga.* L'arbre de la vie *prend l'allure d'une légende et symbolise, à travers les enseignements que reçoit un petit arbre et son expérience dans le «grand monde», le cheminement que chaque être humain peut décider d'entreprendre à un moment de son existence afin de s'ouvrir à la vie et assumer la réalité souvent difficile et traumatisante.*

Les aurores boréales

À la saison froide et silencieuse
les aurores boréales s'allument
comme par enchantement
une lumière qui vient d'ailleurs

je caresse du regard
la beauté du monde
et la fleur de l'espoir
une chanson aux mille couleurs

par la majesté de cette beauté
j'honore tshishe manitu
celui qui vole parmi nous
sous le visage d'un enfant

celui-là même qui vit en nous
celui qu'on cherche à comprendre

mon ami
le solitaire des montagnes
il ne suffit pas de croire en la vie
il faut se battre pour l'existence

aujourd'hui je veux conquérir la liberté
le seul pouvoir que l'homme cache en lui
c'est la liberté qui le rend heureux
quand il voit le coucher du soleil

je t'offre ma prière
toi qui voles parmi les étoiles
toi mon petit frère

une vision de respect et de reconnaissance
à la terre qui entend ma prière
elle me fait voyager et rêver

cours vers le silence
je m'adresse à toi tshishe manitu
pour que l'amour possède le monde
pour que la paix coule sur la grande rivière
pour que le respect soit la seule pierre

cherche en aimant la terre
à travers la vie
sur le sentier qui s'ouvre
vers la vérité
le mystère caché pour qu'une fleur naisse
pour effleurer la beauté
toucher l'âme mon ami
tshishe manitu je me fais modeste devant ta grandeur

la rivière de la vie coule jusqu'à l'océan
et libère l'essence qui te permet de respirer
ne coupe pas le souffle de la rivière ma sœur
car tu empêches la terre
d'expirer le doux parfum de la liberté

(*Innuvelle*, vol. 5, n° 10, novembre 2002, p. 11)

L'arbre de la vie

Il était une fois
il n'y a pas si longtemps dans une forêt lointaine
un petit arbre qui venait de naître
et la vie avait coulé dans les racines
à travers la profondeur de la terre
il était petit mais ses racines étaient profondes

le troisième jour
le vent vint lui tenir compagnie
afin de lui raconter ses voyages dans
                              [le grand monde
comme le vent disait si bien
le petit arbre pouvait voyager lui aussi
mais il s'imaginait la vie tout autrement
car là où il se trouvait il était à l'abri de la
                              [destruction

le cinquième jour
la pluie vint chatouiller son feuillage
elle lui raconta que là d'où elle venait
le monde était petit tout comme lui
le petit arbre pensa à tout cela
alors passèrent plusieurs jours sans que personne
                              [vînt le voir
pendant tout ce temps
il y avait quand même le soleil qui réchauffait
                              [la terre et ses racines
le petit arbre prit le temps pour le remercier
en faisant présent de son plus beau feuillage

puisque l'automne s'était installé
la pluie et le vent vinrent le voir à tous
                              [les jours pendant sept jours
ils ne cessèrent de lui raconter comment
                              [le grand monde se portait

alors le petit arbre s'imaginait bien
que derrière les montagnes se trouvait la vie
il pensa à tout cela

un jour que le silence capturait les lieux
et que la blancheur occupait tout l'espace
le vent du nord vint lui donner une leçon
il lui apprit comment regarder autour de lui
comment regarder autour de lui
que le soleil se pointe à l'aube pour éclairer
et pour réchauffer la terre
et lorsqu'il disparaissait devant nos yeux
c'était pour poursuivre son travail
                     [dans le grand monde

après plusieurs années à passer son temps
avec la pluie le vent et le soleil
il décida d'aller dans le grand monde
il y avait des arbres immenses
qui lui cachaient la pluie le vent et le soleil
et ses racines n'étaient pas aussi profondes
puisqu'il était entouré du grand monde
                     [qui prenait toute la place

ne pouvant plus respirer l'air pur des montagnes
ne pouvant plus admirer dans le silence
le coucher du soleil
il fit une prière dans son cœur
s'adressant au grand esprit
prends ma vie mais ne cache pas le soleil
qui réchauffe la terre
prends mes couleurs mais ne gâche pas la pluie
qui arrose mon cœur d'amour
prends mes racines mais n'étouffe pas le vent
qui fait chanter le silence

il ferma ses yeux
et il pouvait sentir la chaleur du soleil
la caresse du vent
la musique de la pluie
et il pleura pour la première fois
il arrosa ainsi ses racines plus profondes que la vie

(*Rita Mestokosho : Les Aurores boréales. Geneviève
McKenzie : Canzoni*, Maurizio Gatti, dir., Roma, Artista
Casa delle Arti, 2000, p. 13-15)

► **Charles Coocoo**

Né en 1948, originaire de la communauté de Wemotaci (Mauricie), Charles Coocoo est le premier Atikamekw à publier un recueil de poèmes. Il travaille à l'école de Wemotaci comme conseiller linguistique et interprète, chargé de faciliter la communication entre les élèves atikamekw et les professeurs non atikamekw.

La quête personnelle de Charles Coocoo se reflète dans ses poèmes : il y partage sa vision de l'âme traditionnelle atikamekw grâce à un langage qui stimule les sens chez le lecteur. Il amène ce dernier à être à l'écoute des événements qui l'entourent, à célébrer le monde magique de la nature et de la spiritualité atikamekw dans ses multiples facettes : sa beauté, sa vitalité, sa joie, sa transparence, sa simplicité, son mystère. Il l'invite à respecter chaque être vivant — une petite fille, une modeste plante ou encore soi-même — dans un hymne à l'infiniment petit et à l'infiniment grand.

Le cycle

Dans le sanctuaire des marais, les grenouilles ajustent leurs cordes vocales qui résonneront comme dans une cathédrale. Les vibrations de leurs voix auront un effet magique sur les moustiques. Alors, elles commenceront leurs bourdonnements. C'est un renouveau de transmigration vers un nouveau cycle, après un sommeil réparateur. Ainsi, le souffle du Grand Esprit est prometteur.

(*Broderies sur mocassins*, Chicoutimi, JCL, 1988, p. 14)

Danse de l'Univers

Qu'il est bon de chérir l'aube
Quand la vie palpite au rythme du
Grand Esprit

Quand l'ouïe capte
les vibrations des oiseaux
La vie au garde-à-vous
devant l'aube de l'espoir

L'odorat qui tend la main
à la brise matinale pour goûter
l'arôme de la mousse

Mon cœur en gigue
devant cette perpétuelle
danse de l'Univers

(*Broderies sur mocassins*, Chicoutimi, JCL, 1988, p. 16)

Clapotage

Écoute! le clapotis
Regarde! le clapotissement
Touche! le clapoteau
Hume! le clapotage
Donne! une claque amicale

Qu'est-ce que tu dis, castor?
Alerte! La vie vient de clapoter
Au loin! flic, flac, floc...

(*Broderies sur mocassins*, Chicoutimi, JCL, 1988, p. 17)

L'enfant créateur

Quand on ne connaît pas l'utilisation d'un objet
traditionnel...
Donnez-le à un enfant, qui vous fera découvrir sa

découverte.
L'enfant est plus proche du Créateur.

(*Broderies sur mocassins*, Chicoutimi, JCL, 1988, p. 30)

Violation

Petite fille... petite fille
Qui ose te rejeter?
Et pourtant
Petite fée... petite douceur.
Et pourtant belle comme belle
Qui ose te répudier?
Petit verbe... petite virgule
Syllabe de l'union
Quoi!... Te manipuler.
Violation de l'être à sa conception.

(*Broderies sur mocassins*, Chicoutimi, JCL, 1988, p. 31)

Petite plante

Petite plante, dis-moi... réponds-moi...
Je suis un géant,
et pourtant j'ai besoin de ta petitesse.
Une petite partie de toi me guérirait
de mon immense chagrin.
Je partagerai ma joie
avec toi, petitesse.
Réponds-moi... petite plante.

(*Broderies sur mocassins*, Chicoutimi, JCL, 1988, p. 32)

Estime

Graines de mon peuple, laissez-moi vous arroser de mes larmes de joie pour une nouvelle fraîcheur. Cette fraîcheur demande une nouvelle croissance pour celui qui croit aux possibilités d'une vision plus humaine. Graine, si tu veux, tu peux. Une petite goutte sur cette graine peut remplacer toutes les sueurs de mon peuple. Peuple de respect, ne cherche pas un océan pour te purifier, mais cette goutte pourra rafraîchir ton esprit. Alors ton esprit pourra se baigner dans ce minuscule océan qu'est la goutte, ce qui lui rendra une dimension plus juste de ce qu'est un peuple qui se respecte. Le Grand Esprit a donné peu. Nous n'avons pas besoin de beaucoup, mais ce peu a une signification immense.

(*Broderies sur mocassins*, Chicoutimi, JCL, 1988, p. 35)

Accroche-toi

Désaccoutumé à l'éclosion de la vie
Je te scrute
Les yeux léprosés
Les cheveux en scalp
Tes rires catéchisés sur ton visage
Sur tes pas invalides, désertés
Le vent qui n'ose pas épousseter.

Et l'odeur de la rage me gifle
Tu es déjà leurré
La flexibilité horizontale te soutient.

L'aurore boréale dans la nuit m'éclaire.
J'actionne doublement mon cœur pour toi
Et la douleur me taloche orgueilleusement.

Frère, accroche-toi à nos racines fraternelles
Ramone le sentier de cette suie blanche.

Le souffle divin de la vie te défigurera
Le rayon du soleil matinal te transfigurera.

Le son du tambour sacré sera porteur
de notre écho
Et la raison de vivre cicatrisera tes blessures.

(*Broderies sur mocassins*, Chicoutimi, JCL, 1988, p. 47)

Cérémonie de purification

Tranquille solitude. Être seul, face à soi-même, rend l'esprit propice à saisir le sens de l'évolution de bien-être selon le désir du Grand Esprit. Ce n'est pas de se rapprocher du Grand Esprit qui constitue la victoire, mais plutôt de suivre le sentier en respirant la vérité. Le respect de soi, l'assurance de notre foi nous guide vers l'amour pour que notre cheminement vers le Grand Esprit soit pur. La solitude nous amène à l'écoute des mélodies d'amour du Grand Esprit pour l'enrichissement de notre esprit. Dans ma prière profonde, je glorifie le Grand Esprit de cette chaleur de tendresse d'aimer, tel que je suis. Assis dans une position confortable, je sens une force envahir tout mon être. Le sapinage vient taquiner mon gros orteil. Les sueurs ont été bénéfiques pour mon corps. Les gouttelettes ruissellent. Les petites racines qui se trouvent en dessous du sapinage acceptent ces gouttelettes de franchise. D'autres s'évaporent dans l'immensité du cosmos, porteuses d'un message de gratitude sacrée. La respiration de mon corps se mêle à celle de la Mère terre, comme une femme qui accepte avec beaucoup de joie l'être à qui elle vient de donner la vie. Je crie très fort quatre fois pour les quatre directions... *Ki sakihitin**. Au passage de ces mots, la nature s'en accapare et se nourrit avec allégresse. Timidement, une petite brise nocturne vient de me lancer un défi amical... Je m'enveloppe d'un *aripikorai*** pour me tenir au chaud. Debout face à l'Est, je termine cette cérémonie par un rituel d'usage. Une dernière fois, je crie...

   Kir ni Manitom***. *Ni kicteriten ni coweriten kiticinikasowin*†.

   Seule la fumée qui monte indique une présence. Je ramasse les branches sèches et les mets sur la braise. Je souffle sur la braise et la lumière est. Comme la coutume le veut, je mets une poignée de tabac sur le feu. Les étoiles semblent me faire des clins d'œil. La position de *matotasiwatekw*†† symbolise beaucoup de nos croyances. Tambour, donne-moi la note pour chanter ma chanson du courage. Oui... vraiment je me sens bien.

(Broderies sur mocassins, Chicoutimi, JCL, 1988, p. 48-49)

---

   *   *Je t'aime* en atikamekw.
  **   *Couverture* en atikamekw.
 ***   *Toi, mon Créateur* en atikamekw.
   †   *Je respecte et j'aime ton nom* en atikamekw.
  ††   *Sudation* en atikamekw.

▶ **Myra Cree**

Née en 1937, Myra Cree est originaire de Kanesatake (Oka) où elle demeure encore aujourd'hui. Sa carrière d'animatrice pour la radio de Radio-Canada lui vaut plusieurs prix et distinctions.

Les deux satires qui suivent font partie d'une série intitulée Les bouts rimés de Myra Cree, *publiée dans la revue* Terres en vues *entre 1995 et 1996 comme une sorte d'éditorial alternatif. Myra Cree y étale tout son humour, son ironie, son éloquence, sous un mode satirique, caricatural ou pamphlétaire.*

La fête à Arthur

Flaubert disait «la vie n'est tolérable qu'avec
[une marotte» ;
Les autochtones furent et demeurent
[celle d'Arthur Lamothe.

Sur son sujet de prédilection, Arthur est disert,
N'est pas né celui qui le ferait taire.

Imperméable aux «tu nous les bassines avec
[tes Innu», tu nous escagasses*.
Mieux que le Seigneur, Arthur est parmi nous
[— plus efficace.

Quittant sa Gascogne natale, comment aurait-il pu
[imaginer l'extraordinaire aventure
Qui l'attendait au Québec, en cette terre
[d'amérindienne culture ?

Comment pouvait-il deviner qu'il prendrait les
Montagnais en plein cœur
Dans ce pays qui les avait plutôt sur le cœur ?

Qu'il deviendrait le chantre de leur histoire,
Le dépositaire de leur mémoire ?

---

* Escagasser signifie assommer (régionalisme du Sud-Est de la France).

Aux vues imprenables sur bouleaux et épinettes,
Il a préféré leur paysage intérieur, leur petite
                              [musique secrète,

Témoignant des injustices dont ils étaient victimes,
Leur accordant d'emblée ce que d'autres
                    [leur refusaient : foi et estime.

Un créateur, dit-on, est son œuvre :
Arthur en est la vivante preuve.

Dans l'attente qu'éclate *Le Silence des fusils**
Nous avons fait la fête à notre noble ami,

Nous permettant même de taquiner
                              [ce grand distrait
Qui a frôlé le décor d'un peu trop près,

Lui rappelant affectueusement que mieux vaut
                    [vin et cote d'amour assurée
Que ravin et côtes cassées.

                    (*Terres en vues*, vol. 3, n° 2, 1995, p. 22)

Mon pays rêvé ou la PAX KANATA

Mon pays rêvé commence, à l'évidence,
au lendemain d'un ultime référendum,
une fois le «verduct rendi»
pour écrire comme l'ineffable Jean Chrétien parle.

L'autonomie nous est acquise,
nous avons notre propre Parlement,
il y a dorénavant trois visions de ce pays.

---

* Titre d'un film d'Arthur Lamothe.

Au Québec, on est copains comme cochons avec
  [la communauté francophone
qui s'est mise à l'étude des langues autochtones.
Nos réserves, sur lesquelles nous en émettions tant,
sont devenues des colonies de vacances
et nos chefs, qui se répartissent également
entre hommes et femmes, de gentils organisateurs.
À Kanesatake, où j'habite,
y'a du bouleau et du pin pour tout le monde.
Le terrain de golf a disparu
et tous, Blancs et Peaux-Rouges (je rêve en
  [couleurs)
peuvent, tel qu'autrefois, profiter de ce site
  [enchanteur.
Nos jeunes ne boivent plus, ne se droguent pas,
la scolarisation a fait un bon prodigieux.
Tout va tellement bien dans nos familles
(il n'y a plus trace de violence)
que l'association Femmes autochtones du Québec
s'est recyclée en cercle littéraire.
Le Deuxième sexe de Simone de Beauvoir
vient d'être traduit en mohawk ;
l'XY de l'identité masculine, d'Elizabeth Badinter,
devrait l'être en montagnais pour le Salon du livre
qui se tiendra à Kanawake,
et *L'Amant* de Duras, en inuktitut
(ça va dégivrer sec dans les iglous).
Il est question que Marie Laberge soit jouée en cri
et Denys Arcand s'apprête à tourner
  [une comédie musicale,
musique de Pierre Létourneau, inspirée de la vie
  [d'Ovide Mercredi,
qui a accepté de jouer son propre rôle.
Titre provisoire : Je veux t'aimer tous les jours
  [de la semaine.

Bref, c'est beau comme l'antique,
tout le monde il est content, tout le monde
                              [il est gentil,
on est très bien TRAITÉ.
Je me pince pour y croire, trop fort sans doute,
car c'est à ce moment-là que je me suis réveillée.

Avec mes meilleurs vœux,
que l'an prochain,
si nous ne sommes pas plus,
nous ne soyons pas moins.

(*Terres en vues*, vol. 3, n° 4, 1995, p. 23)

▶ **Jean Sioui**

Jean Sioui, né en 1948, est Wendat (Huron). Il demeure à Wendake où il conçoit des projets pour promouvoir l'écriture par les Amérindiens.

Le langage simple, clair et concis de Jean Sioui, permet au lecteur d'interpréter ses Pensées wendates *de multiples façons. Comme des maximes, elles deviennent universelles et rappellent à chacun d'être à l'écoute de l'environnement, de porter une attention particulière aux moindres détails de la vie.*

[Le pas de l'Indien]*

Le pas de l'Indien est léger
son empreinte est ineffaçable

(*Le Pas de l'Indien. Pensées wendates*, Québec,
Le Loup de Gouttière, 1997, p. 12)

[Garde le silence]

Garde le silence si tu crains que le vent
n'emporte tes paroles au mauvais endroit

Arrête-toi un moment
écoute les bruits de la forêt
regarde la hauteur des arbres
respire l'odeur du bois
touche la fraîcheur du sol
et repars
enivré de vie

(*Le Pas de l'Indien. Pensées wendates*, Québec,
Le Loup de Gouttière, 1997, p. 50)

---

* Les titres entre crochets ont été ajoutés pour rendre les extraits plus facilement repérables.

[Le brin de paille]

Le brin de paille foulé à tes pieds
ne te semble rien
mais
logé dans l'œil par un léger vent
il épargne le chevreuil
du tir du chasseur aveuglé

(*Le Pas de l'Indien. Pensées wendates*, Québec,
Le Loup de Gouttière, 1997, p. 51)

[Le bon chasseur]

Le bon chasseur sait écouter
les bruits de son territoire

Le bon père sait écouter
les bruits de sa maison

(*Le Pas de l'Indien. Pensées wendates*, Québec,
Le Loup de Gouttière, 1997, p. 53)

[J'avais un bel arbre]

J'avais un bel arbre devant ma maison
je méditais à l'ombre de ses branches
un grand vent brusque l'a fait tomber

Il m'a manqué longtemps

Aujourd'hui
je me souviens de lui
en regardant les pousses nouvelles
à l'endroit même où il était

Mon peuple est semblable
je sais qu'il survivra

(*Le Pas de l'Indien. Pensées wendates*, Québec,
Le Loup de Gouttière, 1997, p. 54)

[Dans ces temps]

Dans ces temps
on nous donne
des droits artificiels sous réserve

Dans nos temps
on possédait
des droits naturels sans réserve

(*Le Pas de l'Indien. Pensées wendates*, Québec,
Le Loup de Gouttière, 1997, p. 73)

[Lorsque tu es venu]

Lorsque tu es venu
tu as été accueilli
tel que tu étais

Parce que tu es resté
tu nous a voulus
tel que tu étais

Nous ne voulons pas que tu partes
mais nous serons toujours tels
que nous sommes

(*Le Pas de l'Indien. Pensées wendates*, Québec,
Le Loup de Gouttière, 1997, p. 76)

[À tante Lucia]

À tante Lucia, je dis : Assise dans ta berceuse à la
cuisine ·
tu perlais des mocassins à la journée longue
ton éternelle pipe au bec
bourrée du tabac
que tu avais haché
Tes silences me parlent encore

(*Le Pas de l'Indien. Pensées wendates*, Québec,
Le Loup de Gouttière, 1997, p. 85)

[On nous a longtemps perçus bien calmes]

On nous a longtemps perçus bien calmes
on nous a longtemps trouvés bien silencieux
C'est le naturel de notre peuple
Aujourd'hui
on nous accuse de vouloir parler

(*Le Pas de l'Indien. Pensées wendates*, Québec,
Le Loup de Gouttière, 1997, p. 92)

[Un jour]

Un jour, un sage me dit : J'ai parlé et la nature
même s'est tue
J'écoute là cet homme qui veut parler
mais un klaxon me dit qu'il faut avancer

(*Le Pas de l'Indien. Pensées wendates*, Québec,
Le Loup de Gouttière, 1997, p. 99)

▶ ## Sylvie-Anne Sioui-Trudel

Wendat (Huronne) d'origine, Sylvie-Anne Sioui-Trudel naît en 1956. Elle vit à Montréal où elle dirige sa propre compagnie : Aataentsic Masques & Théâtre.

Les poèmes de Sylvie-Anne Sioui-Trudel dégagent une harmonieuse musicalité fondée sur divers procédés stylistiques tels l'assonance, l'allitération, la rime, les jeux de mots. On comprend qu'elle les intègre sans difficulté dans ses pièces de théâtre, pour qu'ils vivent intensément sur la scène interprétés par des comédiens.

Plomb et azur

Des mains pointant l'horizon
Des yeux perçant le temps
Trois outardes crispées en sang
Ont entendu l'éclat tueur
Ont atterri tête-bêche
Dans la boue des marécages
Silence partout
À bout portant
Fusil claquant
Chargé d'acier
L'aile plombée
La pluie de sang
La neige perdue
On n'espère plus
Regard d'un père
Silence d'un nom
Silence d'une mère
Et sur leur front s'inscrit mon nom

(*Écrire contre le racisme : le pouvoir de l'art*, Montréal,
Les 400 coups, 2002, p. 44)

Oraquan corbeau bavard

Mon plumage hirsute vous insulte
j'incommode l'avenue de l'hybride
nature exquise de la nature morte
à genou sur le pas de ta porte

Lumière auxiliaire de la vérité
meurtrière indomptable de l'espoir
radieuse amie du bonheur
par où les mille et une couleurs
jaillissent de mes flambeaux
sur les fils bleus de ma robe

Je vous proclame au sommet
de ma divine complaisance
Vertu incandescente de mon âme
je croasse ma raison démagogue
à l'oreille de votre naïve impasse
où mon ramage culbute dans le chaos
Dédale de l'histoire pris dans l'étau
invulnérable de la pensée en porte-à-faux

(inédit)

Temps

À cheval sur l'éternité
On s'arc-boute à cette terre
On n'a pas tant demandé
Mais l'espoir de la survie
Nous rallie et nous écule
Tant bien que mal
Tant mieux que pire

À rapporter tous les trésors du monde
On ne soutient plus les regards
Baisser la tête et baiser la main du mutant
Qu'il est devenu à force de voyage
À force d'amour mal vécu
À force d'amour amputé
À force de suicide
Rien n'aboutit
Qui es-tu ?
Qui es-tu ?

(inédit)

La photo de la Révolte

La danse tributaire
des Amériques
Transcendée dans l'oubli
D'un profond complot
perdu sur la photo
de la Révolte mal armée
est exécutée sur les pavés
de vos ruelles désertes

Le soleil ulcéré de la vie
Luit sur le Rêve ardent
d'une merveille totémique
Extase de l'histoire familiale
où L'enfant s'est enfui
au passage de l'innocent
Allusion secouée du bilan
de survie ravi par l'insouciant
Le président referme la main
sur le cadeau millénaire
prend de l'autre un crayon

pour signer le contrat amer
Je suis restée assise
À voir la reine passer
à cheval tard la nuit
devant l'adversité
Folle patience du territoire
Pays en quête du silence
Exotique tête inquiète
à prendre entre deux guerres
Vastitude de l'avenir
romantisme incrédule
D'un style bien trop humain
Elle ne s'est pas arrêtée

(inédit)

▶ ## Romeo Saganash

Diom Romeo Saganash est né dans le Nord du Québec près du Lac Waswanipi en 1962. Il travaille à Québec comme directeur des Relations avec le Québec pour le Grand Conseil des Cris.

Auteur de plusieurs poèmes et textes en prose inédits, Romeo Saganash est convaincu que la création littéraire et artistique est un moyen très efficace pour assurer le développement, l'autonomie intellectuelle et la réussite des Cris. Mahiganou a été lu publiquement pour la première fois lors du festival Présence autochtone 2001, *à Montréal, par Chloé Sainte-Marie, et rejoint par le fait même sa thématique principale : le métissage. Désemparée, une jeune Métisse crie dialogue avec Mahiganou, la louve, et partage avec elle ses réflexions, ses doutes, ses peurs, ses souffrances, la difficulté d'assumer les limbes dans lesquels Cris et Québécois la relèguent. Métissages biologiques et culturels sont aujourd'hui inévitables dans les communautés cries, et même si l'équilibre identitaire n'est pas facile à atteindre, il est possible, comme le suggère cette jeune métisse : «Que je suis belle, Mahiganou / Que je suis métisse».*

Mahiganou

C'était durant la saison des longues nuits
Jiwètin, le vent du nord, avait emporté les dernières
[traces de neige
Mishigamish n'est plus qu'un miroir encore de
[glace
Mais je sais, je sais
Une lune, deux au plus, et les rivières
[recommenceront à chanter.
J'ai comme seul guide ce soir
Les esprits dansants dans le ciel boréal
Et la lumière tamisée de la lune pleine.
Ni-wanshin, ni-madoune
Je suis perdue, je pleure.
Tèou-higan kiè ni-bètèn
J'entends depuis toujours des échos de
[tambours cris

Ces échos qui me pourchassent
Viennent du nord, de la forêt,
Nouchimich,
Contrées d'origine de mon père.
D'autres rythmes et mélodies me parviennent
D'ailleurs
Et m'attirent aussi
Vers l'est, l'autre côté de la mer infinie, vers
                                  [mon destin
Patrie de ma mère.
Je suis mêlée, je suis métisse
Je pleure.
Sommes-nous condamnés,
Nous, peuple de sang rouge et de sang blanc
À errer ?
Ni visage pâle ni cuivré
Je suis héritière des cultures millénaires
En même temps
Des problèmes centenaires.
Majish, métisse, moitié-moitié, peau dorée
Celle qui se donne
Celle qui se rend.
On m'accuse souvent du plus grand des crimes
Pensez au sort de Louis Riel, pendu
Aux enfants de Malintzin, ou encore
Gonzaleo Guerrero.
On m'accuse d'infidélité à un peuple
Mais lequel, lequel ?
Le peuple cri, Nouchimi Innouch ?
Le peuple blanc, Wè-mishtigoshiouch ?
Ni de l'un ni de l'autre.
Je suis mêlée, perdue, métisse
Et je pleure.
Ce soir, Mahiganou, je pense, répond à mes
                                  [lamentations

Je l'ai croisée, là, au milieu du Mishigamish,
                        [Grand-petit lac
Majestueuse et perpétuelle
Vêtue de ses plus belles fourrures
Et ses mocassins de soirées légendaires
Mahiganou s'était mise sur son... 1492.
Elle a le regard d'une louve
Elle m'explique qu'elle vient des temps
                            [immémoriaux.
Étrangement, les tambours ont cessé
Un silence des plus silencieux s'installe entre nous
Je me baisse la tête
Je la regarde par la glace polie du Mishigamish.
Ses yeux gris rendent sa beauté impardonnable
Sa peau, elle aussi, n'est ni claire ni foncée
« Caramel, me dit-elle devinant ce que je
                [remarque, c'est encore meilleur.»
« Dandè è touté-in ?
Jè gon wè ji-madouin ? »
Où vas-tu ?
Pourquoi tu pleures ?
Moush ni-mayim-goun
Majish ni-shingadi-goun
Wèn ni, Mahiganou ?
Wèn-ni ?
Bèj-witamou.
Mes sœurs cries me traitent de Majish
Celle qui est laide
Mes sœurs québécoises m'accusent
De blanche manquée
Dis-moi, Mahiganou, qui suis-je ?
Car je ne m'aime pas.
« Ne pas t'aimer, c'est cracher dans la glace
                 [par laquelle tu me regardes,
ton propre miroir ! »
« Nimaii apatou innou, apatou wèm-shtigoushiou ji »

Non, tu n'es pas la moitié de l'un et moitié de l'autre
Tu es l'un ET l'autre
Une Blanche avec une âme crie
Une Crie avec une âme blanche
C'est toi qui décides quoi en faire.
Je suis l'héritière des beautés et des malheurs
                              [de deux mondes
Je vois
Notre grande Île de la tortue
Est devenue
Un immense lit d'échange, d'amour, de métissage.
Les échos de tambours reviennent me flatter
                              [doucement
Mes larmes surgissent de nouveau
Je me lève la tête
Mahiganou n'est pas là
Dans la glace, pourtant, elle y est toujours…
Que je suis belle, Mahiganou
Que je suis métisse.

                                        (inédit)

▶ ## Maya Cousineau-Mollen

Innu de la Côte-Nord, Maya Cousineau-Mollen est née à Mingan en 1975. Elle travaille actuellement à Ottawa pour Statistique Canada.

La poésie passionne Maya Cousineau-Mollen depuis sa jeunesse, alors qu'elle remporte le prix du public lors d'un concours d'art oratoire à Sept-Îles et qu'elle lit des poèmes lors de différents événements. Les trois textes qui suivent font partie d'un recueil inédit qu'elle a rédigé au fil des ans. Moi, Québécoise-Innu *exprime la déchirure qu'a provoquée en elle l'adoption par une famille québécoise : un phénomène qui a touché et touche plusieurs enfants amérindiens. Dans* Erreur, *une multitude de questions, de doutes, d'espoirs et de déceptions s'ensuivent. Enfin,* Une âme veut partir *constitue une réflexion sur le suicide et porte une attention particulière aux* autres *victimes : ceux qui restent.*

Moi, Québécoise-Innu

On chante « Je suis née avec un rêve »,
Moi, je suis née avec quoi ?
Partout je me cherche, je me perds sur les grèves,
J'ai été élevée dans la soie.
La violence d'un père, les larmes d'une mère,
Jamais je n'ai vu ça de mes yeux.
Mais pourquoi laisser errer ces pensées amères,
Qu'est-ce que la vie me veut ?
On m'a épargné les ravages de l'alcool,
        [tristesse inutile.
Pourtant je joue au funambule.
Plus je grandis, plus le temps file,
Parfois je manque d'air dans ma bulle.
Où sont les avantages d'avoir deux cultures ?
Quand l'une se meurt dans l'oubli.
Pourquoi ne pas abattre ces murs,
J'aimerais avoir ma place dans la vie.
Culture blanche, culture montagnaise,

Ce conflit continuel,
Existence de contraste et de malaise,
Voilà un regard actuel.
Un jour la fausse Indienne trouvera son chemin,
Peut-être une identité, qui sait? un destin?!

(inédit)

Erreur

Nous sommes des erreurs de parcours
Ces enfants abandonnés privés d'amour.
Nous sommes nés de parents inconnus
Ces parents que nous n'avons jamais vus.
Nous sommes gavés de solitude
Que faire devant tant de froides attitudes?
Un beau jour nous trouvons des parents
Ces parents adoptifs que nous aimons tellement.
Mais il reste un creux, un vide dans notre esprit
Qui sont nos vrais parents, notre conscience
                                        [le crie...
Nous voulons savoir qui est notre père et
                                        [notre mère
Parfois on trouve et la déception est amère.
Moi je sais qui sont mes vrais parents
Ce qui est le plus dur, c'est qu'ils sont indifférents.
Je ne sais pas si je dois les aimer ou les haïr...
Mais je sais que ça me fait souffrir.

(inédit)

Une âme veut partir

Elle a trop souffert, elle a trop donné,
Maintenant, elle veut partir pour l'éternité.
Elle souhaite ne plus porter de charges,
Elle veut prendre le large.
Une mélancolie mortelle qui nous touche
Comme une chandelle que l'on mouche
La lumière retournée au néant,
Partie sans la contrainte du temps.
Mais peut-on accepter ce départ précipité,
Ce vide trop vite imposé.
Il n'est pas trop tard pour guérir,
Il n'est jamais trop tard pour sourire.
Il faut aussi penser aux êtres en détresse,
Laissés derrière nous avec maladresse.
Pendant des années, ils se demanderont
Le pourquoi, la ronde des questions.
Si une âme veut partir pour oublier,
Il est bon parfois de se battre pour sa destinée.
Car cette détresse cache parfois une alerte,
Personne ne veut se retrouver sur une île déserte.

(inédit)

▶ Alice Jérôme

Algonquine de Pikogan (près de Val-d'Or), Alice Jérôme naît en
1948 et travaille aujourd'hui comme directrice du développement
communautaire au Centre d'amitié autochtone de Val-d'Or.

À travers son engagement social, Alice Jérôme veut devenir une
écrivaine professionnelle. Elle a déjà réuni un recueil de poèmes,
mais seulement quelques-uns ont paru jusqu'ici dans le journal
Innuvelle *et dans des publications internes de sa commu-*
nauté. Ceux qui suivent nous invitent à un voyage à travers les
fantasmes, les émotions, les mystères (Une nuit sans sommeil), *ou*
évoquent la sensualité de l'amour, du désir et des émotions (Coup
de foudre). *Alice Jérôme parle ensuite, dans* Le mal de vivre, *des*
difficultés auxquelles font face les Amérindiens aujourd'hui, pour
enfin affirmer, dans Le vent, *son originalité et son besoin profond*
de l'exprimer.

Une nuit sans sommeil

Une nuit sans rêve
Une imagination sans limites
Une nuit de mystères
Pour la chasse aux trésors
Nuit sans peur
Apprécie l'obscurité naturelle
Nuit de silence
Écoute la voix intérieure
De la nuit sans repos
Le voyage nocturne mouvementé
Nuit du clair de lune
Beauté de la chasse
Nuit des séductions
Elle marche aux bras des étoiles
Nuit des révélations
Le secret du hibou
Nuit de la prière
Elle rassure l'excursion

Nuit sans sommeil
Expérience du vivre
Traverser la nuit blanche
La nuit du mystère
La nuit qui pleure
Nourrit l'univers
La nuit de la passion
Désir d'une nuit sans lendemain

(inédit)

Coup de foudre

Avec le regard plein de sens sans fin
Sans jamais se lasser
D'admirer
Vénérer le mystère de l'autre
Dans le tourbillon des sensations
Voyager un rêve de passion d'enivrement
Se perdre complètement dans la fièvre les émois
La force la musique les délices
La balade la douce ivresse de l'union
Le temps insaisissable
Du désir comblé
Le coup de foudre
Le baiser de l'éternité

(inédit)

Mal de vivre

Sans vision geste mortel
Sans identité face au néant
Sans question aller nulle part

Sans but arriver au rien
Sans espace rêver noir
Sans liberté mourir petit à petit

(inédit)

Le vent

Contre le vent je marche
Contre le vent je bois
Contre le vent je ris
Contre le vent je cours
Je refuse d'être comme tout le monde

(inédit)

Romans

► Bernard Assiniwi

Bernard Assiniwi est né à Montréal en 1935, d'une mère cana-dienne-française d'origine algonquine et d'un père algonquin et cri originaire du Lac Tapini (aujourd'hui Sainte-Anne-du-Lac dans les Laurentides). Décédé en 2000, il est l'un des rares auteurs amérindiens à avoir consacré sa vie à l'écriture.

La Saga des Béothuks est un roman historique divisé en trois parties, où les événements, documentés historiquement, se fondent dans la fiction imaginée par l'auteur : vers l'an 1000, un jeune homme décide de faire le tour de son monde, l'île de Terre-Neuve, et deviendra pour cela le mythique ancêtre et fondateur de la nation Béothuk ; à la fin du XVᵉ siècle, les Européens débarquent sur l'île et commencent une colonisation massive ; au début du XIXᵉ siècle, ils achèvent l'extermination des Béothuks. Les extraits reproduits ici constituent des tableaux concis qui illustrent bien la recherche de l'auteur : donner aux lecteurs le goût des cultures amérindiennes. À cette fin, les tirades pédagogiques sur la vie alternent avec des dialogues touchants, des discours mordants, des scènes où l'humour et l'ironie se fondent pour laisser le lecteur pensif, désemparé, un sourire aux lèvres et une larme dans les yeux.

[Camtac]

Camtac disait que l'apprentissage durait toute la vie et que se perpétuer en ses enfants ne lui apporterait rien de plus que ce qu'il aurait enseigné à ses successeurs dans ce monde. Que la connaissance totale ne venait que de la mort et de la réincarnation en d'autres êtres. C'est ainsi que la connaissance vient aux humains. Dans une vie, on se suffit à soi-même. Dans la réincarnation, on apprend aux autres. Dans la sagesse de la connaissance, on transmet à ceux qui viendront la mémoire de ceux qui ne sont plus. Et c'est ainsi que survit un peuple, une nation. Tout le savoir d'un homme ne sert à rien s'il n'est pas transmis. Toute transmission ne sert à rien si elle n'est pas comprise. Il faut donc toujours avoir les oreilles propres pour entendre et les yeux ouverts pour voir et comprendre. Voilà le secret de l'existence des Béothuks. C'est pourquoi, selon Camtac, les Béothuks vivraient toujours, même quand mourrait le dernier. Ils continueraient de vivre en d'autres. Dans d'autres mémoires. Dans d'autres apprentissages. Camtac disait que les Béothuks étaient éternels. Ils étaient la vie. Il y aurait toujours des Béothuks dans le monde entier. Car il y aurait des choses à apprendre. Les Béothuks étaient «les vrais hommes». Les vrais hommes ont toujours des choses à apprendre. Ils sont éternels par leur besoin de savoir, de connaître, de donner.

(*La Saga des Béothuks*, Montréal/Arles, Leméac/Actes Sud, 1996, p. 230)

[Dogermaït]

Lorsque la colonne des chasseurs arriva à l'orée de la forêt, là où se dressait le village du clan d'Appawet*, une cinquantaine d'enfants les attendaient. Au milieu de ces enfants, une belle jeune femme se tenait debout, immobile, cherchant des yeux son compagnon. Dès qu'elle l'aperçut, elle se dirigea vers lui en courant et se jeta dans ses bras.

« Dogermaït. Comme je suis heureuse de te retrouver sain et sauf.

Le jeune homme la repoussa doucement.

— Je ne suis plus la longue flèche de bois. Je suis maintenant Ashmudyim, le diable méchant.

— Non, cria la jeune femme. Pour moi, tu es toujours Dogermaït, le meilleur tireur à l'arc de l'île des Hommes-Rouges.

— Même avec ce visage en pâturage piétiné ?

---

* *Phoque* en béothuk.

— Même en morceaux détachés, répondit la belle Addizabad-Zéa.»

Le jeune homme étreignit la femme et la serra très fort contre lui en évitant de coller son visage encore ensanglanté sur le sien.

Wobee* fut bouleversé. Pas un seul trait du visage de la jeune femme n'avait témoigné du dégoût que peut inspirer un visage piétiné par des cervidés aux sabots coupants comme des silex nouvellement éclatés. Il se demandait comment réagiraient les enfants. Leur réaction pouvait être fatale au jeune homme mutilé. Ils ne firent aucune allusion à la terrible blessure du chasseur. Au contraire, ils se tournèrent tous vers lui.

«Dogermaït, quand vas-tu nous raconter ta chasse?»

Le jeune fut à ce point ému de cet accueil qu'il se mit à pleurer comme un enfant privé de sa mère. Les jeunes voulaient tout savoir, tout de suite.

— Combien de caribous as-tu tués?

— Est-ce que tu en as raté plusieurs?

— Dis-nous où le chef de chasse t'avait placé?

— Raconte-nous la chasse au complet.

— Quand vas-tu faire le récit de la chasse?»

Le jeune homme prit alors la parole.

«Comme vous pouvez le constater, il y a eu un accident pendant cette chasse. Mon visage a servi de sentier à beaucoup de caribous, et j'ai pris le nom de Ashmudyim, le diable méchant. Je suis même étonné que vous me reconnaissiez encore!»

Un des jeunes lui lança alors :

«Ton corps et ton cœur sont toujours les mêmes. C'est facile à reconnaître.»

Et le jeune homme pleura à nouveau, tandis que tous les chasseurs ravalaient leur émotion. Le vaillant

---

* Nom donné à Jean Le Guellec, marin de Jacques Cartier adopté par les Béothuks, et qui signifie *pâle, blanchâtre*.

jeune homme avait failli mourir pour eux, et tous lui en
étaient reconnaissants.

«Comment pourrions-nous t'appeler Ashmudyim,
alors que tu es notre héros à tous? Tu es Dogermaït,
celui qui utilise les longues flèches de bois, le meilleur
archer de la nation béothuke.»

(La Saga des Béothuks, Montréal/Arles, Leméac/Actes Sud,
1996, p. 244-245)

[Dosomite]

L es Anglais étaient devenus les maîtres de l'île. Le
roi d'Angleterre en était le propriétaire. Comment trai-
terait-il les premiers habitants? Seul Kobshuneesamut*
le savait ou le dieu des Anglais, sinon le roi. La région du
grand lac de l'Ocre rouge ne pouvait suffire à nourrir tout
le monde. Il faudrait que les enfants apprennent vite à
subvenir à leurs propres besoins. Les femmes seraient de
nouveau obligées de se partager les hommes qui restaient.
Et le choix était beaucoup moins vaste qu'avant.

Le conseil de la nation se réunit pendant cinq soleils
sans parvenir à s'entendre unanimement sur l'identité du nouveau chef. De plus, personne ne semblait
avoir le courage de relancer la nation. De mémoire de
Béothuk, jamais le peuple n'avait été à ce point abattu
avant la défaite du matin de la mort. Pourtant, parmi
les rescapés, un tout jeune homme, presque encore un
enfant, Dosomite, le pin, se mit à haranguer les gens. Il
trouvait inconcevable que les Béothuks s'abandonnent
ainsi au découragement.

«Comment pouvez-vous même oser dire que vous
êtes des Béothuks si vous affichez de telles mines de
morts-vivants? Vous n'avez pas le droit de laisser tomber.

---

* Le Créateur chez les Béothuks.

Vous devez continuer à vous battre, ou alors ayez le courage de vous suicider tous, sans exception. Lorsqu'on n'a plus la force de vivre, il faut au moins avoir le courage de mourir. C'est la seule dignité qui nous reste. Ayez au moins de la dignité, si vous n'avez pas de courage. Moi, j'ai décidé de vivre. Que ceux qui ne désirent plus voir le ciel, les rivières et les arbres se retirent de ma vue. Je ne veux voir près de moi que des gens qui veulent vivre. Les autres, allez tous vous jeter devant les fusils des Anglais. Vous ne méritez pas mieux.»

Encore un discours dont les mémoires vivantes auront à se souvenir. Le plus jeune chef de la nation était soudainement apparu aux Hommes-Rouges. On n'avait pas eu besoin de le nommer. Il s'était levé de lui-même, dans la puissance de sa parole. On n'avait pas procédé selon la tradition : il venait de créer un précédent. Un chef s'était levé, dirent les mémoires vivantes, et il avait perdu son père lors de la dernière bataille. C'était une semence des plus rares dans les temps anciens. Ce l'est encore plus dans les temps modernes. Dosomite, le fils de Shéasit, avait du cran. L'arrière-petit-fils de Ooish et Wobee ne passerait pas sa vie à pleurer le passé. Il fallait recommencer, et il en avait le courage. Il refusait cependant d'avoir du courage pour ceux qui n'en avaient pas. Il s'en assura en rejetant tous ceux qui sombraient dans le découragement. C'était cruel mais c'était nécessaire.

Le tout jeune homme se fit des amis en quelques soleils. Tous ceux qui voulaient vivre venaient le lui dire. Les autres n'osaient pas. Il dit un jour à un groupe de jeunes :

«Tant que je trouverai belles les feuilles de cet arbre, tant que ces feuilles changeront de couleur avant de tomber, je voudrai vivre. Quand cet arbre me paraîtra laid, je sais que je serai prêt à mourir.»

(*La Saga des Béothuks*,
Montréal/Arles, Leméac/Actes Sud, 1996, p. 270-272)

[Les mouches noires]

Puis la belle saison revint, avec la chaleur, le soleil, les petits fruits, les mouches noires et les moustiques. Je m'amusais souvent à penser à ces insectes qui nous piquaient et qui allaient ensuite faire la même chose aux Anglais. Et je me demandais si le sang avait le même goût. Je me demandais surtout pourquoi ces gens-là ne se mettaient pas de poudre d'ocre rouge pour contrer les morsures des mouches noires ? Et je songeais que, sous les lourds habits que ces gens portaient, les mouches noires devaient trouver de bien confortables endroits ombrageux d'où elles pouvaient s'activer en toute quiétude. Et cela me faisait rire. Douce, mais combien mince vengeance pour ce que nous avions perdu.

(*La Saga des Béothuks*,
Montréal/Arles, Leméac/Actes Sud, 1996, p. 350-351)

[La mort chez les Béothuks]

Son compagnon, long et très mince, portait des vêtements de peaux de bêtes et ses jambières étaient un pantalon large attaché aux genoux et aux chevilles. Tous deux portaient des moosins*. Ce personnage au visage pâle portait aussi un chapeau à large bord. Les deux empestaient la graisse d'ours, dont ils s'étaient probablement enduits pour éviter les piqûres des mouches. Si les mouches laissaient les deux hommes tranquilles, c'était bien plus à cause de la senteur que grâce à l'efficacité du produit. Papa disait aussi que prise dans la graisse d'ours, une mouche n'a qu'une idée : sortir de là au plus tôt. Les deux hommes terminèrent leur repas. Le visage pâle se mit à démonter la petite habitation de toile de

---

* *Mocassins* en béothuk.

marine dans laquelle tous deux avaient couché la nuit précédente, alors que Jos Silvester venait directement vers papa. Mamjaesdoo sut qu'il était inutile de tenter de se cacher : le Shanung* avait senti sa présence. Tout en marchant vers papa, Silvester dit :

— Tu ne t'imaginais pas que la senteur des Béothuks puisse passer inaperçue ?

— Je ne croyais pas que la puanteur de la graisse d'ours puisse te permettre de sentir quoi que ce soit d'autre.

Quand ils furent face à face, chacun étendit le bras droit pour toucher l'épaule de l'autre. C'était la salutation entre deux hommes qui n'étaient pas des ennemis sans nécessairement être des intimes.

— Qui est le Bouguishamesh** ? demanda papa.

— William Cormack, un scientifique anglais qui veut rencontrer des Béothuks pour comprendre la mort chez eux.

— Eh bien, il tombe bien, dit papa, ils sont presque tous morts. Il pourra les étudier à son goût, personne ne l'en empêchera.

— Il voudrait vous rencontrer pour en discuter.

— Nous, nous préférons discuter de notre façon de vivre. Nous parlerons de la mort quand nous serons près d'elle. Nous ne voulons pas lui parler.»

Jos Silvester regarda papa droit dans les yeux.

«Si tu ne veux pas lui parler, il ne verra pas de Béothuks. Je te donne ma parole.»

(*La Saga des Béothuks*,
Montréal/Arles, Leméac/Actes Sud, 1996, p. 389-390)

---

* Nom donné par les Béothuks aux Micmac.
** *Étranger* en béothuk.

▶ Michel Noël

D'origine algonquine par son père et par sa mère, Michel Noël est né à Messines (Outaouais) en 1944. Il était jusqu'à tout récemment coordonnateur ministériel aux affaires autochtones, au ministère de la Culture et des Communications, et demeure aujourd'hui à Lévis où il se consacre à l'écriture.

Hiver indien *est le troisième d'une série de romans, précédé par* Journal d'un bon à rien *et* Le Cœur sur la braise, *qui racontent l'existence de Nipishish, un Métis algonquin : son expérience dans un pensionnat indien, son aventure en ville dans une famille d'accueil, le retour dans une réserve où beaucoup de choses ont changé, où l'exploitation forestière fait ses ravages et où il découvre des vérités inquiétantes concernant la mystérieuse mort de son père. Les péripéties, le suspense, l'humour et l'amour entourent Nipishish et ses compagnons de vie. Dans l'extrait ici reproduit, une spiritualité profonde et subtile se dégage de la mort du vieux Tom où tout est sacré : chaque geste, chaque regard, chaque vibration de la nature. Les lecteurs perçoivent le silence très cher à Michel Noël. Ils assistent Tom et Nipishish comme des esprits invisibles qui les observent à partir d'un autre monde et apprécient, grâce à eux, l'esprit nomade des Algonquins.*

Tom

Tom est couché sur un épais matelas de rameaux de sapin frais. Manie, Charlotte, Sam, Pinamen et moi, ses derniers compagnons de vie, sommes à son chevet. Il a revêtu son plus beau pantalon d'étoffe, sa chemise de flanelle à carreaux et ses mocassins en peau d'orignal brodés de fleurs. Il porte au cou son collier orné de dents d'ours.

La forêt est silencieuse, immobile, comme en attente d'un grand événement. Tom veut mourir comme mouraient nos ancêtres. Il voit venir la mort, lui parle, l'accepte. Elle est son amie.

Il semble nous quitter déjà pour de longs moments, plongé au fond de son être. Il rêve à sa longue vie de chasseur, de trappeur, à tous ces voyages qu'il a faits dans le passé, en canot d'écorce, en raquettes à neige, à pied dans les sentiers, lourdement chargé.

Puis l'air siffle dans sa gorge comme le vent violent qui se cogne aux arêtes rocheuses de la montagne. De lourdes sueurs opaques perlent sur son front, mouillent ses tempes grises. Manie s'empresse de les éponger avec une serviette d'eau fraîche. Elle lui parle calmement de sa voix douce et chuintante. Tom émerge, reprend conscience, sourit. Ses yeux sont alors grands ouverts, calmes comme la surface d'un lac à la fin du jour, juste avant que ne tombe la nuit. Il répète :

— *Miguetsh**, Manie! *Miguetsh*! Tu es bien bonne pour moi.

Il s'humecte les lèvres.

— Tu sais, Manie, je n'ai qu'un regret...

Manie s'arrête. La serviette au-dessus du front du vieillard, elle attend la suite.

— ... je ne vais pas pouvoir te marier cet automne!

Le vieux Tom a toujours le mot pour rire, celui qui désamorce les situations les plus dramatiques.

— Tom, tu ne changeras jamais!

— Non... Je ne regrette rien. Je remercie le Grand Créateur de toutes choses. J'ai l'immense privilège d'avoir vécu longtemps. Je meurs vieux, comme un vieil arbre dans la forêt. Un beau jour, une toute petite brise suffit à le terrasser, mais en tombant, il fait une trouée dans le ciel et ouvre la voie à la lumière du soleil. D'autres arbres pousseront, j'en suis certain.

Sa voix devient inquiète.

— Manie! Manie! Je ne regrette rien, mais je suis triste. Je crains pour l'avenir des Anishnabés**.

Épuisé, Tom ferme les yeux. Seul son souffle court nous dit qu'il vit toujours. Les rides profondes de

---

* *Merci* en algonquin.
** Nom que se donnent les Algonquins dans leur langue.

son visage se détendent. Agenouillé à ses côtés, je me demande où est son esprit. Quel territoire est-il en train de parcourir?

À minuit, il reprend conscience. Il nous regarde à tour de rôle. Sam a allumé des chandelles. Nous sommes comme des fantômes baignés dans une lumière jaune. Il fait signe à Manie. Elle approche son oreille de ses lèvres. Il lui murmure ses dernières volontés. Elle se redresse lentement, la figure défaite. Des gouttes de lumière roulent sur ses pommettes saillantes. Elle l'embrasse amoureusement sur le front, une main posée sur sa tête, l'autre sur les siennes qu'il a croisées sur son estomac. Elle pleure le vieux Tom comme si elle pleurait son propre enfant.

Pendant que Charlotte, Pinamen et Sam lui font à leur tour leurs adieux en l'embrassant sur le front. Manie me tend la serviette.

— Nipishish, tu le veilleras jusqu'à sa mort, c'est là son désir.

Je suis profondément ému, et en même temps heureux de rester seul avec Tom, de partager sa grande solitude.

Pinamen est la dernière à sortir de la tente. Je suis debout près de la porte. Elle se blottit dans mes bras. Je la serre très fort.

— Je reviendrai au lever du soleil.

— Je t'attendrai.

Je retourne vers Tom. J'éponge son large front chaud et luisant. Toutes mes énergies sont mobilisées par mes gestes. J'accompagne Tom sur son territoire de chasse. Mon cœur bat lentement, à grands coups dans ma poitrine. Je me sens investi d'un grand calme, d'une profonde sérénité.

Tom pose sa main large comme une patte d'ours sur ma cuisse.

— Nipishish…

Il murmure mon nom comme un filet d'eau qui glisse sur les galets.

— Nipishish?

— Oui, Tom.

— Tu as un beau nom... Nipishish... Petite rivière. Un jour, tu prendras le nom que portait fièrement ton père : Shipu, la rivière... Mais toi, tu seras Mishtashipu, la grande rivière, celle qui guide nos vies. Quand ce jour-là viendra, tu le sauras dans ton cœur. Ce sera ton secret et ta force.

— *Miguetsh*, Tom.

J'éponge son front fiévreux. Je médite sur ce qu'il vient de me dire. J'entends le vent qui pleure dans la cime des arbres.

— Nipishish, je te donne mon tambour et ma chanson, ma carabine, ma tente, mon canot. Tout ce que j'ai est maintenant à toi. Tu en es le gardien et le porteur. Le tambour, Nipishish, te parlera dans tes rêves. Écoute-le bien, c'est le battement de nos cœurs, la vie de notre peuple, la voie de la liberté. Le portage dans lequel tu dois marcher est en toi, ne le cherche nulle part ailleurs. Quand tu voudras me parler, entre dans la forêt tout doucement, comme un oiseau, assieds-toi, attends. Sois patient. Surtout, ouvre bien tes yeux et tes oreilles, respire profondément l'odeur de la terre et des aiguilles de pin. Repose ton âme. Ne me cherche pas plus loin, non, Nipishish ! Je serai dans ton cœur et dans les arbres, dans le vent et dans l'ombre des nuages, tout près ! C'est là que je serai pour l'éternité et pour toi.

Le sapin vert et le bois, qui crépite dans le petit poêle, embaument de leurs odeurs le cercle de la tente. Je me sens comme un aigle aux grandes ailes déployées qui plane en rond, très haut dans le ciel bleu, sans effort, le cou tendu. Je vois un immense territoire de mes yeux perçants. Je vole profondément en moi-même. Mon esprit et mon corps ne font plus qu'un.

La neige autour de moi est épaisse, silencieuse. Je
n'entends plus aucun son, pas même le vent. Les arbres
sont immobiles. L'air est froid, d'une grande pureté,
translucide comme une mince couche de glace en
bordure d'un ruisseau. Le paysage est éblouissant. Tout
est blanc, immaculé, comme la peau d'un caribou tendue
dans le cercle d'un immense tambour. Mes raquettes s'en-
foncent. Je laisse derrière moi des traces nettes comme
la piste d'une perdrix géante. Je suis sur le territoire de
Sam Brascoupé, sur la rive du lac aux Quenouilles. Il y
a de grands aulnes blancs de givre qui s'entrelacent à la
lisière du lac. Je m'arrête. Je suis ébloui par la lumière
blanche que reflète la neige bleutée. Tout à coup, par
une trouée, à travers les aulnes enchevêtrés, je vois un
énorme lièvre assis sur ses pattes arrière. Il me fixe d'un
œil rond, rouge sang, impressionnant. Il se tient droit. Il
n'a pas peur de moi. Je détourne légèrement le regard et
quand je reviens vers lui, il a disparu comme par enchantement. Je me fraie un chemin dans les buissons. Il n'est
plus là, mais tout autour, la clairière et la bordure du lac
gelé sont sillonnées de profonds sentiers de lièvres qui
s'entrecroisent et vont dans toutes les directions, comme
autant de portages aux confluents de grandes rivières. Je
me dis que ce territoire est riche, car il est habité par de
nombreux lièvres et j'en suis heureux.

La main de Tom se relâche sur ma cuisse. Elle me
tire de ma rêverie. Le vieil homme a fermé définitivement les yeux. Je l'embrasse sur le front. Je ne suis pas
triste, mais ému dans tout mon être. Je n'ai jamais été
aussi près de la mort. La vie de Tom s'est envolée vers le
paradis des grands chasseurs, mais son esprit est toujours
ici, dans la tente. Je sens sa présence rassurante et je reste
un long moment prosterné.

Le petit poêle se refroidit. La flamme de la dernière
chandelle vacille, puis s'éteint. Il fait froid. Une lueur
blafarde perce la toile de la tente. Le corps du géant Tom

se profile dans la pénombre. Je tire la couverture de la Baie d'Hudson roulée à ses pieds et je le couvre en entier. Je sors.

Une longue frange rouge, flamboyante, ourle l'horizon à l'est. Un jour neuf pointe déjà. Je remercie le Grand Créateur de toutes choses pour sa générosité. Je respire profondément l'air sacré qui me donne la vie.

(*Hiver indien*, Montréal, Hurtubise HMH, coll. «Atout», 2001, p. 11-19)

▶ Julian Mahikan

Julian Mahikan, de la nation atikamekw, est né à Obedjiwan (dans le Réservoir Gouin, au nord de la Mauricie) en 1975. Il vit actuellement à New York où il continue ses projets d'écriture, notamment pour le cinéma.

Dans Le Mutilateur, *un écrivain en perte d'inspiration reçoit une lettre provenant d'une prison dans les environs de la baie de San Francisco. Elle lui est envoyée par un tueur en série depuis longtemps traqué par la police, dont les victimes, mutilées de diverses manières, laissent croire qu'il est muni d'une force quasi inhumaine. Mais le Mutilateur, comme on l'a surnommé, prétend être innocent et affirme que les meurtres ont été causés, malgré lui, par une force surnaturelle qui le possède, et que son fils héritera son pouvoir. Sous verrous dans le couloir de la mort, le Mutilateur demande à James, l'écrivain, de retrouver son fils. En échange de ce service, il lui livrera sa biographie. Après maintes requêtes refusées, l'écrivain décide finalement d'aller le voir au péril de sa vie. C'est alors que toute son existence bascule…*

Les deux extraits qui suivent reproduisent la première lettre du Mutilateur à James, l'écrivain, et la visite de ce dernier aux agents de police responsables du dossier. Dans les deux cas, le suspense et le mystère qui caractérisent le roman lui donnent une place tout à fait originale dans la littérature amérindienne au Québec.

[La lettre du Mutilateur]

Le 26 juin

Le scepticisme que certains entretiennent sur l'existence des esprits a provoqué l'internement dans des prisons ou des institutions psychiatriques de plusieurs personnes qui se disaient possédées. Intoxiqués par des histoires d'épouvante, la majorité des gens pensent que les êtres et les esprits venus des ténèbres sont de simples élucubrations de romanciers ou des fantasmes nés des peurs archaïques de l'espèce humaine. Ce dédain et cette ignorance discréditent tout ce qui touche le monde surnaturel. Les esprits existent vraiment, il faut y croire parce que je suis moi-même possédé d'un démon qui m'oblige souvent à faire ce que je ne veux pas. Il s'empare de tout mon être et se sert de moi pour assouvir sa soif de sang. Je ne peux pas m'en débarrasser parce qu'il est en moi depuis toujours. Malin et manipulateur, ce démon est capable de tout, car il peut changer d'apparence aussi souvent qu'il le veut.

Il est là, au moment où je vous écris, je le sens qui me surveille, à l'affût de mes faits et gestes. Enfermé dans ma petite cellule, j'ai du mal à supporter les images qui me viennent à l'esprit. Je pense aux personnes que j'ai dû tuer pour lui. Je le sens près de moi, il aime me tourmenter.

— NON, va-t'en! Nom de DIEU! Va-t'en!

Il se rapproche de plus en plus, des frissons d'horreur me traversent le corps entier. Je ne peux pas le voir, mais je sens qu'il est là. Il me griffe, il me caresse. Il attend patiemment que je sorte de cette prison pour s'emparer de mon enveloppe charnelle et chasser ses proies. Peut-être suis-je devenu fou. Peut-être ai-je sombré dans une rage meurtrière qui a dévoré petit à petit ma conscience. À force de verser le sang de ses victimes, je suis peut-être devenu aussi malade que lui.

— Non, je ne suis pas fou, je le sens, je le sais!

La terreur va-t-elle jamais s'arrêter? Ce long cauchemar qu'est devenue ma vie va-t-il prendre fin? La mort seule, je le sens, pourrait me débarrasser de mon démon, me délivrer de son emprise. Mais je ne peux pas me donner la mort parce que je serais condamné à errer sur la terre éternellement avec lui. Je ne veux pas me désincarner... Je ne veux pas devenir un spectre malfaisant...

Toute cette histoire m'a tellement terrifié que la seule chose que je veux aujourd'hui, c'est que vous trouviez mon enfant pour l'avertir de cette menace. Je sais que vous êtes un romancier en manque d'inspiration pour vos récits d'épouvante. Trouvez mon enfant, et en échange de ce service, je vous raconterai mon histoire pour que vous en fassiez un de vos romans d'horreur.

Venez me voir à la prison. Je ne peux sortir de ma cellule pour faire les recherches parce que, dès que je serai dehors, la bête s'emparera de mon âme. Je vous en conjure, pour l'amour de Dieu! Croyez-moi! Il est là, je l'entends respirer! J'ai très peur.

AIDEZ-MOI!
Robert Anderson
Pénitencier de Bordeaux
San Francisco

(*Le Mutilateur*, Toronto, Mahikan Production, 2001,
p. 65-68)

James va voir les policiers

Une pile de dossiers à classer s'étaient accumulés sur le bureau de Dickerson qui les regardait d'un air découragé. Mais le dossier de Robert Anderson était inclassable : trop de choses bizarres s'étaient produites durant l'enquête. Les données regroupées suggéraient que le tueur n'était pas un homme mais une bête, laissant planer le doute sur le bien-fondé de l'accusation. Les policiers cherchaient donc une explication vraisemblable devant toutes ces «preuves» qui pouvaient innocenter Anderson.

Qui sait si la clé de tous ces mystères ne se trouvait pas dans les lettres écrites par l'accusé et qu'on devait lui apporter d'un moment à l'autre. James passa la porte du bureau sans frapper, car il savait que Dickerson l'attendait depuis des heures. Il lui montra les lettres sans tarder :

— Voici les lettres que Robert Anderson m'a envoyées. Je ne vous garantis pas qu'elles pourront vous aider. Est-ce que vous enquêtez encore sur cette affaire?

— Oui, mais d'une certaine façon seulement. Nous nous intéressons surtout à un côté qui ne peut être divulgué parce qu'il n'est pas crédible.

— Que voulez-vous dire ?

— Les preuves que nous avons accumulées et les blessures de presque toutes les victimes donnent à croire que l'assassin est un animal avec des griffes.

— C'est étrange... Dans ses lettres, Anderson se dit possédé d'un démon... ou quelque chose comme ça. Mais je crains de vous jeter dans l'erreur avec ces lettres qui racontent des choses invraisemblables. Et pourtant, si je ne les croyais pas, je ne serais pas ici à parler encore de ça avec vous.

— Il y a une chose que je dois vous dire, James. Votre femme ressemble beaucoup à l'une des victimes. La première de toutes. Et malheureusement, elle a été tuée dans votre maison.

— Dans ma propre maison ? Vous délirez, Dickerson !

— Non, James, je ne délire pas. Cette femme s'appelait May Cardinal. Elle a eu la malchance d'être à la mauvaise place, au mauvais moment. On l'a retrouvée dans la chambre du premier.

— Laquelle, exactement ?

Dubois farfouilla dans les paperasses accumulées devant lui et ouvrit le dossier du premier meurtre d'une série de seize.

— Dans la chambre du premier, face à la rue.

— Ce n'est pas possible ! J'ai l'habitude d'utiliser cette chambre pour écrire. Je m'y sens si bien dès que je m'assois à la table... Une atmosphère, une ambiance... Je m'installe devant mon clavier et les phrases me viennent... Je n'aurais jamais imaginé qu'un meurtre s'y était produit.

— Écoutez, James, il y a encore autre chose que je devrais vous dire... Lorsque la première victime a été amenée pour l'autopsie, un signe est apparu de nulle part, et nous n'y avons trouvé aucune explication plausible.

— Qu'est-ce que c'était ?

— Une étoile avec le nombre 666 écrit dans le pentagone et entouré d'un cercle. Chaque fois qu'on a retrouvé une victime, ce signe apparaissait dans différentes parties du corps. May Cardinal, par exemple, en avait un sur la poitrine. Mais cela doit rester entre nous. D'accord ?

— Qui d'autre est au courant à part le médecin légiste ?

— Quelques hauts gradés de la maison.

— Mais êtes-vous certain de tout cela ?

— Absolument sûr.

— Est-ce que vous essayez de dire que Robert Anderson est innocent ?

— Non, pas le moins du monde, mais Anderson n'est peut-être pas ce que vous imaginez. En tout cas, nous devons tout faire pour qu'il soit exécuté ou le tenir loin de tout être humain jusqu'à la fin de ses jours.

— Vous savez, dans ses lettres, il dit avoir été possédé d'un démon lorsqu'il a tué toutes ces victimes.

— Il vous a donc avoué qu'il a tué tous ces gens.

— Oui, mais…

— On le tient, cria Dubois qui venait juste de lire les lettres. C'est écrit noir sur blanc. Regardez, Dickerson.

Dubois tendit les lettres à Dickerson.

— Est-ce que vous avez enquêté sur moi ? demanda James.

— Non, nous savons qui vous êtes. Mais on ne peut pas en dire la même chose pour votre femme.

— Elle n'est pas encore ma femme. Mais de quoi parlez-vous ?

— Nous nous sommes renseignés sur elle. Elle n'a ni assurance sociale ni lien de parenté nulle part.

— Je le sais ça, elle n'a pas de parenté à San Francisco.

— Ce que j'essaye de dire c'est que nous n'avons trouvé aucune trace de naissance nulle part dans le pays. Pas de parents non plus, ni de permis de conduire.

— C'est comme si elle n'existait pas sur papier, ajouta Dubois...

James s'enfonça davantage dans son fauteuil, le visage hagard et cireux.

— Autrement dit, ma femme ressemble un peu à May Cardinal... Mon Dieu, qu'est-ce que je devrais faire ?

— Ça, c'est votre affaire, dit niaisement Dubois. Nous voulions juste vous tenir informé.

(*Le Mutilateur*, Toronto, Mahikan Production, 2001,
p. 229-233)

Théâtre

► Bernard Assiniwi

Bernard Assiniwi est né à Montréal en 1935 d'une mère cana-dienne-française d'origine algonquine et d'un père algonquin et cri originaire du Lac Tapini (aujourd'hui Sainte-Anne-du-Lac dans les Laurentides). Décédé en 2000, il est l'un des rares auteurs amérindiens à avoir consacré sa vie à l'écriture.

Le passage intitulé [Le suicide de Fred] est extrait de la seule pièce de théâtre qu'Assiniwi ait publiée. Le déchirement entre tradi-tion et modernité et l'impossibilité d'accepter certains changements conduisent Fred, le protagoniste, au suicide : un grand fléau pour les Amérindiens aujourd'hui. Après une vie consacrée à la défense des valeurs de ses ancêtres, Fred abandonne quand il prend cons-cience que personne ne partage ses convictions et que même son fils lui tourne le dos.

[Le suicide de Fred]

NORMAND *raconte d'un ton neutre en bougeant impercepti-blement des lèvres.*

Il a marché dans les pistes d'orignaux jusqu'à la jetée... s'est aventuré sur la traverse des orignaux... et à mi-chemin est redescendu vers la chute... Jusqu'où il n'y a plus de glace, sa 30-30 était plantée dans la neige, près de la traverse... On est pas allés plus loin...On a compris...

La lumière baisse sauf un rayon lumineux qui éclaire le visage de Fred.

FRED

Vera tu pardonneras mon geste quand tu sauras que je n'étais plus le Fred que tu as connu. Le Fred d'autre-fois était fort, rien ne pouvait l'abattre. Le Fred qui t'écrit cette lettre n'a plus la force de se relever. Il a perdu la foi, celle qu'il avait en les siens et celle qu'il avait en lui. Il est devenu un vieil homme en moins de temps que cela ne prend pour en faire un jeune. Ce Fred-là sait maintenant qu'il n'y aura jamais plus d'Indiens comme autrefois...

... Ils se sont évanouis comme les rêves du vieux Fred. Peut-être n'ont-ils jamais existé? Peut-être n'existaient-ils que dans les esprits des gens comme lui? Ne regrette pas le vieux Fred. Il est parti vers ce qu'il croyait le plus : vers la terre de ses ancêtres. Tommy avait sans doute raison d'agir comme il l'a fait. Fred ne peut plus le blâmer. Seule sa fierté l'empêchait de le lui dire. Tommy a compris que Fred n'aurait pas pu l'admettre. Le monde a trop changé pour qu'il s'y habitue. Il a changé sans que le vieux Fred accepte de le voir comme il est. Sonny, Zénon et Normand ont cru en lui. Marie-Rose était fidèle à la tradition. Quand ils ne seront plus, la tradition sera morte. Il n'y a plus d'Indiens. Ils sont morts avec le temps. Vera... Fred ne te l'a pas dit souvent car il en était incapable, mais il t'aime profondément et emporte ses plus beaux souvenirs. À ceux qui croyaient en Fred, dis-leur qu'il ne pouvait attendre plus longtemps car il ne voulait pas être le dernier des Amik-Ininis*, comme le Mohican qui erra à la recherche de son peuple exterminé.

La seule chose importante pour ceux qui restent c'est de croire à ce qu'ils font et de faire ce qu'ils croient vraiment : Fred n'en était plus capable...

Que Kijé-Manitou vous protège tous.

Le cœur de Fred part mais son esprit reste.

(*Il n'y a plus d'Indiens*, Montréal, Leméac, coll. «Théâtre Leméac», 1983, p. 91-92)

---

* Nom des Algonquins vivant maintenant à Maniwaki dans l'Outaouais.

► ## Jean-Marc Niquay

Jean-Marc Niquay est né à Wemotaci en 1955. Il vit aujourd'hui dans la communauté atikamekw de Manawan où il est coordonnateur des activités théâtrales.

Sakipitcikan est une création collective de la troupe de théâtre de Manawan, du Cercle Mikisiw pour l'espoir et des productions Ondinnok. Le mot sakipitcikan *signifie «faire sortir les mauvaises choses qui sont en dedans de l'être» : il existe une tente à sudation qui se nomme ainsi chez les Atikamekw parce qu'elle aide à soigner les blessures internes des individus. En fusionnant le mythe atikamekw de Kinoce, l'homme-poisson (le brochet), et le mythe de Roméo et Juliette, cette pièce incite à se demander s'il est possible de trouver le véritable amour dans un monde de mensonge et de trahison. Le travail artistique devient une intervention sociale et contribue au changement et à la réflexion sur les réalités difficiles vécues par les Atikamekw de Manawan. Le travail de Jean-Marc Niquay a permis à la troupe de théâtre de Manawan de prendre racine dans la communauté et a eu un impact important sur la conscience collective de ses membres.*

Sakipitcikan

SCÈNE PREMIÈRE

INTRO CHANT DE SAKIPITCIKAN

Bruit d'eau.

Un homme-poisson roule sur le rivage. Il échoue sur le sable. Il blasphème en indien. Il est en colère. Il maudit le lac qui l'a rejeté. Il commence à se dandiner.

KINOCE

Eh! Qu'est-ce que je fais là moé? Le lac m'a rejeté sur le bord… Faut que je retourne à l'eau!

Il essaie de se déplacer.

Y fait chaud… maudit soleil… je sèche moé là… À l'aide… quelqu'un… à l'aide! Ah! j'ai soif!… Pis j'ai mal à la tête…

Il s'essouffle. Maggie fait son entrée en ramassant les herbes.

Ah! Que l'eau a l'air bonne... qu'elle a l'air fraîche... Je veux pas mourir icitte! À moi! Au secours... Au secours!

Il essaie encore de bouger. Kinoce aperçoit Maggie.

KINOCE

Kokom*! Kokom! Par ici, par ici! Viens m'aider!

Maggie le voit mais ne s'approche pas.

MAGGIE

C'est toi, Kinoce! Qu'est-ce que t'as encore fait?

KINOCE

J'ai rien fait! C'est le lac qui m'a rejeté! Aie! Kokom, t'es une bonne personne toé! Viens! Remets-moi à l'eau! S'il te plaît!

MAGGIE

T'es mal pris, hein Kinoce!

Elle s'approche.

Qu'est-ce que tu me donnes si je te remets à l'eau?

KINOCE

Tout ce que tu voudras, Kokom! Mais fais ça vite, je sèche de partout! Pis, j'ai mal à la tête!

MAGGIE

Kinoce! Il y a des choses que je veux que tu changes.

KINOCE

Oh, je sais ce que tu veux! Je ne viendrai plus déchirer tes filets, je te le jure!

MAGGIE

C'est pas à ça que je pensais. Je veux que tu me promettes d'être fidèle à ta femme!

---

* Grand-mère en atikamekw.

KINOCE

C'est difficile ce que tu me demandes là ! Il y a telle-ment de belles brochettes ! Rien que dans ce lac-là, j'en connais plusieurs...

Maggie se penche sur Kinoce. Elle le tâte.

T'es ben gras, Kinoce ! Ta tête doit être très bonne à manger !

KINOCE

Non ! Non ! Fais pas ça ! Je te le promets, j'vais être fidèle à ma femme... Je te le promets... Pousse-moi à l'eau un peu... Par la queue d'abord...

Maggie le pousse un peu...

Ah oui !... Ça fait du bien...

MAGGIE

Tu me dois une autre promesse, Kinoce !

KINOCE

Laisse-moi deviner ! Je sais... je sais... Quand tu vas mettre ton canot à l'eau, je vas venir te tirer. T'auras pus besoin de ramer pour traverser le lac.

MAGGIE

Non, ce n'est pas ça que je veux. Je veux que t'arrêtes de boire !

KINOCE

Aie ! C'est impossible ! Je suis un poisson moé ! Il faut que je boive !

MAGGIE

Sais-tu qu'avec ta peau, je pourrais faire un bon remède ?

KINOCE

OK ! OK ! Je te le promets ! Je boirai pus jamais ! Qu'est-ce que je viens faire moé là ? Dépêche-toé... j'ai chaud, j'étouffe...

MAGGIE

T'es lourd, Kinoce... t'es trop lourd... tu me dois une troisième promesse.

KINOCE

Oh! Non...

MAGGIE

Je vais te dire ce que tu vas faire Kinoce! Tu vas me promettre de bien t'occuper de ton fils!

KINOCE

Mon fils? Y va se débrouiller tout seul! Y va faire comme moé! Y è t'assez grand!

MAGGIE

Kinoce! Si tu me fais pas cette promesse-là, je te laisse crever au soleil!

Maggie fait semblant de s'en aller.

KINOCE

Non! Non!... Va-t'en pas, aide-moi... aide-moi, je t'en supplie... OK, je vais voir à mon fils, je ne boirai plus d'alcool et je vais être fidèle à ma femme! Es-tu contente? Remets-moi à l'eau! J'suis presque mort!

Maggie avec son bâton pousse Kinoce dans l'eau.

Doucement, ouche... je suis collé... fais attention.

MAGGIE

T'es mieux de tenir tes promesses, Kinoce, sinon...
Sortie de Maggie et de Kinoce. Panneau.

(Jean-Marc Niquay, Ondinnok, Mikisiw, *Recueil de pièces de théâtre : Opitowap/Sakipitcikan/Mantokasowin*, Manawan, Production Mikisiw, 1999, p. 99-103)

▶ ## Christine Sioui Wawanoloath

Née à Wendake en 1952, Christine Sioui Wawanoloath est Wendat par son père et Abénakise par sa mère. Aujourd'hui agente en communication pour Terres en vues, société de diffusion culturelle autochtone, elle est aussi peintre et illustratrice. Elle vit à Montréal.

Dans l'extrait qui suit, Christine Sioui Wawanoloath met en scène le thème de la violence conjugale. Une martelante répétition d'épisodes en transmet l'angoissant paradoxe : dans un climat de violence, cette dernière devient pour certains la normalité alors qu'elle ne l'est pas. Le personnage de Femme *évolue néanmoins tout au long de la pièce ; elle retrouve son équilibre et sa liberté grâce à la fusion avec son* Esprit.

Femme et Esprit

Une femme se tient droite et fière devant le public. À côté (ou derrière elle), se tient un personnage bizarre – haut en couleur – tout aussi droit et tout aussi fier. C'est son esprit.

FEMME : J'avais tout perdu… mes belles robes fleuries, mes bijoux d'argent, mes dessins, mes meubles, mes photos, ma maison, mon travail. J'ai eu peur de perdre la vie… Mais je pense que le pire moment durant ces années noires a été quand j'ai failli perdre mon esprit.

ESPRIT : L'esprit, c'est moi !

FEMME : J'avais un mari, Joe, pas d'enfants. J'avais un mari qui me répétait que j'étais folle. J'étais folle parce que quand j'avais du temps à moi, je dessinais des fleurs. J'étais folle et bonne à rien. Pas capable de faire à manger à son goût, pas capable de faire le ménage à son goût, pas capable de boire avec lui, pas capable d'endurer ses amis, pas capable de faire un enfant. Pas capable de faire l'amour. Je ne disais rien parce que je n'ai jamais rien dit. […]

C'était comme ça. Je suis revenue du pensionnat. Je me suis occupée de mes petits frères. Joe était revenu aussi. On avait l'âge de se marier, de faire des enfants, comme disait le curé. On s'est mariés. Lui, Joe, ça faisait longtemps qu'il avait appris à boire. Tous les gars buvaient. Moi, non. J'aimais rester à la maison pour dessiner. Il buvait de plus en plus avec ses amis. S'il se chicanait dans la soirée, il revenait à la maison et me donnait une raclée pour se défouler. J'ai fini par croire qu'il me battait juste parce que j'étais là. Pendant des années, je n'ai rien dit. Je pensais que c'était normal. L'homme est maître chez lui. Ma mère disait ça.

Esprit : Moi aussi, j'endurais les coups. Les insultes. Mais la moindre protestation et vlan ! Je voulais qu'on se venge. Je voulais qu'on parte, qu'on s'évade, que tout ça arrête. Puis, j'ai eu honte des pensées que j'avais. On a prié pour arrêter d'être révoltés contre lui. C'était peut-être de notre faute s'il était comme ça. On a prié fort pour que ça arrête. Pour qu'il redevienne bon comme dans nos souvenirs d'enfance. Ça n'a pas arrêté.

Femme : Ça faisait longtemps que je ne dessinais plus. J'étais incapable de dessiner ou de faire quelque chose de beau. À la fin, j'ai voulu quitter mon mari, revenir chez mes parents. Mais ils m'ont dit que ça ne se faisait pas. Ma mère a même demandé au curé de venir me voir pour me dire que les liens du mariage étaient sacrés et que j'avais promis d'être une femme fidèle et soumise jusqu'à ce que la mort nous sépare.

Esprit : Je voulais qu'elle leur dise aux parents qu'elle était malheureuse, qu'il la battait de plus en plus. Une fois, elle n'est pas sortie pendant une semaine parce qu'elle avait un œil au beurre noir. C'est là que je lui ai fait penser qu'elle aussi pourrait boire. Pourquoi pas ? Tout le monde le faisait. On n'a pas l'esprit mal tourné pour rien.

FEMME : Je ne pouvais pas m'imaginer de rester avec lui jusqu'à ce que la mort nous sépare. Au fond, ça pouvait arriver très vite pour moi. Et puis, je ne pouvais pas prier pour qu'il meure aussi. Ça n'aurait pas été correct. J'ai arrêté de prier. Je n'avais jamais aimé la boisson. Mais un soir, j'ai trouvé une bouteille de rhum à moitié pleine qui était cachée dans l'armoire à outils. Je l'ai bue avec du Seven-Up. C'était bon. Ça passait bien. J'étais presque heureuse.

ESPRIT : *(éméché)* On chantait, on dansait, on riait. Moi aussi, j'étais bien. On n'avait plus peur de rien. Et puis on a inventé un plan pour se venger de lui quand il reviendrait.

FEMME : *(éméchée)* Oh! Oui, je voulais me venger de toutes les fois où il m'avait tapé dessus en rentrant à la maison.

ESPRIT : *(éméché)* Ce soir-là, on s'était cachés dans les escaliers pour l'attendre. Quand il est rentré, on a sauté sur lui pour le battre avant qu'il pense à le faire lui-même.

FEMME : *(éméchée)* Ça a duré peut-être une minute notre attaque. Même saoul, il était fort comme un ours.

ESPRIT : On s'est retrouvés sur le plancher, ç'a pas été long. Avec des coups de pied dans le dos. Heureusement, il visait mal et on se tortillait tellement qu'il passait souvent à côté. Jusqu'à ce qu'il perde l'équilibre et qu'il s'assomme sur le cadre de la porte. J'étais soulagé.

FEMME : J'étais soulagée. Il s'est endormi par terre en ronflant. Mais le lendemain, ç'a été pire. Pour la première fois, il m'a braqué son fusil sur le front. Ça m'a réveillée. Il a dit : « Ne fais plus jamais ça, ma maudite.»

ESPRIT : On n'a plus jamais organisé de vengeance comme ça. On avait perdu. Il était le plus fort. Il nous restait la bouteille. [...]

FEMME : Je ne suis pas retournée à la maison après l'hôpital. Je suis allée chez ma cousine qui restait en ville. Je ne voulais pas lui en parler. J'ai prétendu que ça me ferait du bien de rester quelques jours en ville pour magasiner. Elle avait pourtant tout compris. Tout deviné. Elle m'a dit qu'elle aussi avait eu ce genre d'histoire. Elle m'a dit d'arrêter de boire et de fumer. Si je voulais avoir l'esprit clair, il fallait que j'arrête tout ça et que je pense à moi. Que je parte au plus vite. Mais le gros est venu me chercher.

ESPRIT : L'esprit clair, l'esprit clair, c'est facile à dire — pas facile à faire quand on vit dans une ambiance de violence. On est retournés et on a tout arrêté. Des fois, je me disais qu'avant, au moins, on était gelés et que ça faisait moins mal. Parce que lui n'avait rien arrêté. [...]

FEMME : J'étais tellement déprimée que je suis allée voir le docteur en ville. Il m'a dit : « Oh, Madame, vous avez l'air bien déprimée. » Il ne m'a jamais demandé pourquoi j'étais déprimée. « Je vais vous prescrire des antidépresseurs... histoire de vous remonter. »

ESPRIT : Là, j'étais content parce que les antidépresseurs ça engourdit tout. Avec ça, on ne sentait plus rien, on était comme sur un nuage.

FEMME : Mais j'avais de la misère à dormir. Le docteur m'a prescrit des pilules pour dormir, puis des pilules pour me réveiller. Avec ça, le gros continuait à me taper dessus. Pour n'importe quoi. Il disait que j'étais trop lente aussi. Après un moment, même les antidépresseurs me déprimaient. J'étais toujours couchée sur mon lit — comme un chien battu qui ne sait pas d'où va venir le prochain coup.

(*Terres en vues*, vol. 2, n° 4, 1994, p. 14-16)

Récits et témoignages

▶ Georges Sioui

Né à Wendake en 1948, Georges Sioui est chercheur en histoire wendat (huronne), conférencier international et président des Éditions Kanatha.

Tout au long de sa carrière, Georges Sioui a écrit des poèmes en français et en anglais. Le texte reproduit ici témoigne de sa passion pour l'histoire à travers laquelle il voyage avec aisance, originalité, humour et créativité. Sur le modèle des Dialogues avec un Sauvage *du Baron de Lahontan*, Georges Sioui imagine en effet, dans un langage d'époque recherché, que Lahontan a été rappelé du monde des esprits pour éclairer une société moderne aux prises avec le racisme. Le baron rapporte alors aux humains les répliques des sages, parmi lesquels figurent les chefs wendat Kondiaronk et Donnacona, qu'il a convoqués dans le monde des âmes afin de débattre la question. Voici ce que Donnacona raconte l'expérience des siens avec Jacques Cartier et le voyage de ses deux neveux, qu'il appelle ses fils, en France.*

Le racisme est nouveau en Amérique

« Le lendemain de leur retour, mes deux fils parlèrent en conseil de quantité de gens qu'ils avaient vus en France réduits à quémander un peu de nourriture à des compatriotes français à qui rien ne manquait, lesquels se montraient très souvent insensibles à la peine et à la misère de ces gens, qui étaient de leur propre peuple. Ils parlèrent d'une autre chose tout aussi monstrueuse, dont il me fut malheureusement donné de témoigner cette même année de 1535, puisque je fus moi aussi, en ce temps-là, capturé comme un animal qu'on prend au piège, par Cartier et ses compagnons et emmené en France pour bientôt y mourir, de maladie

---

* Lahontan, un officier militaire français qui passa 10 ans au Canada (1683-1693), publia, en 1703, des *Voyages* en Amérique, des *Mémoires* et surtout des dialogues philosophiques (*Dialogues avec un Sauvage*) qui obtinrent un grand succès de librairie à travers toute l'Europe.

et de chagrin. Cette expérience horrible fut d'observer que plus quelqu'un avait le teint foncé, plus il devait s'attendre à être traité durement et injustement par ses propres compatriotes au teint plus pâle que le sien. Les gens d'Afrique, qui sont par nature très foncés, sont dans ces contrées ordinairement esclaves de gens au visage un peu ou beaucoup plus pâle que le leur. Les paysans, eux, qui sont souvent basanés, doivent faire mille courbettes devant d'autres qui s'appellent "nobles" et attendent d'eux ce respect forcé, qui doit s'accompagner d'une infinité de formules de politesse feinte, de gestes et de comportements serviles devenus comme naturels aux Français, mais qui, à nous, gens d'ici qui n'avons rien de plus cher que notre indépendance, nous inspirèrent toujours une grande pitié mêlée d'une colère que nous dûmes toujours contenir, vu notre état d'otages gardés en demi-liberté, comme des animaux dont la vie vaut plus que la perte. "Qu'adviendra-t-il de notre cher et pauvre peuple?" nous dîmes-nous des milliers de fois. Notre peuple a la peau comme l'écorce intérieure du bouleau blanc. Notre peuple qui a offert à ces hommes aux visages plus pâles que les siens, le plus beau et le plus cher de lui-même sans pouvoir jamais toucher leur cœur. Notre peuple sans qui ces pauvres étrangers seraient morts comme des bébés laissés dehors, le premier hiver, avant notre enlèvement, qui eut lieu au mois des fleurs… Leur premier hiver qui fut notre dernier, puisque des dix que nous étions, nul ne revint jamais.

« Mahorah, ma fille, dit encore Donnacona, raconte, si tu veux, ce qui se passa lorsque, toute jeune fille, nos grand-mères voulurent unir les Français et notre peuple et, par ma main, t'offrirent en mariage au Sieur Jacques Cartier le 17 septembre 1535.

« J'étais celle par qui les deux peuples devaient devenir un seul, tel que vous, mon oncle, l'aviez dit en m'offrant au Capitaine Cartier. J'étais si jeune, et le destin que j'envisageais m'émouvait à l'extrême. Mon seul grand désir était de rester parmi les miens et de consacrer mes jours à créer une vie nouvelle et heureuse pour mon mari et pour son peuple. Ce jour-là fut le plus beau de ma vie, mais les suivants virent mon âme chavirer dans le malheur. La cérémonie de notre mariage fut si belle : jamais je n'avais vu tant de solennité, tant d'espoir et de joie sur les visages des miens. Pour m'exprimer leur affection et m'assurer de leur aide pour toujours, mes gens, tous les gens, me comblèrent de présents et des paroles les plus douces et les plus touchantes. J'étais heureuse, j'étais forte, j'étais prête. Nos Sages m'avaient dit d'avoir une patience, une tendresse infinies pour celui qui avait pris ma main devant tout mon peuple et devant mon oncle, Donnacona, notre Agouhanna (Sage et Premier Chef).

«Lorsque vint le soir et qu'il fut temps de partir avec mon époux, il reprit ma main et me mena dans une barque, où je m'assis à son côté. Deux hommes ramèrent la barque jusqu'au bateau principal. Le Sieur Cartier ne me regardait pas. Il conversait avec les deux rameurs et partageait avec eux des rires qui, pour quelque raison, me donnaient froid. Nous arrivâmes au bateau et on me fit monter la première, par une échelle de corde, sans m'aider, sans me parler. La nuit était fraîche et j'avais froid. Rendue à bord, je fus conduite à une pièce où quelques hommes dormaient et d'autres s'occupaient à différents travaux, certains à ce qui me semblait des jeux. L'odeur dans cette pièce, comme dans le bateau, était désagréable, voire étouffante. Mon mari me conduisit à une autre pièce très petite, m'y enferma, puis partit sans me regarder et ne revint plus de toute la nuit. Par un minuscule hublot, je voyais sur la grève de Stadaconé les feux de mes gens qui se réjouissaient. Je finis par m'endormir, l'âme inquiète.

«Au milieu de la nuit, je fus éveillée par deux hommes ivres. Ils entrèrent où j'étais en vociférant. L'un d'eux, assez vieux et le regard méchant, voulut me pousser vers mon grabat. L'autre, plus jeune mais très laid, m'arracha à lui et me serra si fort que je criai, tentant de prononcer le nom de celui auquel je venais d'être mariée. Je ne m'attirai que des coups des deux hommes. Ils voulurent m'arracher mes vêtements, mais je me sauvai. Je montai vivement une échelle et réussis à trouver un petit recoin où, tremblante de peur et de froid, je passai le reste de la nuit. À l'aube, je réussis à me trouver un autre endroit où je restai cachée jusqu'au lendemain soir sans me faire voir. De ma cachette, je vis mon mari, qui visiblement fâché, me cherchait avec d'autres hommes. À la fin, ils abandonnèrent, croyant sûrement que j'avais sauté à la mer et nagé jusqu'à mon village. C'est ce que je fis lorsque vint la nuit. Arrivée à la grève, non loin de Stadaconé, je restai là de longues heures, presque sans vie. Je pus enfin me traîner jusqu'auprès de ma très vieille grand-mère, Taréma. J'appris que personne ne savait ce qui m'était arrivé. Ma grand-mère fut si triste que je pleurai longtemps, sans pouvoir m'arrêter, jusqu'à ce que je m'endormis. Je dormis très longtemps.

«Mes deux frères capturés l'année antérieure par les mêmes hommes nous ont dit, à leur retour, que les hommes blancs sont susceptibles d'utiliser leur force et leur statut de mâles pour violenter les femmes et les déshonorer. Ils ont été témoins en France que ces sortes de crimes restent impunis lorsque les victimes sont pauvres. Or, puisque pauvreté, teint foncé et croyances différentes vont généralement ensemble, ces femmes sont des victimes de ce que l'on nomme "racisme", tout comme je sais maintenant très bien que je l'ai été, ainsi que mon peuple de multiples autres façons.

«Ce qui, cependant, mérite d'être remarqué par-dessus toute autre chose, en parlant de "racisme", est que celui-ci n'a pas existé ici avant l'arrivée des Européens. Nous aurions pu, lors de leur venue, craindre que nos relations avec eux pussent tôt ou tard mal tourner pour des causes qui font normalement s'opposer entre eux les humains, comme nous étions alors opposés aux Gens de la Maison Longue, maintenant appelés les Iroquois. Je veux dire à cause d'une envie pour des choses qu'une autre nation possède, ou pour une injure que l'on reçoit et que l'on ne juge réparable que par la guerre ou pour quelque erreur ou tromperie dont les humains sont si capables. Mais jamais n'aurions-nous pu penser être un jour méprisés, maltraités, volés à cause que nous ne croyons pas aux mêmes choses. Non, et d'ailleurs, je l'entendis dire pour la première fois par notre frère La Hontan : les choses monstrueuses dont nous parlons ici et qui ont justifié que ce même frère soit rappelé au Monde d'En-Bas pour aider nos descendants à les enrayer, ne nous furent pas connues avant le temps où vinrent les Gens plus pâles que nous.»

(*Écrire contre le racisme : le pouvoir de l'art*, Montréal, Les 400 coups, 2002, p. 20-22)

▶   Marie-Louise Niquay

Née dans la communauté atikamekw de Wemotaci (Mauricie)
en 1949, Marie-Louise Niquay vit aujourd'hui à Manawan
(Mauricie) où elle continue ses projets d'écriture.

Dans l'extrait qui suit, Marie-Louise Niquay nous livre, dans un
langage imagé, ses réflexions sur sa communauté où les Atikamekw
vivent parfois de souvenirs, entre un passé nostalgique et une
réalité qui souvent n'est pas comme on le souhaiterait ou comme
elle l'était jadis. Ils font appel à l'entraide et à des valeurs prati-
quées quotidiennement à une certaine époque, mais qui n'existent
plus de la même manière dans les réserves d'aujourd'hui. Quand
les Atikamekw vont en forêt, certains comportements resurgis-
sent naturellement, comme un voyage dans le temps, mais aussitôt
qu'ils regagnent la réserve, chacun recommence à s'occuper de sa vie
personnelle et communique moins avec les autres.

Notcimik, là d'où je viens

Mon voisin d'en face, Armand Echaquan, est en
train d'empaqueter ses affaires. Quelle est sa destination ? Curieuse comme je suis, je ne peux m'empêcher de
le lui demander.

« NOTCIMIK », me répondent en chœur Armand et
sa femme Madeleine.

La réponse me fige les neurones. La colère et un
sentiment d'impuissance tour à tour envahissent mon
esprit et me grugent le cœur. Des milliers de questions
se bousculent dans ma petite tête. Pour retrouver mon
calme, je dirige ma pensée vers le passé, mais cette fuite
ne réussit qu'à me rendre nostalgique, ce qui n'est guère
mieux. Sommes-nous condamnés désormais à ne vivre
que de souvenirs ?

Dans la langue atikamekw, « NOTCIMIK » veut dire
« là d'où je viens ». C'est ainsi que nous, Atikamekw, désignons la forêt.

Je quitte mes amis… et de mes yeux, j'écoute la forêt qui se dresse face à mon village, de l'autre côté du lac. Je pose question sur question à Armand et à tous les autres. Je fais partie de ces autres. Ta forêt est-elle encore là ? La reconnaîtras-tu ? Retrouveras-tu le sentier façonné par les millions de pas de nos ancêtres ? Ce sentier qui nous menait vers nos frères, ceux qui nous offrirent leurs vies afin que le cercle de vie se perpétue à l'infini. Tu sais qu'ils ont coupé les cheveux de notre Mère Terre. Quel fut le destin de ces êtres majestueux qui, au début de l'humanité et pour la suite du monde, firent à tour de rôle un don de vie à leurs petits frères à deux pattes lorsqu'ils furent menacés d'extinction ?

Sais-tu que maintenant, c'est nous qui sommes menacés ? Notre vie ne semble plus tenir qu'à un fil. Notre territoire est dans un état lamentable, notre peuple agonise. Qu'espères-tu de ta chasse Armand ? Crois-tu vraiment revenir au mois du soleil brillant avec ton traîneau plein de fourrures et de la nourriture à profusion ? Pourquoi persistes-tu encore à vouloir parcourir un territoire à la recherche d'un hypothétique gibier qui n'existe pratiquement plus que dans tes souvenirs ? Ta forêt giboyeuse où tu pistais l'animal frère de ton choix s'est-elle volatilisée comme par enchantement pour rejoindre les ancêtres au pays des rêves ?

Toi, qui enduis cérémonieusement ta chevelure de guerrier de graisse d'ours pour te préparer à une quête que tu espères prometteuse, ne rencontreras-tu que ces monstres d'acier dépourvus d'odorat et d'émotions ? Dans un combat inégal, ces fourmis géantes grugent avec avidité tout ce qu'elles rencontrent sur leur passage, sur ta terre Armand ! Tu le sais, n'est-ce pas ? Oui, tu le sais. Ces monstres, tu les as vus, tu l'as si souvent raconté.

Alors, qu'est-ce qui te pousse ? Qu'est-ce qui t'anime ? Indéniablement, tu es relié à NOTCIMIK. Tu viens de la forêt, tu vis de la forêt, avec la forêt. Tu aimes la forêt, et la forêt semble bien t'aimer elle aussi... malgré tout. Tu as su conserver jusqu'à ce jour ta grande connaissance du milieu naturel et ton profond respect envers la Terre Mère. Je t'ai vu à l'œuvre. Cela t'honore et cela me prouve l'authenticité de ton rôle de gardien de la terre que le Créateur t'a dévolu. Ce rôle, tu l'as hérité de ton père qui l'avait hérité de son père et ainsi de suite jusqu'au premier souffle du premier Atikamekw iriniw sorti de la nuit des temps. Ce rôle est sacré pour toi. C'est pourquoi, pendant des millénaires, notre peuple a pu mener une existence paisible en harmonie avec le tout, dans la pleine connaissance et dans le plus grand respect des choses spirituelles et naturelles.

Mais voilà qu'un beau jour l'ordre des choses a changé. Une prédiction s'est réalisée. Un visiteur, probablement égaré, débarqua sur nos terres. Le premier geste que fit cet homme fut de couper un arbre et de le replanter d'une drôle de façon. Notre ancêtre ne comprit pas tout de suite qu'on venait prendre possession de sa terre. Il prit grand soin de ce visiteur. Ce visiteur se sentait sûrement bien chez nous, car il ne voulait plus repartir. Pire encore, il en arriva d'autres, beaucoup d'autres. Et tous se mirent à couper les arbres. D'ailleurs, nos ancêtres appelèrent ces hommes « ceux qui aiment couper les arbres ». Aujourd'hui, nous désignons leurs descendants par le même nom, car ils ont conservé la même habitude.

(*L'Enjeu*, vol. 17, n° 1, hiver 1997, p. 21)

▶ Dorothée Banville-Cormier

Née en 1942, d'ascendance huronne et acadienne, Dorothée Banville-Cormier a été infirmière de brousse pendant plus de 20 ans dans les dispensaires des communautés algonquines, cries et inuit. Aujourd'hui à la retraite, elle continue de vivre dans la région de la baie d'Hudson où elle enseigne la poésie dans les écoles.

Le récit Aurore Boréale, *dont un extrait est ici reproduit, a reçu en 2000 le prix littéraire de l'Abitibi-Témiscamingue : il nous emmène dans un village inuit du Nunavik (Nord-du-Québec) où le déchirement entre la culture des ancêtres et l'attrait de la vie moderne alternent avec la beauté et la cruauté de la vie nordique du jeune Isik.*

Aurore Boréale

Mes lointains souvenirs d'enfance sont empreints de solitude et de colère. Ma scolarité fut à peu près nulle. J'eus la fierté de réussir à signer mon nom et à compter une centaine de chiffres. Dès l'âge de douze ans, je détenais, à l'unanimité, le titre de chef de file des délinquants du village. Ce titre me plaisait beaucoup. Quotidiennement, ma consommation d'alcool, de drogues et de sniffage de gazoline me comblait de fierté. Un groupe de compagnons désignés comme «peu recommandables» dans le village se joignirent à moi. Au cours de ces beuveries enfumées, de ces griseries enivrantes, nous occupions le sous-sol de la chapelle protestante. Nul ne se doutait de notre présence dans ces lieux inoccupés à la suite d'un cambriolage. Nous profitions de l'activité régulière du bingo pour nous rassembler en ces lieux saints...

J'ai le vague souvenir du soir où j'ai vu mon meilleur ami Jack pour la dernière fois. C'était à la suite d'une gageure entre nous. Titubant, je lui avais fait la proposition suivante :

— Nous aimons tous les défis !

— Oui... Oui...

— Personne n'a le droit de nous dire ce qui est bon ou mauvais pour nous! Nous sommes maîtres de nos décisions!

— Oui...

— J'ai pris dans le magasin général ces deux fours à micro-ondes que voici. Je dépose sur la table un billet de cent dollars, «emprunté à la caisse du même magasin», qui ira à celui qui demeurera la tête enfouie dans le four le plus longtemps.

Des hurlements répondirent à ma proposition.

— Qui jugera de la durée? demanda Nick.

— Moi. Inutile de vous dire que je l'ai moi-même expérimenté...

J'eus du mal à dissimuler mon mensonge à ma dizaine de camarades euphoriques.

— Vous déposez votre tête dans l'ouverture de la porte vitrée que j'ai déjà trouée. Voyez mes coupures aux mains.

Alléchés par la possibilité du gain facile, les garçons prirent d'assaut les appareils. Nick et Jack s'en accaparèrent. Dominants comme des chiens de tête de traîneau, ils forcèrent les autres, même les plus rebelles, à se soumettre à leur décision. Plusieurs avaient déjà subi leur violence déchaînée au cours d'insignifiantes oppositions. À la fin du décompte de trois... deux... un... ils enfouirent leur tête dans l'ouverture coupante de la porte. Simultanément, j'actionnai le démarrage de la minuterie réglée pour dix minutes. Les copains tout autour placés à la file indienne disputèrent leur place comme des chiens qui s'accrochent à un os.

Dans ce local enfumé, l'odeur du *pot* était insoutenable. À haute voix, triomphalement, on scandait: quinze, seize, dix-sept, dix-huit...

Un cri affolé sortit du four occupé par la tête de Nick. Ses genoux fléchirent et son corps s'écroula sur le plancher. Les spectateurs, impuissants, bavèrent d'horreur.

Ils dégagèrent difficilement la tête de leur copain emprisonnée dans le four. Légèrement brûlé, il baignait dans son sang ; on l'aspergea d'eau froide afin de lui venir en aide. Sa respiration bruyante nous fit craindre le pire.

Au cours de ces manœuvres, j'oubliai mon ami Jack dans le micro-ondes. La minuterie du four indiqua un record de deux minutes quarante secondes. Nerveusement, je palpai le billet du vainqueur. Une odeur de chair carbonisée s'éleva soudainement. Allongé sur la table à côté de lui, je lui touchai l'épaule en signe d'encouragement. Aucune réaction de sa part. Inquiet, j'ouvris la porte et… horreur !… Sa tête était une boule de feu. Il était inconscient… Quelques-uns se joignirent à moi pour le libérer de cet enfer. Son visage monstrueusement brûlé fut enveloppé dans mon chandail imbibé d'eau fraîche. Secoué par des convulsions, le groupe s'énervait, criait, hurlait. Pris au piège de la peur, on me pointait déjà du doigt, on me blâmait…

— C'est de ta faute, « maudit » drogué ! La police va tous nous poigner !

En moins de quelques minutes, la *gang* m'abandonna seul et désespéré. Heureusement pour moi, des numéros de téléphone étaient accrochés au mur, bien en évidence sous un appareil branché. Je composai le numéro de la clinique.

— C'est urgent, venez vite en ambulance… les pompiers aussi…

Je tentai de décrire la situation, contrarié par un hoquet nerveux qui me coupait la respiration. Ce phénomène se produisait fréquemment chez moi depuis le sniffage au gaz propane qui m'avait congelé les voies respiratoires l'été précédent.

L'ambulancier, suivi de son assistant et des pompiers, foncèrent vers la porte. Ils semblaient familiers avec les lieux. Chacun prit charge d'un blessé. On s'affaira davantage autour de Jack qui semblait très mal en point. Sa respiration saccadée et bruyante me rendait fou. L'ambulancier inséra un tube de caoutchouc dans la bouche déformée de mon ami. Je savais que c'était une délicate intervention que d'introduire ce tube dans la trachée pour favoriser le passage de l'oxygène chez les personnes souffrant de détresse respiratoire. J'avais appris ça de l'infirmière du dispensaire.

J'assistai les intervenants, poussé d'une ardeur quasi hystérique. Toujours accablé par mon hoquet perpétuel, je poussai les civières dans l'ambulance. Le début d'incendie fut aussi contrôlé. Bien malgré moi, le chef ambulancier m'obligea à les accompagner. J'étais trop chaviré pour tenter d'inventer une histoire afin de me couvrir comme c'était à peu près toujours mon habitude. Moins d'une heure après notre arrivée à la clinique, un avion nolisé prit charge de mes deux amis pour les transporter à la grande ville. C'est en compagnie de deux policiers de la Sûreté du Québec et de mes parents dérangés au bingo, qu'un peu buté, je racontai mon horrible histoire. Je résistai à l'obligation de dévoiler les noms de mes copains, même sous la menace des policiers. J'en suis très fier encore aujourd'hui. Je n'avais pas à leur faciliter la tâche, pour laquelle ils étaient grassement payés.

Je fus avantagé par mon statut de jeune mineur de douze ans. Démasqués, après l'enquête policière, mes compagnons et moi avons comparu en chœur à la cour de la Protection de la jeunesse. Cette dernière ordonna aux parents d'établir un couvre-feu obligatoire pour leur progéniture pendant une période d'un an. Cette restriction fut très peu respectée par notre groupe habitué à défier l'autorité parentale.

Les mois suivant l'incident nous ramenèrent Nick. Il ne sembla pas nous reconnaître. Son visage était incrusté de cicatrices, résultat de brûlures profondes. Ce «chien de tête de traîneau» d'antan n'avait plus la force d'aboyer ni de mordre. Il restait assis passivement et on

ne tarda pas à le surnommer «le fou du micro-ondes».
Quant à Jack, on finit par désespérer de son retour dans
la communauté. Sourd, aveugle et paralysé, on le mainte-
nait en vie artificiellement dans un centre pour malades
chroniques dans le Sud.

Parallèlement, mes expériences sexuelles me glori-
fiaient.

J'étais le roi de la toundra.

(*Mémoire d'inuksuk*, Montréal, Pleine Lune, 2002, p. 16-21)

▶ Robert Boucher

Atikamekw de Wemotaci (Mauricie), Robert Boucher naît en 1954. Décédé en 2003, il était membre du Comité exécutif du Conseil des Atikamekw de Wemotaci et responsable du feuillet informatif local.

Le récit autobiographique reproduit ici a paru dans la revue belge Survivance *(1995) et dans* Innuvelle, *le journal des Innu de la Côte-Nord (2002). Il raconte le souvenir du départ de l'auteur pour le pensionnat, son regret de la vie traditionnelle vécue jusque-là, les personnes qui l'ont marqué, petit garçon, dans son village : son père et son compagnon de chasse, le vieil homme grognon qui effrayait les enfants, sa mère. Le lecteur est plongé dans l'action même du récit au moment de son déroulement.*

Le départ

Le petit garçon vient d'avoir six ans. Il ne sait pas qu'un événement prochain va changer le cours de sa vie. Probable que ses parents ne le savaient pas non plus. En tout cas, il ne se souvient pas qu'on lui ait glissé un mot sur son éventuel départ. Le garçon s'amuse comme si de rien n'était.

Vers la fin de l'été, il reçoit de ses parents des cadeaux inhabituels, qu'il ne s'attendait pas à recevoir du tout. Il s'agit d'une valise de couleur marron et de linge achetés par catalogue.

Finalement, ses parents lui disent qu'il doit partir très loin dans peu de temps. Le jeune garçon ne comprend pas pourquoi il doit partir. Ses parents lui expliquent que c'est pour avoir une bonne éducation, apprendre à parler, écrire et lire le français et beaucoup d'autres choses. L'enfant se souvient vaguement que ses parents lui avaient dit que c'était également le vœu du curé du village. Il n'est pas enthousiasmé plus qu'il ne le faut de devoir partir. Il aurait préféré continuer à jouer dans les bois, suivre son père à la pêche...

Il se souvient des excursions de pêche avec son père. Ils ne revenaient jamais bredouilles. Des images reviennent à son esprit. Il se revoit, transporté par son père lorsqu'ils s'étaient aventurés trop loin et que le retour était plutôt pénible. Il arriva même qu'il somnole ainsi transporté.

L'image d'un vieil homme souriant lui revient. Il se souvient des randonnées sur la rivière avec son père et ce vieil homme. Ils allaient, de très bonne heure, récupérer les poissons pris dans les filets tendus auparavant. Le rire des deux hommes, parfois saccadé parfois étouffé, le faisait sourire. Ils revenaient à la maison avec beaucoup de captures. Les prises étaient ensuite distribuées aux familles qui résidaient au même endroit.

La bonne humeur du vieil homme l'a toujours marqué, il semblait heureux. Sa bonne humeur, bien sûr, se répercutait sur les autres membres du clan. Il se souvient aussi d'un autre vieil homme qui était tout le contraire. Il grondait les enfants avec sa grosse voix. Les jeunes en avaient une peur terrible. À cette époque, il semblait immense avec sa moustache poivre et sel toute raide à laquelle était collée en permanence une cigarette à bout uni. Il se rappelle l'avoir déjà entendu rire de bon cœur, mais même son rire faisait peur. Le jeune garçon se souvient d'avoir pleuré lorsqu'on lui a appris que le vieil homme grognon avait rendu l'âme pendant son sommeil un après-midi d'été. Il en avait peur mais il l'aimait bien. À l'occasion, ce vieil homme distribuait des friandises aux enfants. Il n'était pas si méchant et avait probablement un rôle à jouer à l'intérieur du clan.

Il se souvient aussi de sa mère, toujours en mouvement autant à l'intérieur qu'à l'extérieur de la petite maison. Elle avait beaucoup de talent en couture et broderie. Le garçon se rappelle un vrai chef-d'œuvre que sa mère lui avait fabriqué. Elle avait taillé, cousu et brodé un manteau en cuir d'orignal. Il se rappelle la couleur pâle et la souplesse du cuir. Des franges au dos et de la broderie à la poitrine et sur les poches donnaient fière allure au jeune garçon. La maman avait confectionné ce manteau pour son fils l'hiver précédant le départ pour la «civilisation»...

Les préparatifs de départ étaient entrecoupés de conseils. Les mots «obéis» et «écoute» revenaient souvent. Il ne voulait pas partir, mais n'avait guère le choix. De plus, ses parents lui avaient dit que d'autres enfants du même âge seraient du voyage, qu'il ne serait pas tout seul. Il aurait aimé apporter son beau manteau, mais ses parents s'y étaient opposés.

Finalement, le grand jour arrive. Le garçon et ses parents se rendent au point de rassemblement situé à une douzaine de milles. Au village, il remarque un autobus scolaire stationné non loin du presbytère. Il y a beaucoup de gens, surtout des enfants, plus que d'habitude. L'endroit est grouillant de personnes.

L'heure du départ fixée, tout le monde se rassemble à côté de l'église. L'enfant fait un tour d'horizon du regard. Il remarque que des enfants s'accrochent à leurs parents, ne voulant sans doute pas partir. Quelques-uns éclatent en sanglots. En voyant cela, l'enfant retient ses larmes. Une boule obstrue sa gorge.

Son père et sa mère, habituellement très discrets, cachant leurs émotions, laissent voir des larmes rouler sur leurs joues. Ils prennent leur enfant dans les bras et essaient tant bien que mal de le consoler.

Déjà, quelques jeunes hommes prennent place à l'intérieur de l'autobus. Les plus petits suivent, une valise à la main. À son tour, le jeune garçon avance vers l'entrée du véhicule, une petite valise marron clair d'une main et un sac de papier brun contenant un lunch de l'autre. Il jette un dernier regard vers ses parents, debout l'un à côté de l'autre. Ils lui font signe de la main comme les autres parents. Le garçon ne peut s'empêcher de se tourner une seconde fois vers son père et sa mère. Il est debout sur les marches de l'autobus. Peut-être entendra-t-il ses parents lui crier : «Reviens».

Assis à l'intérieur de l'autobus, le chauffeur vérifie si tout le monde y est. Finalement, il ferme la porte. Le bruit résonne dans la tête de l'enfant.

Il ne sait pas encore que ce rituel de départ va se reproduire à chaque fin d'été, et ce, pendant les dix prochaines années de sa vie. Ses frères et sœurs feront aussi partie du voyage et la même émotion de souffrance pourra se lire sur chaque visage, à chaque départ, à chaque année...

N.B. : Cette histoire se déroule au début des années soixante. À cette époque, les Affaires indiennes regroupaient les jeunes d'âge scolaire dans des pensionnats dirigés par des Oblats. Ces jeunes étaient amenés délibérément loin de leurs familles. Il y avait un pensionnat à La Tuque, donc plus près de chez nous, avec la même vocation mais destiné aux jeunes Cris. Les jeunes Atikamekw furent dirigés vers Amos en Abitibi ensuite vers Pointe-Bleue au Lac-Saint-Jean. Au début, il n'y avait pas de retour possible avant le mois de juin. Avec le temps, on nous permit de revenir chez nous, d'abord pour les Fêtes ensuite pour Pâques.

(*Innuvelle*, vol. 4, n° 11, décembre 2001-janvier 2002, p. 7)

▶ Marcelline Boivin-Coocoo

*Née à Wemotaci (Mauricie) en 1950, Marcelline Boivin-Coocoo
est aujourd'hui conseillère pédagogique dans sa communauté.*

*L'expérience difficile des pensionnats a profondément marqué
Marcelline Boivin-Coocoo et l'a poussée à entreprendre une
démarche de guérison basée sur l'approche de l'enfant intérieur.
L'écriture participe de cette démarche depuis quelques années.
Plusieurs de ses textes qui ont circulé surtout chez les Atikamekw,
concernent les abus dans les pensionnats et les autres sources de
problèmes sociaux présents à Wemotaci ; ils évoquent aussi divers
processus de guérison. L'extrait qui suit raconte le souvenir de son
départ, de son arrivée et de son séjour au pensionnat. La séparation des parents, le voyage en train, la cérémonie d'épouillage et la
coupe de cheveux, les abus sexuels et psychologiques. Faire prendre
une distance par rapport à ces événements et aux conséquences
néfastes qu'ils ont eues dans les communautés amérindiennes est,
selon Marcelline Boivin-Coocoo, une façon d'assurer à ses enfants
et à ses petits-enfants une vie meilleure que la sienne.*

[Que sont devenus les enfants arrachés à leur
famille ?]

J'avais fait ma première communion cet été-là.
Quelques jours avant le départ, mes parents me mirent
au courant. Cette fois-ci, j'allais faire partie du voyage
moi aussi. Cela m'inquiétait un peu, car j'allais vers l'inconnu et je ne savais pas ce qui m'attendait. Cela m'exci-
tait aussi car je me sentais assez grande pour partir avec
ma sœur et mon frère. Mes parents préparaient notre
départ. Un terrible silence commençait à s'installer dans
l'atmosphère de la maison. On me faisait beaucoup de
recommandations. Mes parents m'avaient acheté du
linge et des articles de toilette ainsi qu'une petite valise.
J'étais très fière de toute cette attention.

Quand vint le soir du départ, ce fut la grande préparation, boucler la valise, faire sa toilette, s'habiller et se
préparer à partir. Moi, j'étais très contente, mais pour ma

sœur et mon frère ce n'était pas pareil. Ils étaient plutôt tristes. Ils essayaient de m'expliquer ce qui allait nous arriver là-bas, mais j'étais trop excitée pour faire attention à leurs paroles, et ma mère leur disait de ne pas me faire peur. Ensuite, ce fut le départ de la maison. Moi aussi j'étais un peu triste de laisser mes parents et mes petits frères et sœurs, car je pensais à l'année d'avant, quand ma sœur et mon frère étaient partis. Je pensais à la tristesse de mes parents et de tout le monde dans la communauté mais, très vite, toutes ces pensées se sont envolées. Nous avons utilisé le canot pour aller de l'autre côté prendre le train, car on restait dans l'ancienne réserve à ce moment-là.

Quand nous sommes arrivés à la gare, il y avait déjà plein de monde et il y avait aussi ce silence pesant. Ceux qui parlaient le faisaient à voix basse. Personne ne s'énervait. Quand le train se fit entendre, tout le monde alla dehors l'attendre sur le quai. Ce furent les accolades, les embrassades, les dernières recommandations et ensuite les enfants embarquèrent un par un dans le train. Avec nous, pour nous accompagner durant le voyage, il y eut un frère de je ne sais quelle congrégation qui travaillait au pensionnat où nous allions. Ce que j'ai toujours remarqué quand nous partions, c'est que je n'ai jamais vu un parent pleurer. Mais d'après ce qui m'a été conté, après notre départ, ils rentraient dans la gare et là ils se mettaient tous à pleurer. Ils ne voulaient pas nous montrer leur peine, ce n'est qu'après qu'ils déballaient leurs émotions. Nous, une fois rendus dans le train, après s'être installés, on a dormi ou on a pleuré en silence. Je ne sais pas combien de temps dura le voyage. Je sais seulement que c'était la nuit et qu'on se rendait à Amos en Abitibi.

Une fois rendu à Amos, le train s'est arrêté et on s'est préparés à débarquer. Un gros camion avec une boîte en arrière est venu se placer devant la porte du train et on nous y a poussés comme des animaux, sans que l'on ait le temps de mettre le pied à terre. C'est dans ce camion que nous nous sommes dirigés vers le pensionnat situé douze milles plus loin. Rendus là, ç'a été le tri, les garçons d'un bord et les filles de l'autre. Je regardais mon frère s'en aller avec les autres garçons et moi je tenais la main de ma sœur et on s'en allait du côté des filles. On nous a amenées dans une grande salle et on s'est assises sur des bancs tout autour de la grande salle et là on s'est toutes mises à pleurer. Les religieuses s'occupaient de nous, elles nous parlaient des règlements, nous donnaient des numéros pour nos casiers et notre linge qui étaient iden-tifiés avec ces mêmes numéros qu'on devait porter durant toute l'année. Je ne me souviens pas quelle heure il était quand on est arrivées. Encore là, on nous a séparées : les petites, les moyennes et les grandes.

Ensuite ce fut la cérémonie de l'épouillage. Très dégradant. Il y avait des tables devant nous, des bassines d'eau et aussi un peigne fin en fer et des produits contre les poux. Les religieuses et quelques filles qui travaillaient là se mirent à nous peigner la tête avec le peigne fin en fer, pour voir si on avait des poux. Elles n'y allaient pas de main morte. Ça faisait très mal sur le cuir chevelu. Elles nous mettaient aussi je ne sais quel produit sur la tête, contre les poux je suppose. Ensuite, c'était la coupe des cheveux. Elles ne nous demandaient même pas si on voulait se faire couper les cheveux. On voyait nos cheveux tomber par terre. Je sais que moi, j'ai pleuré lors de cette cérémonie.

Ensuite, on nous a amenées vers les douches pour le nettoyage corporel. C'était une petite salle avec plusieurs douches communes, même pas de rideaux pour s'isoler, c'était vraiment écœurant. Elles nous brossaient tout le corps avec une petite brosse semblable à celle qu'on prend pour les ongles. Je suppose qu'elles essayaient d'enlever notre bronzage pour qu'on soit plus blanches. Ensuite,

on nous a désigné notre dortoir et notre lit. À chaque
endroit, il y avait une série de règlements qui allaient avec.
Je ne me souviens pas si on nous avait donné quelque
chose à manger depuis notre arrivée. Voilà, c'est l'accueil
auquel j'ai eu droit quand je suis arrivée la première fois
au pensionnat.

Le premier soir, une fois que l'on a été couchées
chacune dans son lit, une personne a commencé à pleurer,
puis une autre, et une autre : pour finir, tout le monde
pleurait dans le dortoir. C'était comme ça chaque année.
Nous étions trois à notre arrivée : mon frère était du côté
des garçons, ma sœur était chez les grandes et moi chez
les petites. Nous étions tous séparés. Même nos parents
étaient loin.

La vie dans le pensionnat n'était pas facile, la discipline était très sévère. Il fallait obéir au doigt et à l'œil.
J'ai subi toutes sortes de violences : verbale, physique et
psychologique. J'ai été rabaissée, ridiculisée, contrôlée,
battue et même harcelée sexuellement par un prêtre
dans le confessionnal. Il nous faisait entrer là où le prêtre
s'assied habituellement pour confesser et il nous tripotait
les fesses, le salaud. J'ai été brisée dans tout mon être :
physiquement, mentalement, affectivement et spirituel-
lement. Depuis que je suis sortie du pensionnat, je ne
pratique plus ma religion. Il fallait aller à la messe tous
les jours, se confesser chaque semaine et prier à peu près
trois fois par jour.

La nourriture qu'on mangeait était infecte. Une fois,
j'ai été témoin d'une chose qui m'a révoltée au plus haut
point, mais je ne pouvais rien faire car j'étais trop petite.
J'ai vu une petite fille qui ne voulait pas manger ce qu'il y
avait dans son assiette. Je ne sais pas si elle était malade
ou si elle n'aimait pas ça, elle pleurait et ne voulait pas
manger. Une religieuse la forçait à manger. Soudain, la
petite a vomi dans son assiette et la religieuse a continué,
en lui faisant manger son vomi. Écœurant. Je n'ai pas

beaucoup de souvenirs du temps que j'ai passé dans ce pensionnat, mais ceux qui me reviennent m'ont marquée pour le reste de ma vie. Le jour où on nous a dit qu'on ne reviendrait plus dans ce pensionnat, on a toutes lancé un grand cri tellement on était contentes.

L'autre pensionnat que j'ai connu était moins pire que le premier, en tout cas j'étais en mesure de me défendre. La discipline était aussi sévère, la nourriture aussi infecte, encore beaucoup de prières, mais au moins je n'y ai pas subi d'abus sexuels, car j'aurais été capable de me défendre. Je sais qu'il y en a eu là aussi. C'étaient toujours les plus jeunes qui étaient ciblés. J'ai vécu dix ans dans deux pensionnats.

(inédit)

► Jacinthe Connolly

Innu de Mashteuiatsh (Lac–Saint-Jean), Jacinthe Connolly naît en 1958. Elle travaille aujourd'hui en éducation spécialisée dans sa communauté et s'implique de façon active dans l'Association pour la prévention du suicide chez les Amérindiens et les Inuit.

En 2002, le Conseil en éducation des Premières Nations lance un concours littéraire pour donner au réseau scolaire amérindien un texte qui mette en valeur certains traits culturels spécifiques aux différentes nations. Jacinthe Connolly écrit L'Été *de Takwakín, un récit qui met en scène les Atikamekw et les Micmac : deux nations qu'elle côtoie beaucoup. Takwakín, un jeune Métis atikamekw, habite en ville et passe les vacances d'été dans la famille de sa mère à Wemotaci (Mauricie). Il y découvre pour la première fois le* pow wow *traditionnel, au mois d'août (otatakon pisimu), avant son retour en ville. À travers ses yeux d'enfant, il fait l'expérience de la culture traditionnelle atikamekw, de la façon d'être de sa grand-mère (kokom), du tambour : un apprentissage à travers l'observation. Ses cheveux roux et sa culture métisse ne l'empêchent pas d'être intégré, avec hospitalité et générosité, à une atmosphère de fête et de partage, à l'humour et l'envie de rire typiquement amérindiens. Jacinthe Connolly valorise ainsi la communication et la collaboration entre les différentes nations amérindiennes, tout en transmettant l'espoir et la fierté qui contribuent à l'avancement de leur cheminement identitaire.*

Otatakon pisimu : mois de l'envolée

Ici, ce n'est pas comme en ville où j'habite. Les gens peuvent aller dans le bois quand ils le désirent. La forêt est si proche.

C'est la saison des bleuets. Kokom Esten nous a demandé d'aller en cueillir. Elle désire s'en faire une réserve au congélateur. Elle nous amène au campement familial situé à cinq kilomètres d'ici.

Kokom ne s'aventure pas très loin à cause de son âge. Elle reste souvent assise à l'ombre d'une grande épinette, préférant admirer la nature. Roger est mon oncle préféré.

Il m'a montré des tas de trucs. J'ai beaucoup appris en l'observant.

Je monte derrière lui sur le « quatre-roues* ». Direction : un ancien brûlé. Oncle Roger y a dépisté une talle de bleuets. Un de ses amis nous rejoindra en camion. Il sera accompagné de sa famille.

Mon oncle a bien fait son travail d'éclaireur. Je ne vois que des bleuets. Nous nous mettons à la cueillette. Les autres arrivent. Tout le monde est heureux de voir cette manne.

Les chaudières se remplissent vite. Nous prenons une pause sur une petite butte. Soudainement, l'ami de mon oncle se met à courir après des *wapoc***.

Ses trois jeunes enfants sont assis sur un rocher. Je ris rien qu'à les entendre rire. Malgré sa grosseur, leur père court à une vitesse incroyable. Jamais je n'aurais imaginé ça de lui.

Il ressemble à un lutteur de sumo, mais en plus petit. Tu sais, ces lutteurs japonais ? Tout à coup, il s'élance à plat ventre, casquette entre les mains et vlan ! Un premier *wapoc* est pris dans sa casquette. Il le remet à un de ses enfants.

Il refait le même scénario avec deux autres *wapoc*. Après cette course effrénée, ils retournent au campement. Les enfants tiennent précieusement leur cadeau entre les mains.

Oncle Roger et moi préférons remplir nos contenants avant de partir. Nous reviendrons demain avec les autres cueilleurs. Nous avons besoin d'une grosse quantité de bleuets. Les cuisinières du *pow-wow* en ont aussi demandé. Elles feront des tartes pour le dessert du *makocan****.

---

* Véhicule tout-terrains.
** Mot atikamekw qui signifie lièvre.
*** Mot atikamekw qui signifie festin communautaire.

Pour le retour, je conduis le « quatre-roues ». Près de notre campement, il y a une baie. J'aime bien passer à cet endroit. Mon oncle me demande d'arrêter. Quand il va dans le bois, il apporte toujours son fusil de calibre 22.

Il le charge et me le remet. Il y a des canards près de nous. J'ai un œil fermé et l'autre dans la mire. J'attends nerveusement que les canards prennent leur envol.

Voici le moment espéré. Je vois un canard dans la mire… et bang ! Je suis tellement énervé de le voir tomber. J'en tremble. Mon premier canard ! Fier de moi, je le jette dans le sac à gibier.

Le soir venu, nous nous retrouvons tous autour d'un feu de camp. Quelques-uns racontent des légendes ou des histoires vécues.

Je raconte l'histoire de mon premier canard. Tout le monde m'applaudit. Un autre raconte l'histoire du coureur de *wapoc*. Nous ne pouvons pas nous empêcher de rire. C'était tellement drôle. C'était comme si un film se déroulait à toute vitesse.

Kokom ne peut plus se retenir, elle s'exclame :

— Vous comprenez maintenant pourquoi le mois d'août est le mois de l'envolée ! ! !

(*L'Été de Takwakín*, Wendake, Conseil en éducation des Premières Nations, 2002, p. 11-16)

▶ ## Marie-Ève Laloche

*Née en 1979 dans la communauté atikamekw de Wemotaci
(Mauricie), Marie-Ève Laloche y est aujourd'hui aide enseignante et suppléante.*

*Une greffe du foie lui fait frôler la mort entre 2001 et 2002. Pendant
ces années pénibles, Marie-Ève Laloche a tenu un journal intime
auquel elle a confié ses états d'âme, ses peurs, ses espoirs, ses rapports
avec les personnes qui l'entouraient. L'écriture, qu'elle a toujours
pratiquée autant que la lecture, a été une forme de thérapie qui lui
a permis de se libérer de ses émotions, de ses sentiments et des pres-
sions qu'elle a subies. Elle a ressenti le besoin d'écrire surtout dans
les moments de peine et de rage. Elle s'est même parfois livrée à des
expériences d'écriture automatique. Avec le dessin et la peinture, la
poésie figure parmi ses formes d'expression privilégiées.*

[Devant le miroir]

Neuf octobre 2001. Encore moi! J'ai rêvé à Tommy
ce matin. Daniel m'a dit que je parlais dans mon sommeil,
mais moi je me souviens de rien. C'est sûr que des souvenirs que j'ai de lui reviennent parfois me hanter. Mais
ces temps-ci j'y pense souvent. Peut-être parce qu'il était
avec moi pendant les premières crises que j'ai eues ici.
Et je me souviens aussi du regard qu'il avait quand je
souffrais beaucoup. Je sais qu'il s'inquiétait pour moi. Je
pense qu'il a eu peur, mais il s'est toujours montré courageux et je lui dois énormément.

Hier soir, je me suis rendue à l'urgence, j'ai eu une
crise assez forte. Je ne devrais pas dire ça, mais j'aurais
aimé qu'il soit là. J'ai eu du mal à respirer, il fait chaud
ici.

Je suis avec Daniel, je sens qu'il s'emmerde ici avec
moi. C'est la troisième fois que j'écris aujourd'hui, je ne
sais pas ce que j'ai. Je me sens inspirée et je me sens bien
aussi, je veux dire physiquement.

Tantôt on est allés à un séminaire sur le boud-
dhisme et j'ai trouvé ça très intéressant. Daniel aussi a
aimé ça. Mais une conférence de deux heures, ça va être
un peu dur de la résumer ici. En tout cas, ce sont des
enseignements que Bouddha a laissés. Au début, je ne
savais pas ce que j'allais chercher là, mais je l'ai trouvé et
c'est un peu difficile à accepter. Ils ont parlé de la mort.
Quand je suis venue, je n'avais en tête que le sujet qu'ils
avaient proposé, c'est-à-dire « Savoir se pardonner ». Je
peux vous dire que j'ai très peur, mais dans le fond tout
le monde va mourir un jour. Ce n'est qu'un passage de la
vie, il fait partie d'elle.

Je suis devant le miroir et j'ai peur de moi. La peur
m'envahit. Je sens que je suis en train de paniquer, mais
je m'efforce de garder le contrôle de moi-même. Ici le
contrôle est primordial, sinon sans lui je deviens folle.
[...]

11 octobre 2001. Le silence ! Je n'aime pas ça parce
que toutes les pensées malsaines que j'ai enfouies je ne
sais où dans ma tête, profitent de l'occasion pour venir
me hanter. Je suis là, assise sur le bureau de ma chambre,
le miroir en face de moi. Quand je lève les yeux, je vois
une personne qui ressemble vaguement à une fille qui,
elle, aimait rire et sourire à tout le monde. Mais celle
que je vois dans le miroir est taciturne, sans vie et pauvre.
Je la regarde et j'ai pitié d'elle. Parce que je sais que tout
ce qui lui arrive est de sa faute. Daniel est là avec moi
et il s'amuse comme un petit bébé. Je n'arrive pas à rire
avec lui. Tout sort de travers. Je ris jaune comme on dit.
Avant c'était naturel, mais aujourd'hui je dois me forcer.
Je me sens fatiguée et finie. Je suis très en colère, mais je
n'ai pas la force de le montrer. Je suis finie.

Le 12 octobre 2001. Je viens de me lever. J'ai fait un
drôle de rêve. J'ai rêvé que je participais à une campagne
électorale. En tout cas, c'était bizarre.

Daniel et moi on n'a pas de vraie conversation. Je veux dire que tout ce qu'on se dit s'arrête au premier niveau, si je peux m'exprimer ainsi. J'ai parlé à Tommy et ça m'a fait du bien. Je veux qu'il soit là pendant mon traitement. Daniel vient de gâcher ma journée! Pourtant, j'essayais d'être de bonne humeur pour une fois. Il n'arrête pas de m'accuser de n'importe quoi. Je feelais bien, et là je suis toute bouleversée. Mes pensées sont retournées dans l'obscurité. Je suis mêlée. J'aimerais qu'un ami ou quelqu'un de neutre soit avec moi. Parce que Daniel et moi ça marche pas. Je suis tannée. [...]

14 octobre. J'ai mal partout. Ça fait une semaine que je suis clouée à mon lit. Je me sens grosse et invalide. Demain je vais enfin voir ce docteur qui pense que je suis un bébé. Il me parle comme si je n'avais que cinq ans. Des fois il m'énerve. J'ai mal partout à force de ne pas bouger. C'est sûr que c'est l'fun de ne rien faire, mais à la longue ça devient assommant. Je m'ennuie de Tommy, de son intelligence, de son sens de l'humour et surtout de son assurance. Je ne regrette pas d'avoir connu Daniel, mais je m'ennuie de Tommy. Lui et moi on était faits pour vivre ensemble. J'ai tout gâché et je suis en train de gâcher aussi mon union avec Daniel. Je l'aime, ça j'en suis sûre. Mais ce qui cloche, c'est que je suis supposée l'aimer avec ses qualités et ses défauts. [...]

Vendredi 26 octobre 2001. Je suis à l'hôpital depuis hier. Ça fait bizarre de penser aux âmes qui ont quitté leur corps. Tant de personnes ont dû mourir ici. Leurs derniers souffles résonnent dans ma tête. J'ai pas hâte d'aller les rejoindre. Devant ma fenêtre se dresse un arbre presque dépourvu de feuilles, un peu comme moi. Ce qu'il y a de plus merveilleux, c'est que cet arbre va retrouver sa vigueur dès que le printemps se pointera. C'est ce qui me donne de l'espoir. L'espoir de renaître.

27 octobre. Encore à l'hôpital. J'ai les idées claires ce matin. Je me sens bien malgré mon estomac vide.

Hier soir Daniel et moi, on a commencé à parler de ce que je voudrais avant de partir. Je ne veux pas en parler aujourd'hui, je suis trop bien pour ça. Je vois de beaux rayons de soleil dehors. Ce que j'aimerais en ce moment précis, c'est de me retrouver au chalet de ma mère. Avoir une belle vue sur le lac, pas de vagues, le calme plat, un léger brouillard. Ce qui est sûr, c'est que le soleil arrive à transpercer cette brume. Ce que je donnerais pour être là ! Nous sommes dans l'avant-midi, il est près de 11 heures et mon foie me fait très mal. Je sens comme un métal chauffé à l'intérieur. J'ai peur. Je suis supposée prendre mes médicaments au souper, mais j'ai peur. Malgré ce que le médecin et les pharmaciens m'ont dit, je ne peux m'empêcher d'être effrayée. Dans le fond, je sais que c'est ce médicament qui va me sauver la vie. Alors je vais le prendre.

L'halloween ! Ici il ne s'est rien passé. J'aurais aimé être à Weymont* et fêter avec les enfants. Daniel est fâché je pense, parce que je ne veux pas qu'il lise ce que j'écris. C'est pas grave, il va me pardonner. Je suis toute mêlée dans ma tête à cause de ce qui se passe entre nous deux. On dirait qu'il n'y a plus rien entre nous. Je te dis que ça fait une méchante secousse que je n'ai pas baisé et je suis parfaitement capable de vivre sans sexe. Certaines personnes ne me croiraient pas, mais je m'en sors bien.

En ce moment, j'entends des voitures passer. Je m'ennuie de l'auto à Sonia. Je suis quand même de bonne humeur. Ma famille arrive vendredi. Câline que j'ai hâte. Mais je sens déjà la douleur de la séparation. Je veux pas trop y penser. Sonia, Steeve, Maman et Tony ont appelé aujourd'hui. Steeve s'en va en thérapie au centre Wapan. Je vais prier fort pour que tout aille bien pour lui. Étant jeunes, lui et moi étions un peu comme les deux doigts de la main. On était très liés. Aujourd'hui tout a changé.

---

* Wemotaci, village d'origine de l'auteure.

Tout le monde a une famille, même Jos. Je vais mourir vieille fille, quelle horreur!

Nous sommes le 1er novembre. Ma famille au grand complet était supposée venir, mais seulement la moitié va arriver. Tommy aussi vient et Daniel s'en va. Je suis une vraie salope. Je suis en train de niaiser les deux frères. Pauvres Tommy et Daniel. Pourquoi je fais ça? Je les aime tous les deux. Et dans le fond je dois les laisser tous les deux. Il ne faut plus que je les voie parce que je ne les mérite pas. [...]

L'heure approche. J'ai peur. Pourquoi cette peur? Tout le monde meurt un jour. Pourquoi avoir peur de l'inévitable?

Le moment présent, c'est ce que j'ai de plus précieux. Il me permet d'être là, d'être en vie. Le passé n'est que souvenir, parfois triste et d'autres fois merveilleux. Le futur n'est pas encore. J'aime cette conception. Mon grand frère m'est arrivé avec ça ce matin.

Je viens de penser à une chose. Ça m'est venu cette nuit, à propos de la peur. De toutes les peurs qu'on s'invente, presque toutes aboutissent à une fin, à la mort. En réalité, si on a peur du noir, c'est le néant, ce qui signifie qu'il n'y a plus rien, plus de vie. Et ceux qui ont peur des endroits clos, ils ont peur de suffoquer ou autre chose du genre. Ce qui se rapporte à la mort. Dans le fond, on a peur d'une seule chose... de la mort. Moi, en tout cas, j'ai peur.

23 août. Aujourd'hui j'ai 23 ans. Je suis en vie. J'ai survécu aux épreuves que j'ai traversées.

(inédit)

▶ Jean-Paul Joseph

Né en forêt dans la région de Moisie, près de Maliotenam (Sept-Îles) en 1949, Jean-Paul Joseph décède en 2001 après une vie mouvementée et plusieurs expériences marquantes.

Dans l'introduction de son récit de vie, Jean-Paul Joseph s'adresse aux jeunes Amérindiens pour partager avec eux ses expériences ; certaines le rendent fier, d'autres lui servent à mettre ses lecteurs en garde contre les erreurs qu'il a commises et à développer leur esprit critique. Évoquant plusieurs problèmes sociaux que les Innu vivent encore aujourd'hui, son texte constitue une réflexion et une prise de distance de lui-même. Il relate ainsi la vie en forêt avec ses parents, le pensionnat, l'alcoolisme qu'il appelle sa «maladie», la détention et la réhabilitation, c'est-à-dire la manière dont il a essayé de rééquilibrer sa vie. Il parle longuement de ses émotions, de son estime de soi, de son rapport avec les autres.

La séquence reproduite ici raconte l'émeute dont Jean-Paul Joseph a été témoin pendant sa détention : son témoignage est le seul sur le sujet qui nous vienne d'un Amérindien au Québec. Sa force dramatique et son originalité en font un récit unique. Le manuscrit n'a été que très rapidement revu : les lecteurs trouveront donc ici sa pensée, telle qu'il avait décidé de la livrer, avec ses mots, ses hésitations, son imaginaire.

La Détention

C'est l'endroit où l'alcool m'a amené. Je dois être franc et direct avec les jeunes. J'ai vécu et j'ai vu l'enfer de mes propres yeux. J'aurais aimé mourir. Je souffrais et j'avais fait beaucoup de mal ici sur terre. J'ai vécu d'institution en institution, à commencer par le pensionnat où je suis resté douze ans. Un frère religieux m'a martyrisé et brutalisé pendant de nombreuses années. Puis j'ai été encore enfermé quelque dix ans pour payer ma dette à la justice.

En détention, j'étais révolté, je cherchais la vengeance. Mes frustrations devenaient de plus en plus grandes, on me prenait pour un être des plus dangereux.

On m'a envoyé à l'Alcatraz montréalais, c'est-à-dire au pénitencier Saint-Vincent-de-Paul. J'ai des frissons rien qu'à y penser. Avec les autres prisonniers, j'ai été menotté aux poignets et enchaîné aux pieds. J'avais très peur de me faire poignarder sournoisement ou qu'on me coupe la gorge avec une lame de rasoir. Je devais être sur mes gardes à tout moment.

Le moment est venu de vous raconter ce cauchemar effroyable que j'ai vécu. J'ai connu une émeute dans cette prison fédérale. J'ai assisté et vu, de mes propres yeux, cette émeute infernale et sanglante. Avant qu'elle survienne, un soir, j'étais en train d'écrire une lettre d'amour à ma blonde. La lettre en question n'a jamais été achevée et n'est jamais parvenue à sa destinataire, parce que tout à coup ç'a été l'enfer.

Une vitre a éclaté, ç'a résonné dans tout le bâtiment. J'avais le cœur qui commençait à battre très fort. Je sentais qu'il arriverait quelque chose de ce genre. La tension et la pression régnaient depuis quelques jours. La fumée a commencé à envahir le bloc et la cellule où j'étais. Je ne pensais jamais que j'allais vivre ces moments épouvantables. Ce fut la panique générale. Avec les trous d'aération, les flammes s'intensifièrent et se propagèrent dans les étages. C'était un peu comme dans les films.

On était une douzaine dans ma rangée. J'ai peut-être sauvé la vie de mon voisin. Il était dans la soixantaine ou plus. On était pris tous les deux. Les draps nous ont sauvé la vie, sinon on aurait péri brûlés vifs.

Les flammes ont commencé à jaillir de partout, de tous côtés. Ça criait fort, c'était l'affolement général. Ça courait dans tous les sens, ça se bousculait. Tout a été cassé, brisé, arraché pour avoir la vie sauve. La fumée dense nous asphyxiait. J'ai senti mon heure arriver, quand tout d'un coup j'ai entendu des crépitements de balles de mitraillettes. Ça m'a pris quelques secondes pour penser aux êtres chers que j'ai aimés, mes raisons de vivre. Une balle ricocha sur le mur de ma cellule et retomba je ne sais où.

Je ne voulais plus mourir. J'étais couché à plat ventre, ma figure entre les mains. Je sentais ma mort venir. Il fallait faire quelque chose à tout prix. Mon intuition m'a beaucoup aidé pour avoir la vie sauve. Je pleurais de ne pas voir et revoir les miens à jamais. Et, en dernier, j'ai prié et supplié le Dieu que j'adorais. Puis j'ai croisé quelques compagnons dans un couloir, ils étaient blessés, le corps en sang. Mon compagnon de cellule, vu son âge, bougeait à pas de tortue. Quand j'ai remarqué quelques draps qui traînaient ici et là, j'en ai ramassé et j'en ai fait des nœuds. Notre vie était en jeu. On ne pouvait pas mourir là. Je suis venu retrouver le bonhomme. J'avais bien de la misère à me faire comprendre, car il n'entendait pas bien. Il fallait que je parle très fort, avec tout le bruit. J'ai pris ses bras et ses mains pour les mettre autour de mon cou. Il s'est accroché à moi, et puis nous avons commencé à redescendre tranquillement le long des draps. Il m'étranglait avec ses mains, ses bras, et je suais, l'eau me coulait sur le front. On a descendu étage par étage, et j'avais très hâte d'être à terre avec mon homme. Les nœuds ont tenu bon et enfin on est arrivés à terre, au sous-sol.

Nos malheurs n'étaient pas finis. Le sol était jonché de cadavres humains, les yeux grands ouverts, la bouche entrouverte. Le sang coulait sur leur tête et partout sur leur corps. D'autres, en tombant tête première, se l'étaient fracassée et étaient méconnaissables. Vu que c'est une vieille prison, je voyais aussi des rats manger des cadavres. J'en avais des frissons, ça m'apeurait davantage.

Par la suite, on nous appela par nos numéros matricules et nos noms. Quand mon tour est venu, on m'a sorti à l'extérieur pour me conduire dans l'enceinte de la prison, et ensuite dans la cour extérieure où il y avait la patinoire. Il ne faisait pas chaud, c'était l'automne. C'est là que je repris mes esprits. Le pire était passé. Je me sentais faible, mais j'étais content d'être dehors, pour avoir de l'air.

Il faisait très froid. Moi, je n'avais qu'une chemise. Ceux qui étaient malades étaient dirigés vers d'autres institutions situées tout près de là. Ça n'a pas été long que toutes les planches qui constituaient la patinoire ont été arrachées et allumées pour en faire des feux et se réchauffer. Sans ça, plusieurs auraient pu mourir. On nous a laissés là, dehors, à notre sort. Tout ce qu'on mangeait, c'était des sandwichs avec du café, à chaque jour durant deux semaines. Quand venait la nuit, on grelottait et ça nous dérangeait dans notre sommeil. Je dormais peu, mais il y en avait quelques-uns qui réussissaient à fermer l'œil. Avec peu de vêtements sur le dos, c'est facile d'attraper la grippe, et l'hypothermie, c'est pas drôle quand on l'a vécue. On a passé deux semaines dehors. En plus, l'armée, la Gendarmerie royale du Canada et les gardiens veillaient sur nous pour la sécurité. De la patinoire, on voyait de la fumée qui sortait des fissures du toit de l'immense dôme. Et quelquefois, on pouvait apercevoir les flammes qui sortaient des fenêtres.

Je dois admettre que j'ai vu le couloir de la mort. J'ai vu la potence et les cages des condamnés à mort à une époque où étaient encore exécutés ceux qui commettaient des crimes très graves. Avec la permission d'un garde, j'ai pu jeter un coup d'œil, par une petite vitre, à la corde qui se balançait dans un courant d'air. Rien qu'à la regarder j'ai eu ma leçon. Je me disais que je ne voulais pas me rendre jusque-là. […]

Pendant mon emprisonnement à Montréal, j'ai eu un suivi psychologique car, vous savez, j'avais à jamais dans ma conscience les abus que j'ai subis par cinq détenus blancs. Eux n'avaient jamais eu de femmes ou de filles depuis dix, vingt, trente ans, et moi j'étais un jeune homme en 1972. Eux, ils me prenaient pour une fille. Pendant que je visitais cet édifice qui ressemblait à Alcatraz comme dans les films, sournoisement, cinq Blancs, grands, costauds et âgés entre quarante et soixante ans, m'ont attrapé puis tenu par le cou, les bras et les pieds et m'ont piqué avec une seringue. Je voyais le liquide à l'intérieur de la seringue, sûrement de la drogue. Ils m'ont donc drogué et ils m'ont sodomisé. Et c'est là que j'ai eu la plus grande peur et angoisse de ma vie. J'en serai traumatisé pour le reste de ma vie. Ces hommes m'ont violé et ont accompli des choses violentes et dégoûtantes à la fois.

Par la suite, j'ai demandé l'aide d'un psychologue. Je pense que j'en aurai besoin tout au long de ma vie. À chaque jour, à chaque instant du jour ou de la nuit, je revois tout ça et je panique. Et je n'ai plus le goût à rien. Je n'ai jamais des idées suicidaires, car je veux aller le plus loin possible et être positif. Je veux aimer la vie, connaître le bonheur comme tout le monde, comme les jeunes. [...]

Vous savez, les jeunes, c'est très difficile de faire une journée en cellule, enfermé, sans liberté, avec l'ennui et des idées de désespoir. On perd ses journées, et sa vie est gâchée. On a beaucoup de peine, de remords et de regrets d'avoir fait ceci et cela. On a même un casier judiciaire pour le reste de sa vie, comme moi. L'alcool et les drogues causent des suicides chez les jeunes Autochtones, car les dettes s'accumulent et ça ne pardonne pas. [...]

La prison n'est pas la place pour un être humain. Je ne suis pas très dangereux pour la société. Voler une bouteille de vin m'a valu six mois de prison. J'aurais volé une pomme ou une orange dans un pays islamique et on m'aurait coupé la main.

Mes bonheurs dans la bouteille n'ont pas duré, mes rires non plus. Tout a chaviré d'un seul coup. Et aujourd'hui oui, j'ai honte quelquefois. Même j'ai grand-honte. Je ne suis pas très fier d'être moi, Jean-Paul, qu'on connaissait de jadis : bon gars quand il était sobre, mais quand il prenait un coup et devenait trop ivre, il commettait des délits stupides de toutes sortes qui l'ont amené droit en prison. [...]

Combien de fois j'ai voulu mourir moi aussi. La prière divine, la spiritualité, la thérapie avec le monde et avec la nature, la forêt, le bois, m'ont sauvé. Ce ne sont pas l'alcool et les drogues qui m'ont sauvé. Elles m'ont détruit presque à jamais. [...]

Comme dans la société, ici en prison, il y a des hommes qui se découragent. J'en ai aidé plusieurs par mes prières, mes conseils et mes encouragements. Ce n'est pas des cadeaux qu'ils veulent, mais de l'écoute et de l'entraide. Je leur ai dit que tout s'arrangerait un de ces jours. J'ai donné tout ce que je pouvais. Beaucoup ont repris l'espoir de vivre, mais vivre pleinement, sans recommencer leurs erreurs et leurs fautes. J'ai maintenant cinquante ans, et je suis trop jeune pour quitter tout le monde que j'aime, les miens, les êtres chers. Même à cinquante ans j'ai beaucoup d'espoir. Ceux et celles qui ont connu la prison, sans les nommer, m'ont beaucoup aidé tant moralement que psychologiquement. Tant et aussi longtemps qu'il y aura des prisons, aide, écoute, outils et espoir seront toujours là. Et je le dis toujours afin que nos jeunes ne périssent pas de ces dangereux fléaux que sont l'alcool et la drogue. Aux jeunes je dis : gardez toujours l'espoir.

Ça me dérange beaucoup les choses que j'ai vécues. J'ai vu de mes propres yeux et assisté impuissant à une émeute sanglante, dégoûtante, atroce et difficile à oublier. Un vrai enfer. C'était comme vivre un *delirium tremens*, un spectacle d'épouvante, une paranoïa. Parmi les cadavres ici et là, on entendait des voix à en perdre la tête et l'esprit. C'est très dégoûtant d'en parler. J'ai aussi vu des morts pendus, les veines coupées, et une violence difficile à vous décrire totalement.

(inédit)

► Richard Kistabish

Algonquin d'origine, il est né à La Tuque en 1948. Richard Kistabish est vice-président de la Fondation autochtone de guérison qui traite les séquelles du régime des pensionnats indiens au Canada et vit à Val-d'Or.

Dans les années quatre-vingt, Richard Kistabish produit plusieurs textes sur les revendications territoriales, la culture, l'histoire, la santé physique et mentale algonquines. En 1986, il publie Aki. Pour le monde qui aime la terre, un recueil de textes en prose dans lesquels il retrace l'histoire des Anishnabe (Algonquins) et le contact avec les Européens, afin de faire le point sur le désordre social dans les communautés amérindiennes. Trois cycles se suivent : Hier, Aujourd'hui, Demain. Dans un langage imagé et ironique, militant et parfois utopiste, Richard Kistabish y décrit la façon traditionnelle de vivre des Algonquins, leur proximité avec leur environnement naturel, l'accueil des étrangers, le commerce des fourrures, l'exploitation minière, forestière et hydroélectrique, l'alcool, la création des réserves, l'assignation de numéros de bande, l'individualisme qui en a découlé. La critique de la colonisation se renforce paradoxalement par la critique sociale lucide et précise de certaines attitudes des Amérindiens qui l'entretiennent. Il termine avec un message d'espoir qui reflète l'engagement social qui a animé l'auteur tout au long de sa vie.

Hier

CONNAÎTRE LA TERRE... c'est ainsi qu'ils ont accumulé beaucoup de connaissances sur les animaux qui marchent, qui volent, qui nagent. Sur l'utilisation des différents arbres. Sur les rivières sautant d'un lac à l'autre. Sur les vents qui viennent de partout. Et sur bien d'autres choses encore... C'ÉTAIT ÇA NOTRE ÉCOLE!

RESPECTER LA TERRE... c'est ainsi qu'ils avaient inventé de belles façons de dire leur affection et leurs besoins au soleil, à la lune, à l'ours, à l'esturgeon et à tout ce qui vivait autour d'eux... C'ÉTAIT ÇA NOTRE PRIÈRE!

PARTAGER LA TERRE... pour que le cercle du peuple s'agrandisse, chaque homme et chaque femme avait son importance. Et à mesure que le cercle devenait plus fort, chacun et chacune avaient plus de sécurité. Nos anciens avaient ainsi tiré de leurs cœurs et de leurs têtes des façons de travailler ensemble et de partager les richesses de la terre... C'ÉTAIT ÇA NOTRE POLITIQUE!

Durant des milliers d'années, nous avons eu l'entière responsabilité de cette terre. Et elle était en bon état quand les étrangers sont arrivés.

Un jour, quelques étrangers ont pénétré dans le jardin des Algonquins. Mais nos anciens n'avaient aucune raison de ne pas élargir le cercle pour leur faire une place égale à celle des autres. Certaines de nos femmes en ont même trouvé quelques-uns de leur goût. Et personne n'y a vu de mal. Ils avaient toujours agi ainsi entre eux et avec ceux de leurs visiteurs qui savaient se montrer dignes de leur accueil. C'était là la façon de faire des anciens et des anciennes.

Comment auraient-ils pu imaginer que parmi ces étrangers certains ne se contenteraient pas d'une place égale? Que ces visiteurs arrivaient d'un pays où les intérêts de quelques gros l'emportent sur ceux de la masse des autres? Que ces gros ne tarderaient pas à venir tout arracher, tout prendre, tout emporter? Comment auraient-ils pu imaginer ça?

D'abord la fourrure. Pour ça, ils avaient encore besoin de nous. Nous avons alors mis beaucoup d'énergie à courir la fourrure, pour l'échanger contre des choses parfois utiles, parfois inutiles, parfois dangereuses. Ainsi, avec l'alcool, ils ont troublé nos esprits.

Puis ce furent les arbres, le minerai et la force de nos rivières. Pour ça, nous étions dans leurs jambes. Nos façons de travailler la terre, de la prier et d'en vivre les embarrassaient.

Alors ils ont empoisonné l'esprit et le cœur de nos enfants. Et peu à peu nous avons presque tous été refoulés dans de toutes petites réserves, pendant qu'ils se mettaient à souiller nos eaux, à empoisonner nos animaux et à faire mourir nos plantes.

Pour nous maintenir dans l'inconscience de ce qui se passait et de ce qui continue aujourd'hui, ils nous ont engourdis avec l'alcool et la bière.

Ce qui est mauvais pour notre terre est mauvais pour nous. Ce qui est mauvais pour nous est mauvais pour notre terre. Aujourd'hui qu'elle est malade, nous avons peine à nous y tenir debout. Mais elle est encore là. Nous aussi.

(*Aki. Pour le monde qui aime la terre*, Val-d'Or, Conseil algonquin de l'Ouest du Québec, 1988, p. 3-6)

Aujourd'hui

Pour fouiller dans le ventre de notre mère la terre, lui arracher les cheveux et déranger ses eaux, il leur fallait bien nous enlever d'abord ses bras. Ils savaient bien qu'ils n'arriveraient à rien tant que le grand cercle du peuple danserait dans le jardin.

C'est pourquoi ils ont d'abord brisé le cercle pour le réduire à des listes de bandes. Ça a commencé par des numéros de terrains. Ça a fini par des numéros d'humains dans des réserves à Algonquins. Le grand cercle toujours en mouvement a été cassé en petits morceaux devenus immobiles entre le congélateur, la caisse de bière et la télé.

Jadis, nous dansions à la grandeur de notre jardin. Aujourd'hui, chacun est assis dans son coin et se demande ce qui lui arrive. Nous nous tenions tous par la main, mais ils ont cassé nos bras. Le cercle a été taillé en morceaux. Chacun est seul avec sa tristesse.

Ils nous ont repliés chacun sur nous-mêmes. Ils nous ont retourné les yeux en dedans. L'alcool et la bière servent à ça. Nous étions grands. Ils nous rapetissent.

Aujourd'hui, ils rient, car ils peuvent massacrer notre terre en paix et se remplir les poches de ses richesses.

Chaque détail de nos vies est décidé par eux, à travers leurs programmes et leurs experts consultants. Comme nous n'avons plus rien à dire, nous ne nous parlons plus. Les visites, c'est souvent pour aller chercher de la bière chez le voisin. Hier, la fête arrivait avec les fruits de la terre, avec les saisons. Aujourd'hui, elle vient avec la bière. Quand c'est toujours la fête, c'est jamais la fête.

Certains d'entre nous croient pouvoir sauver leur peau en se collant à celle de tel ou tel expert consultant. La division s'installe. « Si tu es contre cet étranger, tu es contre moi. » Chacun pour soi. C'est ainsi que nous devenons tous faibles.

Ces experts en viennent ainsi à tout contrôler. Mais chacun d'eux est enfermé dans sa spécialité. Il ne sait pas voir large et grand. Ils ont découpé notre vie en petits morceaux qu'ils ont enfermés à clef dans de petits tiroirs. Ils sont les seuls à avoir les clefs. On dirait qu'ils veulent devenir nos chefs.

Ils seraient incapables de faire ça, si certains d'entre nous ne les aidaient sans s'en rendre compte. L'étranger a réussi à nous transmettre l'illusion du CHACUN POUR SOI. Nous sautons à l'eau pour cueillir les fruits de l'arbre dont les branches s'y reflètent comme dans un miroir. Et l'étranger continue de rire.

MA paye. MON congélateur. MA télé. MON orignal. MON lièvre. MON esturgeon. NOTRE canot quand il va bien, TON canot quand il va mal.

Chaque personne, chaque famille, chaque village se prend pour le centre du monde. Et l'étranger rit de plus belle de nous voir nous détruire nous-mêmes et nous noyer dans l'alcool.

Le plaisir de vivre fait souvent place à la tristesse et à la peur. On se méfie même de l'espoir. Si l'un d'entre nous propose un projet pour que le peuple s'en sorte, on n'y croit pas. Mais si le même projet sort de la bouche de l'étranger, on le trouve plein d'allure.

Chacun pour soi. Jalousie. Peur. Mesquinerie. Rumeurs. Tristesse. On va jusqu'à livrer son frère au garde-chasse. Nous agissons trop souvent comme des écrevisses enfermées dans un panier, qui ne font que s'attaquer entre elles plutôt que chercher ensemble le moyen de retourner à l'eau libre. N'y aurait-il donc que des mauvaises nouvelles?

Au plus fort la poche. Un congélateur, c'est pas assez? Alors deux congélateurs. Pleins de viande bientôt sèche. Un char neuf. Un char fini. Encore deux ans à payer. Plus on ramasse, plus on devient triste. Le CHACUN POUR SOI ne donne rien, sinon la victoire de l'étranger qui n'en finit plus de rire.

(*Aki. Pour le monde qui aime la terre*, Val-d'Or, Conseil algonquin de l'Ouest du Québec, 1988, p. 12-15)

Demain

L'étranger rit de sa victoire. Mais il est une chose qu'il craint par-dessus tout. Que nos mains se rejoignent et que le cercle se reforme. C'est là sa faiblesse. C'est là NOTRE FORCE. C'est pour ça qu'il a pris tous les moyens pour nous isoler dans le CHACUN POUR SOI. Car il sait bien qu'il aura des problèmes quand le peuple sera solidaire.

Comment pouvons-nous faire? En trouvant des occasions et des lieux pour nous parler de tout et de rien. Des choses drôles et des choses tristes. De l'enfant malade. Du gibier à aller chercher. Du canot brisé qu'on pourrait réparer ensemble. De la terre. De l'avenir. De nos enfants. De la façon d'être fort. Se retrouver non seulement pour boire. Mais aussi pour rire, pour se sentir bien.

Comment faire? En recommençant à visiter le jardin qui rendait nos ancêtres forts et heureux. En sortant de notre trou comme notre grand-père l'ours au printemps. En étirant nos membres engourdis. En allant voir où en est l'esturgeon, le castor, l'orignal. En allant dire à la terre que le cercle est de nouveau reformé pour prendre soin d'elle. En arrêtant de rêver de partir sans jamais le faire. En ne se contentant plus de seulement dire qu'on va y aller, sans bouger de sa chaise plantée entre la télé, le congélateur et la caisse de bière.

[...] Quand toutes nos eaux seront devenues de la soupe au mercure, nos poissons des thermomètres flottant sur le dos, nos plantes malades et nos gibiers incapables de trouver à manger, il ne nous restera alors que le papier des chèques de Bien-Être à nous mettre sous la dent. Ça ne fera pas du monde fort.

(*Aki. Pour le monde qui aime la terre*, Val-d'Or, Conseil algonquin de l'Ouest du Québec, 1988, p. 20-22)

Profils d'auteurs

► André-Fontaine, Marie

Née en forêt près de Schefferville en 1953, Innu d'origine, Marie André-Fontaine est attirée très jeune par l'enseignement. De 1977 à 1985, elle œuvre au préscolaire et donne un enseignement religieux à la Commission scolaire de Schefferville, alors qu'elle obtient un certificat de premier cycle en science de l'éducation à l'Université du Québec à Chicoutimi (1980). De 1987 à 1989, elle travaille à la Commission scolaire de Sept-Îles (écoles Marie-Immaculée et Bois-Joli) comme aide-enseignante en adaptation scolaire et en mathématiques, tout en obtenant un baccalauréat d'éducation au préscolaire et en enseignement au primaire à l'Université du Québec à Chicoutimi (1989). En 1990-1991, elle s'engage ensuite dans la recherche pour le Groupe d'action pour le développement de l'éducation aux adultes (GRADE), afin d'identifier les besoins des étudiants innu et de contrer le décrochage scolaire. Elle ajoute en même temps à sa formation un certificat de premier cycle en adaptation scolaire et sociale à l'Université du Québec à Montréal. De 1993 à 1995, elle est enseignante en adaptation scolaire, sciences humaines et musique à la Commission scolaire protestante de Greater Seven Islands (Sept-Îles). Depuis 1998, à l'école Tshishteshinu de Maliotenam (Sept-Îles), elle enseigne la langue innu et crée du matériel pédagogique en innu, organise des émissions radio avec les élèves du primaire pour la semaine de la langue innu, planifie les activités culturelles de l'école, et est responsable de l'enseignement religieux.

► Assiniwi, Bernard

Bernard Assiniwi est né à Montréal en 1935 d'une mère canadienne-française d'origine algonquine, Églantine Bleau, et d'un père algonquin et cri, Joseph-Zéphirin-Léonidas Lapierre-Assiniwi, originaire du

Lac Tapini (aujourd'hui Sainte-Anne-du-Lac dans les
Laurentides). Il fait des études en musique et chant
classique, mais son intérêt pour la biologie et l'agricul-
ture le porte à obtenir en 1957 un baccalauréat en génétique animale. Il poursuit ses études en médecine vété-
rinaire et, l'année suivante, en administration publique.
Il commence en même temps une carrière de chercheur
en histoire autochtone et devient animateur de radio et
réalisateur d'émissions sur l'écologie, la vie en plein air
et l'histoire des Amérindiens du Québec. Il enseigne à
l'École normale des Ursulines de Rimouski et est aussi
professeur de diction pour la Commission scolaire du
Grand Rimouski. À la fin des années soixante, il devient
directeur fondateur de la section culturelle du ministère
des Affaires indiennes et du Nord canadien à Ottawa et
coordonne la réalisation du Pavillon des Indiens lors de
l'Expo 67, en collaboration avec l'écrivain Yves Thériault.
À la même époque, il collabore à plusieurs journaux et
périodiques : *Le Devoir, La Presse, Le Soleil, Globe and
Mail, Maclean, Time Magazine, Le Monde, L'Express,
Indian News, Sentier, Québec chasse et pêche*. De 1976 à
1978, il est rédacteur en chef de la revue d'écologie et
plein air *Québec nature*. Toutes ces activités ne l'empêchent pas de poursuivre une carrière de comédien. On le
voit sur les planches de 1957 à 1982 et il obtient différents
prix et mentions. Nommé directeur des communications
et des relations publiques au Bureau des Revendications
autochtones du ministère des Affaires indiennes et du
Nord canadien de 1980 à 1983, il est élu, en 1988, président de l'Alliance autochtone du Québec. En 1971, il
est le premier auteur amérindien à publier un ouvrage
en français largement distribué au Québec (*Anish-nah-
be. Contes adultes du pays algonkin*, Leméac), pour lequel
il obtient une mention au prix littéraire de la Ville de
Montréal. Chez Leméac, de 1972 à 1976, il est directeur de
la collection *Ni-t'chawama/Mon ami mon frère* consacrée

aux Amérindiens et commence à obtenir des bourses et
des subventions du Conseil des Arts du Canada. Depuis,
il est régulièrement présent aux salons du livre au Québec
et en France. Il est en même temps animateur, narrateur
et reporter pour Radio-Canada et réalise plusieurs docu-
mentaires sur différents aspects des réalités autochtones.
Ses activités de recherche sont reconnues et récompen-
sées par l'obtention, en 1992, du poste de chercheur en
histoire autochtone au Service canadien d'ethnologie
du Musée canadien des civilisations de Hull, poste
qu'il a occupé jusqu'à son décès en septembre 2000. En
1994, le Département de lettres françaises de l'Université d'Ottawa lui accorde le titre d'écrivain en résidence
et le poste de professeur de création littéraire (conte et
nouvelle). Son dernier roman historique, *La Saga des
Béothuks* (1996), fruit de plusieurs années de recherche,
reçoit le prix littéraire France-Québec Jean-Hamelin
en 1997. La même année, il est finaliste pour le Prix du
gouverneur général du Canada. En 1999, l'Université du
Québec à Trois-Rivières lui décerne un doctorat *honoris
causa* pour l'ensemble de son œuvre. Après son décès, l'organisme amérindien Terres en vues crée en son honneur
le prix Bernard-Chagnan-Assiniwi* décerné pour la
première fois en juin 2001 à un artiste ou un créateur
autochtone dont le travail a contribué à l'enrichissement
de sa culture d'origine et a stimulé ses compatriotes par
son cheminement exceptionnel.

Parmi ses publications, outre ses livres en littérature
jeunesse, on compte une *Histoire des Indiens du Haut et
du Bas Canada* en trois tomes (1973-1974); deux romans,
Le Bras coupé (1976) et *L'Odawa Pontiac : l'amour et la
guerre* (1994); une pièce de théâtre, *Il n'y a plus d'Indiens*
(1983); plusieurs récits, contes, nouvelles et légendes
comme *Contes adultes des territoires algonkins* (1985),

---

* Chagnan : nom cri de Bernard Assiniwi.

Ikwé la femme algonquienne et *Windigo et la création du monde* (1998). Il laisse en chantier un nouvel essai historique sur les Amérindiens et un roman sur la vie de son père. Après avoir publié une trentaine d'ouvrages de 1971 à 2000, il est un des rares auteurs amérindiens dont on peut dire qu'il a eu une carrière littéraire.

▶   Banville-Cormier, Dorothée

Née en 1942 d'ascendance huronne et acadienne, Dorothée Banville-Cormier a été infirmière de brousse pendant plus de 20 ans dans les dispensaires des communautés algonquines, cries et inuit. Travaillant dans des conditions parfois très difficiles, sans électricité ni services médicaux de base, elle a manifesté une capacité d'adaptation et d'invention essentielle en milieu amérindien et inuit. Sa formation d'infirmière et un certificat en santé communautaire lui ont permis de s'occuper aussi bien des accouchements que des techniques de soins adaptés, de toxicomanie et de réanimation cardiorespiratoire. Elle a essayé d'améliorer les habitudes de vie des communautés où elle travaillait, tout en respectant les valeurs des individus et du groupe, sans oublier leur environnement. Cet engagement lui a valu de remporter, en 1993, le Prix de reconnaissance de la Corporation des infirmiers et infirmières de l'Abitibi-Témiscamingue. Aujourd'hui à la retraite, elle continue de vivre dans la région de la baie d'Hudson où elle enseigne la poésie dans les écoles, et considère qu'avoir été infirmière chez les Amérindiens et les Inuit a été son expérience professionnelle et humaine la plus enrichissante.

Partager la vie quotidienne des Algonquins de Kitcisakik/Grand-Lac-Victoria lui a inspiré le recueil de poèmes *Un sentier de mocassins* (1993) qui, en version trilingue français-algonquin-anglais, décrit les réalités, les préoccupations, les rêves et les espoirs de ce peuple.

► **Boivin-Coocoo, Marcelline**

Née à Wemotaci (Mauricie) en 1950, Marcelline Boivin-Coocoo fait ses études primaires dans les pensionnats d'Amos et de Pointe-Bleue, ses études secondaires à Roberval. Elle obtient ensuite un certificat en éducation et un brevet d'enseignement, puis entreprend un baccalauréat en enseignement à l'Université du Québec à Chicoutimi. Elle travaille d'abord dans la restauration, devient journaliste d'enquête pour la radio Sagami à Montréal, pour ensuite devenir agente de développement du matériel didactique au préscolaire à Wemotaci. Elle a fait partie du Conseil d'établissement de l'école Waratinak et elle occupe actuellement le poste de conseillère pédagogique. Ses intérêts personnels l'amènent à s'impliquer dans le Comité Pimatisiwin qui assure le suivi des projets de guérison des « survivants » des pensionnats.

► **Boucher, Robert**

Atikamekw de Wemotaci (Mauricie), Robert Boucher naît en 1954. Après ses études secondaires, il devient en 1978 recherchiste pour le Conseil Attikamek-Montagnais afin de documenter l'occupation et l'utilisation du territoire par ces deux nations. Il est conseiller en toxicomanie pour le même organisme (1980-1981), traducteur de l'atikamekw au français du livre des chefs (1982) et responsable du Programme d'aménagement forestier des terres indiennes (1985-1986). Il enrichit sa formation par plusieurs cours sur l'administration des marchés, les règlements administratifs, l'inscription au registre des Indiens, donnés par le ministère des Affaires indiennes et du Nord canadien (1989-1995). Depuis 1983, il a été à plusieurs reprises secrétaire d'assemblée pour le Conseil de bande, pour le Comité directeur, pour le Comité de sécurité publique, pour l'Organisme de développement économique et communautaire de Wemotaci, et pour le Conseil d'administration du comptoir Atowkinatoc. Il a aussi été agent de main-d'œuvre pour le programme d'extension du Centre de l'emploi et de l'immigration du Canada (CEIC), agent-moniteur pour la société Radio-Canada, gérant en communications pour le Conseil de Wemotaci, agent de liaison pour l'inscription des Atikamekw au registre des Indiens et administrateur local du même registre. Membre du Comité exécutif du Conseil des Atikamekw de Wemotaci, il est aussi responsable du feuillet informatif local de ce Conseil jusqu'en 2003. Déjà, en 1994, son intérêt pour l'écriture l'avait amené à collaborer à la publication d'un livre pour enfants en atikamekw et en français : *Kice Iriniw acitc sipiriw. Mon grand-père et la rivière.*

Robert Boucher s'est enlevé la vie le 11 février 2003.

▶   Connolly, Jacinthe

Innu de Mashteuiatsh (Lac-Saint-Jean), Jacinthe Connolly naît en 1958. Après avoir commencé ses études secondaires à Roberval (1971-1973), elle est couturière et artisane à Longueuil (1975-1976), où elle réalise des vêtements en cuir sur mesure, et travaille de 1978 à 1987 comme opératrice de machines pour la compagnie Interlux Trimming de Montréal. Les années qui suivent la voient encore artisane, lors du projet Agend'Art tenu dans sa communauté (1988), mais elle est surtout cuisinière traditionnelle lors d'événements rassemblant aussi bien des Amérindiens que des Québécois. En 1992, elle termine ses études secondaires à Mashteuiatsh et s'inscrit au cégep de Sept-Îles (1994-1995). C'est à ce moment, quand elle apprend à rédiger des analyses littéraires, qu'elle découvre sa vocation pour l'écriture. L'année suivante (1996), elle s'inscrit en technique d'éducation spécialisée au cégep de Sainte-Foy. Elle travaille

ensuite comme éducatrice, travailleuse sociale et animatrice à la Maison Tipinuaikan (centre d'hébergement
pour femmes autochtones victimes de violence à Sept-
Îles, 1995), au Centre Manigouche (maison de transition
pour ex-détenus autochtones et allochtones à Québec,
1996), au Centre de réadaptation jeunesse des Premières
Nations à Gesgapegiag (Gaspésie, 1997), au sein du
projet de recherche Malipilikizos sur la résilience provoquée par le syndrome des pensionnats à Montréal (2000),
à l'école secondaire Kassinu Mamu de Mashteuiatsh
(2000-2002). Elle est également accompagnatrice et
conceptrice de programmes pour jeunes handicapés
(1997-1998), ainsi que technicienne en éducation spécialisée, chargée d'élaborer des activités de sensibilisation et
de prévention à l'école Kassinu Mamu (1998-2000), en
plus d'être conseillère spirituelle au pénitencier de Port-
Cartier (2000-2001). À partir de 1995, elle participe régulièrement à des ateliers touchant les questions sociales
qui lui tiennent à cœur : la violence en milieu amérindien, la prévention du suicide, la santé mentale, l'intervention de première ligne auprès des jeunes aux prises
avec la consommation d'alcool et de drogues, les troubles
d'apprentissage, la création de ponts interculturels entre
Amérindiens et Québécois. Elle poursuit en même temps
ses activités de création littéraire et suit des ateliers littéraires thérapeutiques à la Commission scolaire des Rives-
du-Saguenay (2001). Elle rédige plusieurs textes et allo-
cutions d'ouverture, ainsi que des récits et des poèmes.
Elle travaille actuellement à un roman.

▶ Contré Migwans, Dolorès

Artiste interdisciplinaire, métisse d'origine Odawa,
Dolorès Contré Migwans est née en 1957, près de French
River en Ontario. Alors qu'elle est très jeune, sa famille
déménage au Québec, dans la région de Joliette. Ayant

obtenu son diplôme d'études collégiales en arts visuels au
cégep de Joliette (1979), elle réussit avec succès un baccalauréat en enseignement des arts plastiques à l'Université
du Québec à Chicoutimi (1982). Un retour à ses racines
l'incite à recevoir un enseignement des «arts vivants»
auprès de sa belle-mère et aînée Maimie Migwans, à l'Île
Manitoulin, au Lac Huron. Dolorès Contré Migwans
entend par «art vivant», le savoir-faire et le «savoir-être»
des pratiques traditionnelles en relation avec le mode
de vie relié au territoire, à la langue, à la culture et à
la tradition orale. De 1987 à 1999, elle exerce plusieurs
professions : guide-animatrice des services éducatifs
du Musée d'art de Joliette, enseignante en arts plastiques à l'école secondaire L'Érablière de Saint-Félix-de-
Valois (Lanaudière), professeure d'ateliers d'expression
thérapeutique des arts visuels pour personnes handica-
pées (physiques et mentales) de la région de Lanaudière,
directrice des Ateliers Docomi, animatrice pour des
ateliers de création et d'art autochtone contemporain et
chargée d'exposition au Centre d'exposition Lanaudière.
    Dolorès Contré Migwans a été honorée en 1998
par le Centre Lanaudière d'emploi pour femmes comme
artiste ayant marqué la vie lanaudoise au cours des
dernières décennies. Depuis 1999, elle occupe le poste
d'adjointe aux Programmes autochtones du Musée
McCord à Montréal où elle développe des projets qui
valorisent et font connaître le patrimoine historique,
culturel et artistique des Peuples Premiers.
    Depuis 1992, elle effectue des tournées dans les
écoles amérindiennes et québécoises dans le contexte
du programme Rencontre-Culture-Éducation, parrainé
par le ministère de la Culture et des Communications
du Québec : elle anime plusieurs projets pédagogiques
sur des thèmes de création artistique, utilisant la performance interdisciplinaire et interactive avec le public.
Elle transmet l'enseignement des légendes, accompa-

gnées par le tambour, les chants et les danses avec le support d'images, d'objets et d'artefacts portant sur sa démarche symbolique. Parmi les scènes canadiennes et internationales qui l'ont accueillie, rappelons le théâtre Gérard-Philippe à Orléans (France), le Smithsonian Institute and National American Indian Museum de New York, le Festival international des arts à London (Ontario), l'Ojibway Cultural Foundation à West Bay (Île Manitoulin, Ontario), le Festival de la littérature de l'UNEQ, le Festival Terres en vues, le Musée canadien des civilisations, l'Université du Québec à Montréal.

Sa carrière d'artiste est également très active et elle participe, depuis 1986, à des expositions solos et collectives au Québec, en Ontario et en France. Sa démarche artistique l'a amenée à créer des œuvres inspirées du savoir-faire ancestral dont les thèmes traitent du lien d'appartenance avec la Terre-Mère, du rapport territoire/culture/identité et de l'origine mythologique de son peuple. Elle fabrique des objets à partir de matériaux naturels (fibres, écorces, peaux, argile, etc.) en utilisant diverses techniques des « arts vivants » telles que le perlage ou la broderie de piquants de porc-épic, conjointement au dessin, au collage, à la peinture, au modelage et à la sculpture. De cette manière, elle partage les enseignements de ses ancêtres en réactualisant par le rituel inventé sa propre relation avec le mythe.

▶   Coocoo, Charles

Né en 1948, originaire de la communauté de Wemotaci (Mauricie), Charles Coocoo est le premier Atikamekw à publier un recueil de poèmes, *Broderies sur mocassins* (1988).

Travailleur forestier et draveur (1966-1967), il devient charpentier-menuisier pour la compagnie Bélair et pour le Conseil de bande de Wemotaci de 1970 à 1980. Pendant ce temps, il travaille à un projet expérimental de maisons solaires (1974) et, en 1985, il est concierge et responsable de l'entretien du Conseil de bande. Dans les années quatre-vingt-dix, il participe à la réalisation du film de fiction québécois *Automne sauvage* et d'une production belge sur la semaine culturelle des Atikamekw en forêt, dans lesquels il joue également. Il continue son activité d'acteur dans le film franco-québécois *Passage Nord-Ouest* et dans le documentaire *L'Homme qui marchait sur les arbres*. En 1997, la télévision de Radio-Canada lui consacre un épisode de l'émission *Second regard*. Depuis 1998, il travaille à l'école de Wemotaci comme conseiller linguistique et interprète, chargé de faciliter la communication entre les élèves atikamekw et les professeurs non atikamekw.

Après la publication de *Broderies sur mocassins*, il prononce plusieurs conférences à travers le monde sur différents aspects de la culture des Atikamekw, et signe des articles dans diverses revues. Il entreprend une quête personnelle qui le porte à interroger les aînés sur les pratiques spirituelles atikamekw avant l'arrivée du catholicisme. Devenu « porteur de pipe » et ainsi autorisé à pratiquer certaines cérémonies spirituelles, il contribue à revitaliser les pratiques ancestrales dans sa communauté.

▶ Cousineau-Mollen, Maya

Innu de la Côte-Nord, Maya Cousineau-Mollen est née à Mingan en 1975. Elle obtient un diplôme d'études collégiales en sciences humaines au cégep de Sept-Îles (1996) puis, à l'Université Laval, un baccalauréat multidisciplinaire en sciences politiques, études autochtones, communications et histoire (2003). Très engagée en milieu amérindien, elle est en 1997 guide touristique à Mingan, sa communauté d'origine ; l'année suivante, elle effectue des travaux de rédaction et d'analyse pour un bilan des services offerts aux Amérindiens vivant en milieu urbain, en tant qu'assistante de recherche pour le Regroupement des Centres d'amitié autochtone du Québec à Wendake. Étudiante stagiaire, en 1999, au Secrétariat aux affaires autochtones, elle participe à la préparation du volet autochtone pour le Sommet du Québec sur la jeunesse. En 2000, pour le ministère des Affaires indiennes, elle participe à l'organisation de l'événement *Le Québec autochtone en fête*. Poursuivant son travail pour la jeunesse autochtone, elle devient coordonnatrice responsable des dossiers jeunesse pour le secrétariat de l'Assemblée des Premières Nations du Québec et du Labrador (2000-2001), alors qu'elle effectue des travaux de recherche et d'analyse, organise et coordonne des réunions pour les forums jeunesse, crée des contacts avec diverses instances autochtones et non autochtones. En 2001, elle crée, avec d'autres étudiants amérindiens, une association étudiante des Premières Nations de l'Université Laval, en plus d'être jeune représentante de l'association Femmes autochtones du Québec. Elle travaille actuellement à Ottawa pour Statistique Canada.

▶ Cree, Myra

Née en 1937, elle est originaire de Kanesatake (Oka). Après avoir enseigné pendant deux ans, elle fait de la radio à CKRS-Jonquière et de la télévision à CHLT-Sherbrooke, avant d'entrer à la Société Radio-Canada en 1973. À la télévision, elle est lectrice de nouvelles et intervieweuse à *Actualité 24* (1974-1976) et animatrice du magazine d'information religieuse *Second regard* (1977-1984). Elle anime diverses émissions radiophoniques : à la Radio AM, *L'Humeur vagabonde* et *De toutes les couleurs* (1985-1987) ; sur la Chaîne culturelle, *L'Embarquement pour si tard...* (1987-1994), *L'Embarquement* (1995-1999) et *Cree et chuchotements* (1999-2002). Elle anime également

le Festival du film et de la vidéo autochtone à Montréal
(1991-1999) et d'innombrables colloques et cérémonies.
À l'été 1990, elle fut membre fondateur du Mouvement
pour la justice et la paix à Oka-Kanesatake (MPJ Oka) et
est aujourd'hui présidente du Conseil d'administration
de Terres en vues, un organisme à but non lucratif dont
la mission est de rassembler les cultures. Son dynamisme
et son originalité lui ont valu plusieurs prix et décora-
tions : en 1984, le prix Judith-Jasmin (radio) pour l'excellence de son travail ; en 1995, le titre de Chevalier de
l'ordre national du Québec ; en 1997, le Prix de la folle
de la radio par la radio CIBL-Montréal ; en 2000, le Prix
de la radio de Radio-Canada, catégorie animation. Elle
collabore également à plusieurs projets d'écriture : à la
revue *Relations* (n° 566, décembre 1990) avec un texte
humoristique sur la crise d'Oka intitulé «Miroir, miroir,
dis-moi» ; à l'ouvrage *Les Langues autochtones du Québec*
(Les publications du Québec, 1992) avec un texte sur la
langue mohawk ; au recueil *La Nuit*, à l'occasion de l'événement *Le langage de la nuit* au Musée de la civilisation
de Québec ; au collectif *Le Goût du Québec : l'après-réfé-
rendum 1995* (Hurtubise HMH, 1996) ; à l'agenda des
femmes 1999 avec un portrait de la poétesse innu Rita
Mestokosho.

▶   Dudemaine, André

Né en 1950, l'Innu André Dudemaine s'est fait
connaître comme réalisateur et animateur culturel. Il
collabore à des projets d'éducation populaire en Abitibi-
Témiscamingue (1974-1976) et réalise plusieurs émissions
de télévision diffusées sur le réseau national de Radio-
Québec (1977-1984). Cofondateur et président de la
Semaine de cinéma régional en Abitibi-Témiscamingue
(1975), qui fut le point de départ du futur Festival international d'Abitibi-Témiscamingue, il réalise *Abijévis*, un

court métrage expérimental sélectionné au Festival de Belfort en France (1984-1986) et assiste Arthur Lamothe pour la réalisation du long métrage documentaire *L'écho des songes* (1986-1988). Rédacteur à la revue *L'Artère* (1988-1990), il est également cofondateur et rédacteur en chef de la revue *Terres en vues* (1993-1995). Au Département des études cinématographiques de l'Université Concordia, il a la charge du cours *First Nations and Film* (2000-2001). Il mène une étude, lors de l'année du centenaire du cinéma, qui a identifié Kahnawake comme lieu de tournage du film *Danse indienne,* une production des frères Lumière. Il reçoit plusieurs prix au nom de Terres en vues, société pour la diffusion de la culture autochtone, dont il est membre fondateur (1990) et directeur des activités culturelles : le prix d'excellence Mishtapew lui est notamment remis par l'Association d'affaires des Premiers Peuples en 2001, en 2002 et en 2003. L'Assemblée nationale du Québec lui décerne également le prix Jacques-Couture pour le rapprochement interculturel (2002), en tant que président de la Corporation des fêtes de la Grande Paix de Montréal (1701-2001).

▶   Fontaine, Jean-Louis

Culture et histoire occupent pleinement la vie de Jean-Louis Fontaine (né en 1951) depuis plus d'une décennie. Il plonge au cœur même du passé de l'Amérique autochtone quand il devient acteur figurant pour la télésérie historique *Shehaweh* (1990) et pour le film *Robe noire* (1992). Innu de Uashat mak Maniutenam (Sept-Îles), amoureux de sa langue maternelle, il devient auxiliaire-enseignant et traducteur pour un cours de l'Université du Québec à Montréal intitulé *Langue et culture : le montagnais* (1993). Il traduit également de l'innu au français les chansons du premier album du groupe

Kashtin. Entre 1993 et 1995, il œuvre comme journaliste, agent de vente et de promotion des revues autochtones *Pleine terre* et *Terres en vues*. De 1995 à 1996, il s'oriente définitivement vers la recherche historique autochtone en dépouillant une grande partie des œuvres des Jésuites, de Champlain, de Jacques Cartier et d'autres explorateurs, afin de mieux connaître l'ensemble des pratiques traditionnelles de son peuple. Il décide d'élargir sa culture en s'inscrivant à l'Université Laval à un baccalauréat multidisciplinaire orienté vers l'ethnohistoire, la création littéraire, les études autochtones et l'anthropologie (1995-1998). Il travaille également à contrat dans différents domaines culturels : documentaliste à l'ICEM (Institut culturel et éducatif montagnais), assistant-réalisateur et journaliste-animateur à la SOCAM (radiodiffuseur en milieu amérindien). En 1999, il commence une maîtrise qui lui fait découvrir l'univers religieux et le système de croyance des ancêtres des Innu à l'époque des premiers contacts. L'obtention de plusieurs bourses lui permet de réaliser ce cheminement. Sa carrière s'oriente de plus en plus vers la recherche. Il participe par exemple au projet du professeur Paul Charest de l'Université Laval sur le tourisme et le développement durable chez plusieurs communautés innu de la Côte-Nord. Il effectue aussi une recherche historique afin de documenter une série de toiles du peintre Ernest Dominique, réalise et traduit, de l'innu au français, une série d'entrevues portant sur le chevauchement territorial entre deux communautés innu, et rédige un texte rendant un hommage posthume aux Innu de la rivière Sainte-Marguerite. Il termine sa maîtrise en ethnohistoire à l'Université Laval (2004) et travaille comme consultant en histoire autochtone en offrant ses services aux communautés amérindiennes du Québec.

▶ Jérôme, Alice

Algonquine de Pikogan (près de Val-d'Or), elle naît en 1948. Elle termine ses études secondaires à Amos (1966) et se spécialise dans la lutte contre les drogues et l'alcoolisme, puis en gestion. Plusieurs diplômes et attestations lui sont décernés par l'Université St. Francis Xavier (Nouvelle-Écosse, 1984), le cégep de Chicoutimi (1990), le cégep de l'Abitibi-Témiscamingue (1997), et l'Université du Québec en Abitibi-Témiscamingue (1998-2000). Elle a aussi travaillé comme agent de projet des Programmes gouvernementaux (1991), conseillère en toxicomanie et directrice par intérim au Centre Wanaki de Maniwaki (1992), coordonnatrice des projets en violence familiale (1993-1994), directrice des Services de la santé au Centre de santé de Pikogan (1996-2000), directrice des Services sociaux Minokin (2001-2002). Elle est aujourd'hui directrice du développement communautaire au Centre d'amitié autochtone de Val-d'Or.

▶ Joseph, Jean-Paul

Né en forêt dans la région de Moisie, près de Maliotenam (Sept-Îles), en 1949, Jean-Paul Joseph passe son enfance dans les territoires ancestraux des Innu avec ses parents. À l'âge de 6 ans, il quitte sa famille pour entreprendre ses études au pensionnat jusqu'à 18 ans. Il fréquente ensuite l'école Gamache à Sept-Îles jusqu'en 4ᵉ secondaire. Tout au long de ses études, il se passionne pour la lecture. La violence, les abus psychologiques et sexuels subis au pensionnat le portent à la consommation excessive d'alcool, ce qui le mène en prison. Pendant sa détention et tout au long des thérapies qu'il entreprend à la fin des années quatre-vingt-dix, il commence à rédiger son autobiographie. Il voyage ensuite au Québec et demeure à Montréal pendant quelques années. De retour chez les Innu, il travaille un an et demi pour le

Conseil de bande de Schefferville en tant que conseiller
en toxicomanie ainsi que pour les Alcooliques anonymes.
Il entame en même temps des démarches pour la publication de son manuscrit. Sa mort prématurée en 2001,
provoquée par une surconsommation d'alcool, laisse son
projet inachevé.

► Kistabish, Richard
Algonquin d'origine, il est né à La Tuque en 1948.
Entre la fin des années soixante-dix et le début des
années quatre-vingt-dix, il est élu à tour de rôle chef du
Conseil de bande Abitibiwinni (Pikogan), grand chef
de l'Association des chefs et Conseils algonquins de
l'Abitibi-Témiscamingue, grand chef du Conseil algonquin de l'Ouest du Québec. Tout au long de ces mandats,
il vise à établir une organisation politique amérindienne réunissant les sept communautés algonquines
de l'Abitibi-Témiscamingue et revendique la reconnaissance des droits territoriaux et des autres droits fondamentaux des Algonquins de l'Abitibi sur la base, entre
autres, de la version algonquine de l'histoire. Il est également membre fondateur du Conseil d'administration
des Services parajudiciaires autochtones du Québec et
il met sur pied un programme pour aider les prévenus
dans le système judiciaire. Il agit aussi comme médiateur en matière de santé et de services sociaux entre
les Algonquins et les gouvernements fédéral et provin-
cial, en élaborant et en gérant des stratégies de développement. Il fonde, en 1994, le Centre de santé et des
services sociaux des Premières Nations du Québec et du
Labrador, afin de revendiquer et défendre le droit des
Amérindiens en matière de santé et de services sociaux.
De 1997 à 1999, il est président fondateur du Conseil
d'administration des Services sociaux Minokin et assure
leur gestion pour le Conseil de bande de Kitcisakik. De

1998 à aujourd'hui, il est vice-président de la Fondation autochtone de guérison qui traite les séquelles du régime des pensionnats indiens au Canada en mettant en place un système qui valorise les approches holistiques.

Richard Kistabish souligne qu'il a toujours « participé » à la création ou à la mise en œuvre d'un organisme en travaillant en collaboration avec d'autres. Il ajoute également qu'il a du mal à utiliser le mot travail parce qu'il s'est toujours amusé, même malgré le sérieux de ses activités.

▶ Laloche, Marie-Ève

Née en 1979, Marie-Ève Laloche s'est distinguée dès sa jeunesse par la réception de plusieurs prix lors de ses études secondaires à l'école Waratinak de Wemotaci (Mauricie), où elle a été directrice du personnel d'une entreprise nommée *Coop Sokeritam*, mise sur pied conjointement avec d'autres jeunes étudiants atikamekw (1996-1997). Pendant la même période, elle est secrétaire de l'Organisation de développement économique communautaire (ODEC) et responsable de l'assistance ménagère et médicale auprès de plusieurs aînés de sa communauté. Elle poursuit ensuite ses études au cégep de Limoilou en lettres (1999-2000). Entre 1998 et 2001, elle est successivement suppléante, préposée au classement des dossiers, aide enseignante et enseignante en arts plastiques aux écoles primaire et secondaire de Wemotaci. Elle est également secrétaire, comptable et caissière pour Wemogaz, distributeur d'essence et dépanneur du village.

En septembre 2001, le lupus, qui depuis des années l'oblige à des transfusions sanguines régulières, s'aggrave et l'affaiblit considérablement. Elle est hospitalisée pour une série de tests et de traitements. Son foie se détériore très rapidement. Une greffe s'impose d'urgence avant l'été 2002, faute de quoi les médecins prévoient son décès. En avril 2002, elle est sur une liste d'attente, mais les chances de trouver un foie sont d'autant plus faibles qu'elle est receveur unique par son groupe sanguin O négatif. Le 16 mai, une grave hémorragie interne lui fait frôler la mort. Le 10 juillet, on lui greffe un nouveau foie et, 20 jours plus tard, elle quitte l'hôpital.

► Mahikan, Julian

Julian Mahikan, de la nation atikamekw, est né à Obedjiwan (dans le Réservoir Gouin, au nord de la Mauricie) en 1975. Il y grandit jusqu'à l'âge de 12 ans, puis va poursuivre ses études dans la communauté innu de Mashteuiatsh (Lac-Saint-Jean). Son secondaire terminé, il parcourt le Québec de ville en ville jusqu'au moment où, à 18 ans, il reçoit de ses parents un ordi- nateur en gage d'encouragement pour continuer ses études postsecondaires. Il obtient un diplôme d'études collégiales en sciences pures au cégep de Chicoutimi et, intéressé par la médecine, un baccalauréat en biologie à l'Université du Québec à Chicoutimi. Il commence à écrire pendant ces années-là ; le manuscrit intitulé *Le Mutilateur* prend forme sur papier et devient une priorité pour lui. Dès qu'il a du temps libre, il écrit pour y passer parfois toute la nuit. L'écriture devient une activité quoti- dienne nourrie par l'espoir de se voir publier un jour. En même temps, ses livres universitaires, majoritairement en anglais, lui montrent l'importance d'apprendre cette langue. Il décide alors de faire une immersion anglaise à Toronto où il s'établit et entreprend des cours en cinéma et en marketing pour éditeurs à la Ryerson University. Il est représentant des étudiants autochtones de l'univer- sité, travaille au ImagiNative et au Toronto Film Festival, en plus d'être successivement assistant à la production, éditeur et caméraman pour Migizee-Kwei Production et

The Youth of the Nation, reporter pour *The Nation*, assistant-secrétaire au ministère de l'Éducation du Canada, secrétaire médical, médiateur et moniteur des activités jeunesse pour Santé Canada, représentant du marketing auprès de la clientèle pour Kraft Canada, acteur. Sa passion pour l'écriture et la prise de conscience qu'il ne faut compter que sur soi-même pour mener à terme un projet artistique d'envergure, le poussent enfin à se lancer en affaires en fondant sa propre maison d'édition : Mahikan Production. Il publie en 2001 *Le Mutilateur* et en fait lui-même la promotion et la distribution au Canada, aux États-Unis et en Europe. Il le traduit actuellement en anglais, tout en préparant un autre roman et un scénario de film. Quand il n'écrit pas, il peint, pour se détendre et pour créer sur la toile des images hors du commun et inattendues.

▶ McKenzie, Armand

Né en 1966, Armand McKenzie est un Innu de Schefferville. Avocat, avec une formation en science économique et une spécialisation dans les questions autochtones internationales, il travaille depuis de nombreuses années auprès des organisations amérindiennes régionales et nationales à titre de négociateur et d'administrateur. Il a été conseiller spécial du chef national des Premières Nations du Canada, Ovide Mercredi, sur les questions internationales. Il a participé à la Commission royale d'enquête sur les peuples autochtones du Canada. Depuis maintenant près de 10 ans, il représente son peuple auprès des Nations Unies.

▶ McKenzie, Geneviève

Auteure-compositrice-interprète, Geneviève McKenzie est née en 1956 à Matimekush, près de Schefferville.

À l'âge de 19 ans, elle quitte le Nord du Québec pour s'établir à Wendake pour ses études. Dès son adolescence, elle écrit des textes en innu et en français qu'elle conserve dans ses tiroirs jusqu'au moment où, en 1994, elle commence à chanter ses chansons publiquement. Elle se produit sur de multiples scènes : à Wendake, au Château Frontenac, lors des Fêtes de la Nouvelle-France, à la prison de Donnacona, au festival Innu Nikamu à Maliotenam (Sept-Îles), lors de différents festivals de musiques du monde, au siège de l'OTAN à Bruxelles, et à l'UNESCO. Diffusée sur les ondes de Radio Basse-Ville (Québec), de Radio SOCAM (Société de communication atikamekw-montagnais), et à la télévision de Radio-Canada, elle produit et anime une émission de télévision pour enfants *Les Découvertes de Shanipiap*, diffusée sur Aboriginal People Television Network (APTN). Son premier album, *La Lune du Labrador,* lancé en 1999, la conduit en tournée en Italie (2000) et sur la scène du Sommet des peuples des Amériques à Québec (2001).

Elle compose et interprète ses chansons principalement en innu, bien qu'elle commence à expérimenter la création en français. Son départ très jeune vers le sud du Québec ne l'a pas empêchée de conserver le parler innu de Schefferville des années soixante. Sa créativité et son expression artistique se nourrissent et s'enrichissent du contact avec l'artisanat traditionnel, la pratique du langage des sourds et muets, l'étude des remèdes naturels à partir des plantes, la peinture, l'apprentissage de nouveaux instruments de musique.

▶ Mestokosho, Rita

Rita Mestokosho est la première poétesse innu à avoir publié un recueil au Québec, *Eshi uapataman Nukum. Comment je perçois la vie, Grand-Mère* (1995). Elle est née dans la communauté d'Ekuanitshit (Mingan) en

1966, où elle réside encore aujourd'hui. Après ses études primaires et secondaires à Longue-Pointe de Mingan et Havre-Saint-Pierre, elle poursuit ses études collégiales à Québec et à Montréal. Elle entreprend ensuite une année d'études en sciences politiques à l'Université du Québec à Chicoutimi. De retour dans son village d'origine, elle œuvre dans le domaine de l'éducation : elle enseigne la langue innu et devient membre du comité scolaire de l'école d'Ekuanitshit. Reprenant le travail d'animation parascolaire qu'elle a accompli pendant son adolescence, elle organise diverses activités pour les jeunes, comme la danse et le théâtre. Elle-même mère de deux enfants, elle considère le travail avec les jeunes comme la base de l'avenir. Ses activités communautaires débordent largement son milieu immédiat puisqu'elle participe à de nombreux colloques et ateliers au Québec, au Canada et ailleurs. En tant que responsable du projet *Innu tapuetamun (L'Univers de l'Innu)*, elle voyage dans les communautés innu du Québec et du Labrador, afin de rencontrer les personnes âgées et de recueillir leurs témoignages sur la spiritualité traditionnelle de son peuple. Elle se rend aussi au Canada, aux États-Unis, en Amérique centrale et en Amérique du Sud pour visiter d'autres communautés amérindiennes, créer des solidarités, élaborer diverses stratégies de développement. Elle participe depuis quelques années à la création d'une *Innu mitshuap uteitun,* une maison de la culture dans sa communauté, où les connaissances des aînés, des artisans et des artistes seront valorisées et partagées. Elle s'intéresse particulièrement à la pharmacopée traditionnelle et aux techniques ancestrales des sages-femmes. À la demande des femmes du village, elle est devenue conseillère au Conseil de bande d'Ekuanitshit et continue à développer avec passion les projets culturels et éducatifs.

Écrivant depuis l'adolescence, Rita Mestokosho
s'est vite demandé comment elle pouvait rester innu en
empruntant un chemin aussi différent de celui de ses
parents et de ses grands-parents. L'écriture lui a donc
permis de se retrouver. Même si l'innu occupe de plus en
plus de place dans ses textes, elle écrit la plupart de ses
poèmes en français, car c'est la langue de son éducation
scolaire et elle lui permet de rejoindre un public beaucoup plus large. La parution de son premier recueil a
suscité de l'intérêt, autant chez les Innu que chez des
lecteurs québécois francophones et chez les Français.
Elle participe régulièrement au Salon du livre de Sept-
Îles, fait l'objet d'articles de revue et publie des poèmes
dans *Rencontre, Pimadiziwin, Terres en vues, Innuvelle,
Nitassinan, GEO, Tepee*. Elle participe en 1997 à la
Rencontre continentale des écrivains de langue indigène
à Puerto Ayacucho (Venezuela) et reçoit en 1999 une
invitation pour le Festival international du livre de Saint-
Malo en France, pays où elle ira à plusieurs reprises. En
2000, ses poèmes sont traduits en italien à l'occasion
d'une tournée de conférences et de récitals de poésies
dans plusieurs universités italiennes. Cette présence
internationale ne l'empêche pas de participer à des mani-
festations d'organismes amérindiens : lectures, ateliers de
création poétique, rencontres. En octobre 2002, elle fait
plusieurs lectures publiques au 18ᵉ Festival international
de la poésie à Trois-Rivières. La même année, elle publie
son deuxième recueil *La Mer navigue/La Terre marche/
Le Ciel vole/et moi, je rampe pour humer la vie…*

▶ Niquay, Jean-Marc

Jean-Marc Niquay est né à Wemotaci (Mauricie)
en 1955. Pendant ses études secondaires à la polyvalente
des Chutes de Shawinigan, il est bûcheron en Abitibi
(1969), monteur audio-visuel à Shawinigan (1970-1971),

promoteur du développement de l'artisanat à Wemotaci (1972-1973) avec Jeunesse Canada Travail, et paysagiste (1974). Il est ensuite animateur recherchiste pour la SOCAM (radiodiffuseur en milieu amérindien, 1983-1984), travailleur au moulin à scie de Parent (1985), commis de bureau au Conseil de bande de Wemotaci (1985-1987) et agent de développement économique pour le même Conseil (1987-1988), mandat pendant lequel il développe et administre un projet touristique avec un promoteur européen. Il est agent pour l'Association Mamu Atoskewin qui gère les territoires de chasse traditionnelle atikamekw (1994), réceptionniste et responsable de la maintenance au Chalet Six Saisons à Manawan (1995-1996), enseignant suppléant à l'école primaire Wapoc de Manawan (1996) et recherchiste en droits coutumiers pour le Conseil de la nation atikamekw (1997-1998).

Pendant ces années, Jean-Marc Niquay devient aussi comédien professionnel dans plusieurs pièces produites par la compagnie Ondinnok de Montréal. Il collabore avec celle-ci à la réalisation de trois pièces de théâtre, *Opitowap* (1995), *Sakipitcikan* (1996), *Mantokasowin* (1997), qui sont jouées à Manawan. Sur son initiative, une publication les réunit en 1999. Depuis 2000, il est coordonnateur des activités théâtrales dans la communauté de Manwan.

▶ Niquay, Marie-Louise

Née dans la communauté atikamekw de Wemotaci (Mauricie) en 1949, Marie-Louise Niquay fréquente les pensionnats pour les Amérindiens. Elle suit ensuite des cours de secrétariat au collège Notre-Dame de Roberval (1968) et au collège Bart à Québec (1971), et travaille au Bureau de la main-d'œuvre du Québec à Limoilou et au ministère des Affaires indiennes. Pendant ses études, elle est régulièrement traductrice et interprète auprès

des infirmières et des visiteurs à Wemotaci, et lors de
ses services d'accompagnement aux patients atikamekw.
Lorsque la radio fait son apparition dans son village,
Marie-Louise Niquay s'ouvre au monde des communications et le besoin de partager avec les siens devient
très fort, à travers le son et l'image, et les connaissances
acquises lors de ses études. Alors qu'elle continue de
travailler comme commis-secrétaire à l'Institut éducatif
et culturel atikamekw-montagnais (1978-1981), elle suit
les médias de masse. Après avoir reçu une formation
en gestion, en journalisme et en animation radiopho-
nique (1983-1985), elle devient réalisatrice d'émissions
radiophoniques, agente de développement en communication et journaliste à la Société de communication atikamekw-montagnaise (SOCAM) de 1981 à 1994.
Mettant à profit son expérience en communication et
en relations publiques, elle fait partie de diverses délé-
gations amérindiennes au Canada et à l'étranger et s'implique dans des associations professionnelles et sociales.
Le cinéma l'attire depuis longtemps parce qu'il lui
permet non seulement de parler de la culture amérindienne, mais de la montrer également dans sa dimension imaginaire comme dans sa réalité quotidienne. En
tant qu'artisane de l'image, elle conçoit et réalise des
outils promotionnels pour la SOCAM (1985), participe à
la recherche, à l'animation, à la traduction et au montage
du documentaire *Survol de la vie atikamekw* pour le
service nordique de Radio-Canada (1986), est le personnage principal, la narratrice et le réviseur pour le documentaire sur l'échange Nord-Sud en radiophonie filmé
en Bolivie et au Québec (1992-1993), et produit et réalise
le documentaire sur *Les Atikamekw de Manawan : une
des nations autochtones de l'Est du Québec*, qui est retenu
comme outil de référence par le Centre universitaire
du service outre-mer (CUSO) du Pérou. Intéressée par
le théâtre, elle complète un certificat en socio-drama

donné par CEPRA-Bolivie (1993), reçoit une bourse d'études de la Fondation canadienne des arts autochtones. Elle est membre de la troupe de théâtre expérimental Mikisiw de Manawan (1995-1997) et conçoit un projet de camp d'été en art dramatique pour les jeunes de 7 à 13 ans. La muséologie l'intéressant également, elle suit un cours en Animation et gestion d'entreprise culturelle au cégep de Shawinigan, où elle est récipiendaire d'un prix d'excellence (1997-1998). Elle suit en outre un stage de formation en muséologie au Musée canadien des civilisations à Hull (1998-1999) et travaille au projet de musée Konokekiwam pour le Conseil des Atikamekw de Manawan, projet qu'elle dépose en 1999. Avant toute réalisation professionnelle, elle rappelle toujours avec fierté et tendresse son activité de mère et de grand-mère. Sa santé se détériore rapidement à cause du lupus qui l'oblige à la chimiothérapie et qui lui fait frôler la mort en août 2002. Sa vue s'affaiblit considérablement, mais elle poursuit l'écriture de scénarios, de poèmes et d'essais.

▶ Noël, Michel

D'origine algonquine par son père et par sa mère, Michel Noël est né à Messines (Outaouais) en 1944. C'est dans les régions de Maniwaki, de l'Abitibi et du parc de La Vérendrye qu'il passe les 14 premières années de sa vie à voyager d'un camp forestier à l'autre, quand son père était à l'emploi de la Compagnie internationale de papier CIP. Son grand-père Ernest était forgeron-menuisier et, en plus d'avoir une boutique, il travaillait constamment en forêt. D'ailleurs, tous les membres de la famille Noël ont œuvré, à un moment ou l'autre de leur vie, dans la forêt ou en région éloignée comme bûcherons, comptables, cuisinières, institutrices, etc.

Après un baccalauréat en pédagogie à l'École normale de Hull (1967), Michel Noël continue ses études à l'Université Laval où il complète une licence ès lettres avec une majeure en ethnologie, puis une maîtrise en arts. Il y poursuit également des études de doctorat sur la gastronomie amérindienne aux XVIe et XVIIe siècles.

Il maintient ses liens avec le milieu autochtone et son développement culturel et artistique, tout d'abord au ministère des Affaires indiennes et du Nord canadien, ensuite au ministère de la Culture et des Communications du Québec. Depuis le début des années soixante-dix, il a occupé plusieurs postes stratégiques au sein du gouvernement québécois. Il était jusqu'à tout récemment coordonnateur ministériel aux affaires autochtones, au bureau des sous-ministres du ministère de la Culture et des Communications.

Ses activités artistiques sont nombreuses et variées : ouvrages de référence, contes pour enfants, romans et théâtre de jeunesse, articles dans des revues spécialisées, direction de collection, conception d'expositions, narrations de films, scénarios, etc. Au cours des 30 dernières années, il a publié plus de 50 livres dont quelques-uns sont traduits en quatre langues et diffusés en Europe. Il a remporté plusieurs prix, dont celui du gouverneur général du Canada en 1997 pour son roman autobiographique *Pien*. En 1999, il est l'un des 50 écrivains québécois choisis pour représenter le Québec à l'occasion du Salon du livre de Paris, lors du Printemps du Québec en France. En 2001, il est écrivain invité d'honneur au Salon du livre de Montréal, et en 2003, il participe au Salon du livre de Guadalajara. Il vient de publier récemment (mars, 2004) un premier roman grand public intitulé : *Nipishish*.

Il voyage fréquemment en Europe, au Mexique et aux États-Unis, en fonction de son travail et de sa production littéraire. Il donne régulièrement des conférences ou anime des ateliers dans les écoles, les collèges, les universités ou lors de rencontres de spécialistes sur des questions relatives aux Autochtones du Québec.

▸ Saganash, Romeo

Diom Romeo Saganash a été vice-grand chef du Grand Conseil des Cris d'Eeyou Istchee (le Québec) et vice-président de l'Administration régionale crie pendant trois ans, entre 1990 et 1993. Le Grand Conseil des Cris est l'institution politique représentant le peuple cri du Nord du Québec et l'Administration régionale crie est l'autorité gouvernementale agissant au nom du peuple cri. Il est né dans le Nord du Québec près du Lac Waswanipi en 1962. Il a fait ses études en science de l'administration au cégep de l'Outaouais et au collège de Sainte-Foy, et il a obtenu son diplôme en droit à l'Université du Québec à Montréal en 1989. Il s'est engagé dans de nombreuses organisations traitant de questions cries et autochtones incluant le Conseil des jeunes de la nation crie (dont il fut le président fondateur), Creeco Inc., la Corporation Eeyou de la Baie-James, et il a également travaillé pour le Conseil de la nation crie de Waswanipi, sa communauté d'origine. Depuis plus de 20 ans, incluant la période de sa fonction de vice-grand chef, il a représenté le peuple cri dans de nombreuses conférences nationales et internationales traitant de questions environnementales, constitutionnelles, d'auto-détermination, de droit international et de droits de la personne. Trilingue, Romeo Saganash parle et écrit le cri, l'anglais et le français. Il travaille à Waswanipi et à Québec depuis 1993 comme directeur des Relations avec le Québec pour le Grand Conseil des Cris et à titre de président de l'Institut anashkamuun, chargé d'étudier les traités entre peuples autochtones et États-nations.

▶ Sioui, Éléonore

Née à Wendake en 1925, Éléonore Sioui est la première Huronne-Wendat à avoir publié un recueil de poèmes au Québec : *Andatha* (1985). Elle étudie chez les Sœurs de Saint-Louis-de-France à Loretteville mais, aînée de six enfants et obligée d'aider ses parents à joindre les deux bouts, elle quitte l'école avant la fin de son secondaire. Mère de sept enfants, elle décide de retourner aux études afin de leur montrer l'importance de la connaissance et de l'instruction. Avec un baccalauréat en études françaises de l'Université Laval, un diplôme de haute éducation en coopération internationale de l'Université d'Ottawa, une maîtrise en *International Studies* de l'Université de Miami et un doctorat en philosophie et spiritualité amérindiennes de l'Union Graduate Institute de Cincinnati (Ohio), elle consacre sa vie à faire connaître les Amérindiens, et les Hurons-Wendat en particulier, à travers le monde. Conférencière internationale, fondatrice de la revue amérindienne d'expression française *Kanatha* et amoureuse de la nature, elle est une spécialiste de médecine traditionnelle amérindienne : un art qu'elle a appris de ses parents, de son grand-père et de ses tantes. Elle considère que toute maladie commence par un déséquilibre dans l'esprit, qu'il faut guérir d'abord, avant de soigner le corps. L'ensemble de ses activités lui valent en 2001 le titre d'officier de l'Ordre du Canada.

▶ Sioui, Georges

Né à Wendake en 1948, fils d'Éléonore Sioui, Georges Sioui commence des études en langues et traduction à l'Université Laval (1970-1972), pour devenir ensuite directeur et rédacteur de la revue *Kanatha* (1973-1977). Engagé par le ministère des Affaires indiennes, il devient rédacteur de la revue *Tawow* et conservateur de la collection d'art du ministère (1977-1980). Assistant du directeur général et secrétaire corporatif du Conseil régional cri de la santé et des services sociaux de la Baie-James en 1980-1981, il retourne aux études et obtient une maîtrise (1982-1987) puis un doctorat (1987-1991) en histoire à l'Université Laval. Pendant ce temps, il est l'un des directeurs et cofondateurs de Présence autochtone à l'Université Laval et se charge d'élaborer un programme d'études amérindiennes qui a vu le jour dans cette université en 1986. Il joue également un rôle important dans l'arrêt Sioui qui représente une victoire légale décisive en Cour suprême du Canada concernant les droits spirituels et territoriaux de la nation huronne-wendat (1982-1990). Grâce à une bourse postdoctorale (1991-1992), il continue ses recherches à la Newberry Library de Chicago et donne un cours à l'Université DePaul, intitulé *Native American Social and Intellectual History*. Il est ensuite professeur d'études indiennes (1992-1993) et doyen académique (1993 1997) au Saskatchewan Indian Federated College de l'Université de Régina et président de l'Institute of Indigenous Government à Vancouver. Conférencier international et consultant, il est délégué par le Saskatchewan Indian Federated College au Groupe de travail sur les droits des peuples indigènes aux Nations Unies à Genève (1993). Membre du jury du Conseil des Arts du Canada pour le Prix du gouverneur général dans la catégorie essai (1993, 2001) et pour les subventions aux éditeurs canadiens de langue française (2001), il représente le Québec au Salon du livre de Paris en 1999 et le Canada au Sommet des écrivains des Amériques (Québec, 2001). Il publie de nombreux articles sur l'histoire, la philosophie, la spiritualité, l'éducation, l'archéologie des Amérindiens du Canada et des Hurons-Wendat du Québec. Il est l'auteur de deux essais historiques : *Pour une autohistoire amérindienne. Essai sur les fondements d'une morale sociale* (1989, traduit en anglais, espagnol, allemand, japonais, mandarin) et *Les Wendats*.

Une civilisation méconnue (1994, disponible en anglais). Il a contribué de façon remarquable à la revitalisation sociale et culturelle de sa nation et à sa connaissance dans le monde entier. Pour ces raisons, la South Central University for Minority Nationalities et l'Université de la Mongolie de l'Intérieur (Chine), lui décernent le titre de professeur honorifique, respectivement en 1996 et 2002. Il est aujourd'hui membre du comité consultatif de la revue spécialisée internationale de philosophie indigène *Ayaangwaamizin*, publiée par la Lakehead University de Thunder Bay, Ontario, et il est président des Éditions Kanatha.

▸ Sioui, Jean

Jean Sioui, né en 1948, est Wendat (Huron). Marié, il est père de quatre enfants dont le premier est décédé de leucémie à l'âge de six ans. Il a habité Wendake pendant 32 ans avant de s'installer, pour les 15 années suivantes, dans une ferme à Saint-Henri de Lévis où il a pu combler ses deux passions : le besoin d'espace et de nature, et son affection pour les chevaux. Revenu à Wendake à l'âge de 50 ans, il a alors publié son premier recueil intitulé *Le Pas de l'Indien* (1997). Il a travaillé, pour bien vivre, au métier d'informaticien et, pour mieux vivre, il écrit. Il a pris sa retraite en 2002.

Le Pas de l'Indien a été mis en nomination pour le Prix des lecteurs de la bibliothèque Gabrielle Roy (1998). Après le Salon du livre de Québec, il a été lancé dans plusieurs salons et événements culturels au Québec et en Europe. Des extraits du recueil ont illustré des œuvres d'art et des photographies lors de l'exposition multidisciplinaire *Couleur, différence et harmonie*, préparée par la Ligue des droits et libertés pendant la semaine d'action contre le racisme (Québec, mars 2002). Jean Sioui a animé, à l'automne 2002, un atelier de poésie au CDFM

(Centre de développement de la formation et de la main-d'œuvre huron-wendat) à la suite duquel les étudiants ont participé à un concours d'écriture.

▶ Sioui-Trudel, Sylvie-Anne

Wendat (Huronne) d'origine, Sylvie-Anne Sioui-Trudel naît en 1956 et depuis son adolescence joue dans des pièces scolaires tout en écrivant des contes, des poèmes et des comptines. Pendant ses études collégiales à Cap-Rouge en éducation de la jeune enfance (1977-1979) et ses études de baccalauréat en art dramatique à l'Université du Québec à Montréal (1981-1986), elle collabore déjà à la réalisation de quelques pièces, et sent rapidement que le répertoire de l'époque ne met pas en valeur son histoire et ses origines amérindiennes. Elle entame alors une recherche personnelle qui l'initie au théâtre nô. Une bourse lui permet en 1986 de voyager au Japon où elle étudie le théâtre traditionnel japonais qu'elle intègre dès lors à l'imaginaire et à la gestuelle propres aux danses amérindiennes : elle se produit au théâtre de Kyoto avec *Ha, Ha, Momi,* une courte performance poétique sur la naissance, le travail et la mort. Dès son retour, elle enseigne l'expression dramatique dans l'école de la communauté atikamekw d'Obedjiwan (Haute-Mauricie) afin d'amener les étudiants à connaître plusieurs styles de théâtre comme celui de l'ombre, à concevoir, écrire et monter des représentations, à fabriquer et utiliser des marionnettes (1987-1989). Plusieurs institutions, comme le Musée canadien des civilisations, le Musée McCord, Muséobus, le Musée d'art contemporain de Montréal, le Musée de l'enfance de Laval, le Musée de la civilisation, l'invitent ensuite à présenter ses travaux à leur public. Elle crée des masques de raphia, maïs et jute qu'elle utilise dans ses performances et ses pièces de théâtre. En 1990, elle fonde sa propre compagnie, Aataentsic

Masques & Théâtre, qui se produit depuis régulièrement au Québec et en France. Son répertoire comprend des créations dramatiques originales, des performances, des spectacles d'animation, des pièces d'intervention sociale parmi lesquelles figurent *Agondashia société des trois sœurs, Agoshin ou le partage, Tse8e, Ceux qui marchent ensemble, L'histoire du pays raconté, Andicha aquan oraquan, Okwen du'wen Atakiak. Ainsi parlaient les ancêtres.* Sylvie-Anne Sioui-Trudel travaille aussi sur la théâtralisation du conte, de la poésie et du caractère chantant de la langue wendat. Tout au long de sa carrière, elle collabore avec le Théâtre Sans détour, le Théâtre de l'Esquisse, les productions Ondinnok de Yves Sioui-Durand et Catherine Joncas, Femmes autochtones du Québec, le Centre culturel Opale de Strasbourg, Objectif Terre, les centres d'amitié autochtones de Montréal, Val-d'Or et Québec, la Société de communication Tewagan, Terres en vues. Elle est aussi membre fondateur du centre culturel autochtone Ajigwon de Montréal. En 2001, la Maison des écrivains à Montréal l'invite pour une performance lors du mondial de la littérature, et le Conseil des arts du Canada lui accorde en 2003 une bourse pour l'écriture d'une série de 13 contes intitulée : *Aata et la femme du XIIe millénaire.*

► Sioui Wawanoloath, Christine

Née à Wendake en 1952, Christine Sioui Wawanoloath est Wendat par son père et Abénaquise par sa mère. À la mort de son père, qui survient quelques semaines après sa naissance, sa mère retourne avec ses trois enfants à Odanak, village abénaquis. Après avoir étudié la photographie, l'art et l'histoire à Montréal et au collège Manitou (1973), elle travaille comme photographe d'imprimerie, technicienne en chambre noire, graphiste et journaliste pour des publications autochtones à Ottawa,

Frobisher Bay et Val-d'Or. En 1985, elle devient directrice des programmes pour le Centre d'amitié autochtone de Val-d'Or. Coordonnatrice du dossier de la non-violence pour Femmes autochtones du Québec de 1992 à 2002, elle a conçu et réalisé des projets de sensibilisation et de partage de connaissances destinés aux membres des communautés autochtones du Québec.

Aujourd'hui agente en communication pour Terres en vues, société de diffusion culturelle autochtone, elle est aussi peintre et illustratrice (affiches, livres, monographies, symboles corporatifs, etc.). Elle éprouve un immense plaisir à travailler à partir de symboles pour rédiger ses textes ou pour créer ses images. Elle est l'auteure de quatre contes publiés et de trois pièces de théâtre, dont deux ont été produites (*Femme et Esprit* et *Femme, Homme et Esprits*).

Bibliographie

▶ Contes, nouvelles, légendes

ANDRÉ-FONTAINE, Marie, « Pinashuess », *Rencontre*, vol. 6, n° 2, 1984, p. 8-9.

_____, « Pinashuess », dans Cécile Gagnon, dir., *Mille ans de contes : Québec*, Bergame, Éditions Milan, 1996, p. 160-165.

ASSINIWI, Bernard, « Le relais du diable », *Vidéo-Presse*, février 1994, p. 32-35.

_____, « Imbécile je suis, imbécile je reste », dans Bernard Assiniwi, Richard Poulin (nouvelles réunies par), *Visa le Blanc, tua le Noir*, Hull, Vent d'Ouest, coll. « Rafales », 1996, p. 17-26.

_____, *Ikwé la femme algonquienne*, Hull, Vent d'Ouest, coll. « Rafales », 1998.

_____, *Windigo et la création du monde*, Hull, Vent d'Ouest, coll. « Critiques », 1998.

ASSINIWI, Bernard, MYRE, Isabelle, *Anish-Nah-Bé. Contes adultes du pays algonkin*, Montréal, Leméac, coll. « Ni-t'chawama/Mon ami mon frère », 1971.

_____, *Sagana. Contes fantastiques du pays algonkin*, Montréal, Leméac, coll. « Ni-t'chawama/Mon ami mon frère », 1972.

_____, *Contes adultes des territoires algonkins*, Montréal, Leméac, coll. « Roman québécois », 1985.

AWASHISH, Basile et al., *Carcajou, le glouton fripon*, Montréal, Éditions Appartenance, coll. « Mytho-B.D. », 1982.

AWASHISH, Pauline, « Kiwetin, le vent du nord », dans collectif, *Nos légendes à lire et à raconter*, vol. III, Wendake, Conseil en éducation des Premières Nations, 2000, p. 13-16.

Basile, Marie-Jeanne, McNulty, Gerard, *Atanukana. Légendes monta-gnaises. Montagnais legends*, Québec, Centre d'études nordiques, Université Laval, coll. «Nordicana», n° 31, 1971.

Courtois, Lina, «Comment l'ours perdit sa queue», dans collectif, *Nos légendes à lire et à raconter*, vol. II, Wendake, Conseil en éducation des Premières Nations, 1999, p. 21-24.

_____, «Tshikapesh et le poisson», dans collectif, *Nos légendes à lire et à raconter*, vol. III, Wendake, Conseil en éducation des Premières Nations, 2000, p. 21-24.

Dubé, Suzanne, «La légende du vent du Nord et Nekicik», *Rencontre*, vol. 8, n° 2, 1986, p. 15.

Dudemaine, André, «Tshakapesh affronte Maître Oui et Maître Non», *Terres en vues*, vol. 3, n° 2, 1995, p. 7.

_____, «Tshakapesh au Café *Chez Jacques*», *Terres en vues*, vol. 3, n° 4, 1995, p. 14-15.

Kistabish, Molly M., «La distribution de la graisse», dans collectif, *Nos légendes à lire et à raconter*, vol. III, Wendake, Conseil en éducation des Premières Nations, 2000, p. 9-12.

McKenzie, Armand, «L'ancêtre du caribou», *Rencontre*, vol. 13, n° 3, 1992, p. 5.

Mekantshe, Kuetshet, «Le loup qui adorait manger du neuaikan», *Rencontre*, vol. 9, n° 1, 1987, p. 10.

Noël, Michel, *Le Bestiaire. Innu Aitun*, Pointe-Claire, Roussan/ICEM, coll. «Teweegan le tambour», 1993.

_____, *La Montaison*, Montréal, Hurtubise HMH, coll. «Plus», 1999.

_____, *Le Capteur de rêves*, Montréal, Hurtubise HMH, coll. «Plus», 2002.

_____, *Le Kitchimanitou*, Montréal, Hurtubise HMH, coll. «Plus», 2003.

O'bomsawin, Jean-Louis R., «Moz», dans collectif, *Nos légendes à lire et à raconter*, vol. II, Wendake, Conseil en éducation des Premières Nations, 1999, p. 5-8.

O'bomsawin, Nicole, «La naissance de Gluskabi», dans collectif, *Nos légendes à lire et à raconter*, vol. III, Wendake, Conseil en éducation des Premières Nations, 2000, p. 5-8.

Pétiquay, Gaétane, «La marmotte Akokatcic», dans collectif, *Nos légendes à lire et à raconter*, vol. II, Wendake, Conseil en éducation des Premières Nations, 1999, p. 13-16.

Picard, Isabelle, «L'origine de la Lune et du Soleil», dans collectif, *Nos légendes à lire et à raconter*, vol. III, Wendake, Conseil en éducation des Premières Nations, 2000, p. 17-20.

PICARD, Yolande Okia, *Okia te conte. Légendes et récits amérindiens*, Wendake, La Griffe de l'Aigle, vol. 1, 1998.

SIOUI, Georges, « Chansons du Nouvel An », *Rencontre*, vol. 4, n° 2, 1982, p. 8-9.

_____, « Le loup et le porc-épic », *Liberté*, vol. 33, n°s 4-5, 1991, p. 163-164.

SIOUI WAWANOLOATH, Christine, « La légende des oiseaux qui ne savaient plus voler », dans Christine Sioui Wawanoloath, Clotilde Pelletier, dir., *Dépasser la violence*. Précédé de *La légende des oiseaux qui ne savaient plus voler*, Montréal, Femmes autochtones du Québec, 1995, p. 9-37.

_____, « Ola ne savait par où commencer », *Terres en vues*, vol. 3, n° 4, 1995, p. 16.

_____, « Toloti », *Présence autochtone*, 2003, p. 40-42.

▶ Poèmes

ASTER, Michel, « Hommage à Elizabeth St-Onge », *Innuvelle*, vol. 5, n° 10, novembre 2002, p. 8.

BANVILLE-CORMIER, Dorothée, *Cœur à cœur avec vous*, Val-d'Or, D'ici et d'ailleurs, coll. « Le parloir de l'interprète », 1996.

BANVILLE-CORMIER, Dorothée et Michelle McMILLAN, *Un sentier de mocassins. Mikanawe obakigine kizin. A moccasin trail*, Val-d'Or, D'ici et d'ailleurs, coll. « Racines amérindiennes », 1993.

CHARLISH, Jeanne-Mance, « Jamais cédé mon territoire », *Recherches amérindiennes au Québec*, vol. 33, n° 3, 2003, p. 5-9.

COOCOO, Charles, *Broderies sur mocassins*, Chicoutimi, JCL, 1988.

_____, « L'approche spirituelle amérindienne », *Pleine Terre*, vol. 2, n° 1, 1993, p. 35.

_____, « Chante mon cher tambour », dans Cécile Tremblay-Matte et Sylvain Rivard, dir., *Archéologie sonore. Chants amérindiens*, Laval, Trois, 2001, p. 90-91.

COUTURE, Yvon-Hermann, *Natura*, Val-d'Or, D'ici et d'ailleurs, coll. « Cygnes du ciel », 1990.

CREE, Myra, « Elle a eu vingt ans. C'AFAQ qu'on a aimé ça, *Terres en vues*, vol. 2, n° 4, 1994, p. 21.

_____, « La faim justifie les moyens », *Terres en vues*, vol. 3, n° 1, 1995, p. 33.

_____, « La fête à Arthur », *Terres en vues*, vol. 3, n° 2, 1995, p. 22.

_____, « Mon pays rêvé ou la PAX KANATA », *Terres en vues*, vol. 3, n° 4, 1995, p. 23.

CREE, Myra, « L'annonce faite à mari », *Terres en vues*, vol. 4, n° 1, 1996, p. 22-23.

CREE, Myra, « Cet être », *Terres en vues*, vol. 4, n° 2, 1996, p. 22.

DUBÉ, Suzanne, « Racine profonde… », *Rencontre*, vol. 17, n° 1, 1995, p. 25.

DUPUIS, Raymond, « Les déjà-départs de l'Oiseau-Tonnerre », *ESSE*, printemps 2002, n° 45, p. 32.

_____, « J'aimerais dire », *Présence autochtone*, 2003, p. 16.

_____, « À retracer », *Présence autochtone*, 2003, p. 16.

_____, « Je transcris les symboles », *Présence autochtone*, 2003, p. 16.

GILL, Pierre, « L'étranger », *Liberté*, vol. 33, n°s 4-5, 1991, p. 156-157.

FONTAINE, Jean-Louis, « Autonomie », *Terres en vues*, vol. 3, n° 1, 1995, p. 10.

JÉRÔME, Alice, « Une nuit sans sommeil », *Innuvelle*, vol. 4, n° 7, août 2001, p. 13.

JOURDAIN, Nancy-Micheline, « Les aînés », *Innuvelle*, vol. 3, n° 5, juin 2000, p. 8.

MESTOKOSHO, Rita, « Imprégné jusque dans ta chair », *Terres en vues*, vol. 1, n° 4, 1993, p. 6.

_____, « Enfant de la terre », *Rencontre*, vol. 15, n° 2, 1993-1994, p. 4.

_____, « J'imagine », dans Christine Sioui Wawanoloath, Clotilde Pelletier, dir., *Faits saillants du colloque Voici la pointe du jour*. Suivi de *Rastakwère et Tshiluétum*, Montréal, Femmes autochtones du Québec, 1994, p. 73.

_____, *Eshi uapataman nukum. Recueil de poèmes montagnais*, Mashteuiatsh, Piekuakami, 1995.

_____, « La vie d'un Innu », *Terres en vues*, vol. 3, n° 4, 1995, p. 16.

_____, « Sous un feu de rocher », *Rencontre*, vol. 17, n° 1, 1995, quatrième de couverture.

_____, « Mocassins », *Estuaire*, n° 90, décembre 1997, p. 63-65.

_____, « Une bouteille à la mer », *Estuaire*, n° 90, décembre 1997, p. 66.

_____, « Terre sacrée », *Estuaire*, n° 90, décembre 1997, p. 67.

_____, « Cœur sauvage », *Estuaire*, n° 90, décembre 1997, p. 68.

_____, « La Cause McKenzie », *Innuvelle*, vol. 1, n° 5, mai 1998, p. 6.

_____, « Numushum (grand-père) », *Innuvelle*, vol. 1, n° 6, juillet 1998, p. 11.

_____, « Un peuple sans terre », *Innuvelle*, vol. 1, n° 7, août 1998, p. 10.

_____, « Mes mocassins sont usés Nokum », dans Clotilde Pelletier, dir., *Pimadiziwin*, Montréal, Femmes autochtones du Québec, 1998, p. 114-115.

MESTOKOSHO, Rita, « Les aurores boréales », dans Maurizio Gatti, dir., *Rita Mestokosho : Les aurores boréales. Geneviève McKenzie : Canzoni*, Roma, Artista - Casa delle Arti, 2000, p. 3-4.

MESTOKOSHO, Rita, «Sur une terre peuplée de caribous», dans Maurizio Gatti, dir., *Rita Mestokosho : Les aurores boréales. Geneviève McKenzie : Canzoni*, Roma, Artista - Casa delle Arti, 2000, p. 7-9.

_____, «L'arbre de la vie», dans Maurizio Gatti, dir., *Rita Mestokosho : Les aurores boréales. Geneviève McKenzie : Canzoni*, Roma, Artista - Casa delle Arti, 2000, p. 13-15.

_____, «Douleur éclose», dans collectif, *Écrire contre le racisme : le pouvoir de l'art*, Montréal, Les 400 coups, 2002, p. 31.

_____, «Inestimable est la vie», dans collectif, *Écrire contre le racisme : le pouvoir de l'art*, Montréal, Les 400 coups, 2002, p. 34.

_____, «Octobre. Uashtessiu-pishum», *Innuvelle*, vol. 5, n° 9, octobre 2002, p. 7.

_____, «Les aurores boréales», *Innuvelle*, vol. 5, n° 10, novembre 2002, p. 11.

_____, «Nikan», *Innuvelle*, vol. 6, n° 5, juin 2003, p. 8.

_____, *La mer navigue/La Terre marche/Le Ciel vole/et moi, je rampe pour humer la vie...*, Ekuanitshit, Rita Mestokosho Éditeur, 2002.

NIQUAY, Marie-Louise, «Femmes autochtones», *Rencontre*, vol. 16, n° 3, 1995, p. 19.

_____, «Parole de femme», *L'Enjeu*, vol. 17, n° 1, hiver 1997, p. 15.

NOËL, Michel, «Léa, Léa, Léa», dans *Coups de cœur*, Waterloo, Michel Quintin, coll. «Grande Nature», 1995, p. 33-64.

PÉSÉMAPÉO-BORDELEAU, Virginia, «Ma race-mère», *La vie en rose*, n° 17, mai 1984, p. 32.

_____, «Métisse d'ici», *Rencontre*, vol. 12, n° 4, 1991, p. 11.

_____, «Femme terre», *Estuaire*, n° 90, décembre 1997, p. 59-61.

SIMON, Michel, «Renaissance», *Innuvelle*, vol. 5, n° 7, août 2002, p. 8.

SIOUI, Éléonore, *Andatha*, Val-d'Or, Éditions Hyperborée, coll. «Bribes d'Univers», 1985.

_____, *Femme de l'île*, Rillieux, Sur le dos de la tortue, numéro hors série, 1990.

_____, «Mon frère le Warrior», *Liberté*, vol. 33, n°s 4-5, 1991, p. 109-111.

_____, «Tecumseh», *Liberté*, vol. 33, n°s 4-5, 1991, p. 111.

_____, *Corps à cœur éperdu*, Val-d'Or, D'ici et d'ailleurs, coll. «Cygnes du ciel», 1992.

SIOUI, Éléonore, «Aujourd'hui comme Toujours», dans Cécile Tremblay-Matte et Sylvain Rivard, dir., *Archéologie sonore. Chants amérindiens*, Laval, Trois, 2001, p. 139.

SIOUI, Georges, «Dac Houandatey», *The Native Perspective*, vol. 2, n° 8, 1978, p. 47.

SIOUI, Georges, « Voyage au cœur du monde indien », *The Native Perspective*, vol. 2, n° 8, 1978, p. 48.

_____, « La Baleine », *The Native Perspective*, vol. 2, n° 8, 1978, p. 48.

_____, « La vie de ma mère », *Liberté*, vol. 33, n°s 4-5, 1991, p. 165.

_____, « À mon fils Miguel, Paul Sioui Sastaretsi », *Liberté*, vol. 33, n°s 4-5, 1991, p. 166.

SIOUI, Jean, *Le Pas de l'Indien. Pensées wendates*, Québec, Le Loup de Gouttière, 1997.

SIOUI-DURAND, Yves, « Les Chants de la suerie », *Rencontre*, vol. 6, n° 3, 1985, p. 15.

SIOUI-TRUDEL, Sylvie-Anne, « Plomb et azur », dans collectif, *Écrire contre le racisme : le pouvoir de l'art*, Montréal, Les 400 coups, 2002, p. 44.

_____, « Le pas de nos danses », dans collectif, *Écrire contre le racisme : le pouvoir de l'art*, Montréal, Les 400 coups, 2002, p. 44.

▶ Romans

ASSINIWI, Bernard, *Le Bras coupé*, Montréal, Leméac, coll. « Roman québécois », 1976.

_____, *L'Odawa Pontiac. L'amour et la guerre*, Montréal, XYZ, coll. « Les grandes figures », 1994.

_____, *La Saga des Béothuks*, Arles, Leméac/Actes Sud, 1996.

MAHIKAN, Julian, *Le Mutilateur*, Toronto, Mahikan Production, 2001.

NOËL, Michel, *Pien*, Waterloo, Michel Quintin, coll. « Grande nature », 1996.

_____, *Dompter l'enfant sauvage*, Waterloo, Michel Quintin, coll. « Grande nature », 1998, 2 tomes.

_____, *La Ligne de trappe*, Montréal, Hurtubise HMH, coll. « Atout », 1998.

_____, *Journal d'un bon à rien*, Montréal, Hurtubise HMH, coll. « Atout », 1999.

_____, *Le Cœur sur la braise*, Montréal, Hurtubise HMH, coll. « Atout », 2000.

_____, *Hiver indien*, Montréal, Hurtubise HMH, coll. « Atout », 2001.

NOËL, Michel, *L'Homme de la toundra*, Montréal, Hurtubise HMH, coll. « Atout », 2002.

_____, *Nipishish*, Montréal, Hurtubise HMH, 2004.

► Théâtre

ASSINIWI, Bernard, *Il n'y a plus d'Indiens*, Montréal, Leméac, coll. «Théâtre Leméac», 1983.

GILL, Pierre, *Maleck et Malikoush*, jouée au festival *Présence autochtone 1996* à Montréal, 1996.

NIQUAY, Jean-Marc, ONDINNOK, MIKISIW, Recueil de pièces de théâtre : *Opitowap/Sakipitcikan/Mantokasowin*, Manawan, Production Mikisiw, 1999.

NOËL, Michel, *Kinauvit? Qui es-tu?*, Montréal, Hurtubise HMH, 1991.

NOËL, Michel, BOULARD, Roseline, OUELLET, Joanne, *La Malédiction de Tchékapesh*, Montréal, VLB Éditeur, 1986.

SIOUI-DURAND, Yves, *Ononharoi'wa ou le renversement de cervelle*, jouée à la semaine culturelle autochtone *L'été Indien* à Québec, 7-12 octobre 1986.

_____, *Atiskenandahate. Le Voyage au pays des morts*, Montréal, Ondinnok, 1988.

_____, *Le Porteur des peines du monde*, Montréal, Leméac, 1992.

_____, *La Conquête de Mexico*, Montréal, Trait d'union, coll. «Tabula rasa», 2001.

_____, *Kmùkamch. L'Asierindien*, jouée au Jardin botanique de Montréal, 24 avril-5 mai 2002.

SIOUI-DURAND, Yves, JONCAS, Catherine, *Iwouskéa et Tawiskaron*, jouée au festival *Présence autochtone 1999* à Montréal, 8-19 juin 1999.

SIOUI WAWANOLOATH, Christine, «Femme et Esprit», *Terres en vues*, vol. 2, n° 4, 1994, p. 14-17.

_____, *Femme, Homme et Esprits*, jouée au colloque *Pimadiziwin – Voici la pointe du jour dans un esprit de mieux-être pour nos communautés autochtones* à Montréal, 11-13 novembre 1998.

► Récits et témoignages

ASSINIWI, Bernard, «Préface de Bernard Assiniwi», dans Cyril Simard (collaboration de Michel Noël), dir., *Artisanat québécois*, Tome 3 : *Indiens et Esquimaux*, Montréal, Éditions de l'Homme, 1977, p. 23-26.

ASSINIWI, Bernard, FADDEN, John, *Les Iroquois*, Montréal, Leméac, 1972.

_____, *Makawa le petit algonquin*, Montréal, Leméac, 1972.

ASSINIWI, Bernard, FADDEN, John, *Chasseurs de bisons*, Montréal, Leméac, 1974.

_____, *Sculpteurs de totems*, Montréal, Leméac, 1974.

_____, *Les Cris des Marais*, Montréal, Leméac, 1979.

Assiniwi, Bernard, Fadden, John, *Les Montagnais et Naskapis*, Montréal, Leméac, 1979.

————, *Le Guerrier aux pieds agiles*, Montréal, Leméac, 1979.

Bacon, Joséphine, « Le rêve des ours polaires », *Liberté*, vol. 33, n⁰ˢ 4-5, 1991, p. 186-192.

Banville-Cormier, Dorothée, *Mémoire d'inuksuk*, Montréal, Pleine Lune, 2002.

Basile, Marie-Jeanne, Rock, Rolande et Jenny Rock, *Montagnaises de parole. Eukuan ume ninan etentamat*, Québec, Conseil des Atikamekw et des Montagnais, 1992.

Boucher, Robert, « Le départ », *Innuvelle*, vol. 4, n° 11, décembre-janvier 2001-2002, p. 7.

————, « Le retour », *Innuvelle*, vol. 5, n° 1, février 2002, p. 7.

Charlish, Jeanne-Mance, « Le dernier rêve de mon grand-père », *Terres en vues*, vol. 3, n° 4, 1995, p. 12-13.

Connolly, Jacinthe, *L'été de Takwakín*, Wendake, Conseil en éducation des Premières Nations, 2002.

Dudemaine, André, « À la manière de… Henry Lorne Masta. Dialogue de Weswakwigont et d'Almonska », *Terres en vues*, vol. 1, n° 2, 1993, p. 6-7.

Gabriel, Lisa-Marie, « Je viens de Schefferville… », *Innuvelle*, vol. 4, n° 3, avril 2001, p. 8.

Gros-Louis, Luc, « La rosée matinale », *Terres en vues*, vol. 2, n° 3, 1994, p. 22-23.

Gros-Louis, Max (collaboration de Marcel Bellier), *Le « Premier » des Hurons*, Montréal, Éditions du Jour, 1971.

Kistabish, Richard, « Ce qui est mauvais pour notre terre est mauvais pour nous », *L'Enjeu*, vol. 17, n° 1, hiver 1997, p. 39.

————, *Aki. Pour le monde qui aime la terre*, Val-d'Or, Conseil algonquin de l'Ouest du Québec, 1988 [1986].

————, « Aki. Pour le monde qui aime la terre », *La Presse*, 9 octobre 1988, p. B2.

Kurtness, Harry et Camil Girard, *La Prise en charge. Témoignage d'un Montagnais. Tipeli mitishun. Ilnu utipatshimun*, Chicoutimi, JCL, 1997.

Mekantshe, Kuetshet, « Laissez-moi vous raconter… », *Rencontre*, vol. 5, n° 3, 1984, p. 15.

Mésténapéo, Germaine, « Innushkueu issishueu », *Rencontre*, vol. 14, n° 1, 1992, p. 4-5.

Mestokosho, Rita, « La source de mon écriture me vient de mes ancêtres », dans collectif, *Écrire contre le racisme : le pouvoir de l'art*, Montréal, Les 400 coups, 2002, p. 30, 32-33.

————, « Longue vie à la Terre », *Innuvelle*, vol. 5, n° 9, octobre 2002, p. 9.

MICHEL, Augustin, « Témoin silencieux », *Innuvelle*, vol. 4, n° 1, février 2001, p. 8.

_____, « Ceux qui restent… », *Innuvelle*, vol. 4, n° 2, mars 2001, p. 8.

MICHEL, Yvette, « Une survivante du pensionnat raconte… Survivre à tout prix… », *Innuvelle*, vol. 2, n° 4, mai 1999, p. 10.

_____, « Un monstre dans le pensionnat », *Innuvelle*, vol. 2, n° 11, décembre-janvier 1999-2000, p. 8.

_____, « L'autre moitié du monde », *Innuvelle*, vol. 4, n° 2, mars 2001, p. 8.

NIQUAY, Marie-Louise, « Kokomino Judith Kawiasiketct, sauvegarder l'âme atikamekw », *Rencontre*, vol. 17, n° 2, 1995-1996, p. 8-9.

_____, « Notcimik, là d'où je viens », *L'Enjeu*, vol. 17, n° 1, hiver 1997, p. 21-22.

NOËL, Michel, *Les Oiseaux d'été. Récit montagnais*, Montréal, Leméac, 1981.

_____, *Les Mista amisk de Piekouagami. Les castors géants du lac Saint-Jean*, Montréal, Leméac, 1984.

_____, *Le Métis amoureux*, Québec, Le Loup de Gouttière, 1993.

NOËL, Michel et Joanne OUELLET, *Les Papinachois*, Montréal, Hurtubise HMH, 18 livres, 1981.

_____, *Pays innu*, Québec, Édition Plumes d'elles, 1988.

SIMÉON, Anne-Marie et Camil GIRARD, *Un monde autour de moi. Témoignage d'une Montagnaise. Uikut shika tishun. Ilnushkueu utipatshimun*, Chicoutimi, JCL, 1997.

SIOUI, Éléonore, « Comm-union, respect, liberté », *Liberté*, vol. 33, n°s 4-5, 1991, p. 114.

_____, « L'Esprit n'a pas de temps… », *Pleine Terre*, vol. 12, n° 1, 1993, p. 34.

SIOUI, Georges, « Lettre au premier ministre de l'Inde », *Liberté*, vol. 33, n°s 4-5, 1991, p. 158-162.

_____, « Le racisme est nouveau en Amérique », dans collectif, *Écrire contre le racisme : le pouvoir de l'art*, Montréal, Les 400 coups, 2002, p. 18-24.

SIOUI-DURAND, Yves, « Le sentiment de la terre », *Liberté*, vol. 33, n°s 4-5, 1991, p. 29-41.

SIOUI WAWANOLOATH, Christine, « Fleurs de vie », *Liberté*, vol. 33, n°s 4-5, 1991, p. 81-86.

_____, « Des souvenirs danseurs », *Présence autochtone*, 2003, p. 26.

VOLLANT, Denis-Maurice, « À mon avis », *Innuvelle*, vol. 2, n° 6, juillet 1999, p. 6.

► Essais

Assiniwi, Bernard, *À l'indienne*, Montréal, Leméac, coll. «Ni-t'chawama/Mon ami mon frère», 1972.

_____, *Recettes indiennes et survie en forêt*, Montréal, Leméac, coll. «Ni-t'chawama/Mon ami mon frère», 1972.

_____, *Lexique des noms indiens en Amérique du Nord*, Tome 1 : *Noms géographiques*, Montréal, Leméac, coll. «Ni-t'chawama/Mon ami mon frère», 1973.

_____, *Lexique des noms indiens en Amérique du Nord*, Tome 2 : *Personnages historiques*, Montréal, Leméac, coll. «Ni-t'chawama/Mon ami mon frère», 1973.

_____, *Histoire des Indiens du Haut et du Bas Canada*, Tome 1 : *Mœurs et coutumes des Algonkins et des Iroquois*, Montréal, Leméac, coll. «Ni-t'chawama/Mon ami mon frère», 1973.

_____, *Histoire des Indiens du Haut et du Bas Canada*, Tome 2 : *Deux siècles de «civilisation blanche» : 1497-1685*, Montréal, Leméac, coll. «Ni-t'chawama/Mon ami mon frère», 1974.

_____, *Histoire des Indiens du Haut et du Bas Canada*, Tome 3 : *De l'Épopée à l'Intégration : 1685 à nos jours*, Montréal, Leméac, coll. «Ni-t'chawama/Mon ami mon frère», 1974.

_____, *La Médecine des Indiens d'Amérique*, Montréal, Guérin Littérature, 1988.

_____, *Faites votre vin vous-même*, Montréal, Bibliothèque québécoise, 1994 [1979].

_____, *Lexique des noms indiens du Canada. Les noms géographiques*, Montréal, Leméac, 1996.

Cleary, Bernard, *L'Enfant de 7000 ans. Le long portage vers la délivrance*, Québec, Septentrion, 1997 [1989].

Connolly, Albert, *Oti-il-no kaepe. Les Indiens Montagnais du Québec*, Chicoutimi, Éditions Science moderne, coll. «Plumes d'outardes I», 1972.

Couture, Yvon-Hermann, *Les Algonquins*, Val-d'Or, Éditions Hyperborée, coll. «Racines amérindiennes», 1983.

Gill, Pierre, *Les Montagnais, premiers habitants du Saguenay–Lac-St-Jean*, Pointe-Bleue, Piekuakami, 1989 [1987].

Noël, Christianne, Siméon, Marie-Diane, *La Culture traditionnelle des Montagnais de Mashteuiatsh, Pointe-Bleue : pratiques, coutumes, légendes*, Québec, Septentrion, 1997.

Noël, Michel, *Art décoratif et vestimentaire des Amérindiens du Québec : XVIe et XVIIe siècles*, Montréal, Leméac, 1979.

Noël, Michel, *André Vollant. Aquarelles*, Pointe-Claire, Roussan/ICEM, coll. «Teweegan le tambour», 1991.

_____, *Nunavimiut. Art Inuit*, Pointe-Claire, Roussan/Institut Culturel Avatag, coll. «Atsatautik le tambour», 1992.

_____, *Prendre la parole. Nibimatisiwin. Artistes amérindiens du Québec*, Pointe-Claire, Roussan/Matchiteweia, coll. «Teweegan le tambour», 1993.

_____, *Amérindiens et Inuits. Guide culturel et touristique du Québec*, Saint-Laurent, Trécarré, 1996.

_____, *Le Québec amérindien et inuit*, Québec, Éditions Sylvain Harvey, 1997.

Noël, Michel, Chaumely, Jean, *Histoires de l'art des Inuits du Québec*, Montréal, Hurtubise HMH, 1998.

_____, *Arts traditionnels des Amérindiens*, deuxième édition revue et augmentée, Montréal, Hurtubise HMH, 2004 [2001].

Sioui, Georges, *Pour une autohistoire amérindienne. Essai sur les fondements d'une morale sociale*, Québec, Presses de l'Université Laval, 1989.

_____, *Les Wendats, une civilisation méconnue*, Québec, Presses de l'Université Laval, 1997 [1994].

Vincent, Marguerite Tehariolina, *La Nation huronne. Son histoire, sa culture, son esprit*, Québec, Pélican/Septentrion, 1984

► Sur la littérature et les auteurs amérindiens du Québec

Essais

Boudreau, Diane, *Littérature et société montagnaise*, mémoire de maîtrise, Université de Sherbrooke, Département d'études françaises, 1984.

_____, *Histoire de la littérature amérindienne au Québec : oralité et écriture*, Montréal, l'Hexagone, 1993.

Gatti, Maurizio, La Saga des Béothuks *di Bernard Assiniwi e la letteratura amerindia del Québec*, mémoire de maîtrise en Langues et littératures étrangères, Université de Rome III, 1997.

_____, *La Saga di Bernard Assiniwi*, Roma, Rossi & Spera Editori, 1998.

_____, *Qu'est-ce que la littérature amérindienne francophone au Québec?*, thèse de doctorat, Université Laval, Département d'études littéraires, 2003.

Gilbert, Charlotte, *Répertoire bibliographique. Auteurs amérindiens du Québec*, Saint-Luc, Centre de recherche sur la littérature et les arts autochtones du Québec, 1993.

NICOLAS, Sylvie, *Autour de Okia. Le premier regard*, Québec, Le Loup de Gouttière, 1998.

PROGRAMME DES AFFAIRES INDIENNES ET ESQUIMAUDES, *Les Indiens. Une liste de livres à leur sujet*, Ottawa, Affaires indiennes et du Nord, 1977.

ROGERS, Helen F., *Auteurs indiens et inuit. Bibliographie annotée*, Ottawa, Bibliothèque nationale du Canada, 1974.

Articles

AK8ENRA, « Place au talent. The Sun Raiser [Yves Sioui-Durand] », *Ak8enra : Journal de la Nation huronne-wendat*, vol. 5, n° 3, 1995, p. 1-2.

ASSINIWI, Bernard, « La littérature autochtone d'hier et d'aujourd'hui », *Vie des Arts*, vol. 34, n° 137, décembre 1989, p. 46.

_____, « Les écrivains aborigènes... qui sont-ils ? », *Liberté*, vol. 33, nᵒˢ4-5, 1991, p. 87-93.

_____, « Je suis ce que je dis que je suis », dans Mireille Calle-Gruber, Jeanne-Marie Clerc, dir., *Le Renouveau de la parole identitaire*, Université Paul Valéry (Montpellier)/Queen's University (Kingston), Centre d'Études littéraires françaises du XXᵉ siècle, Groupe de recherche sur les expressions françaises, cahier n° 2, 1993, p. 101-106.

BEAUCAGE, Pierre, « Sioui-Durand/Ronfard : *La Conquête de Mexico* », *Recherches amérindiennes au Québec*, vol. 21, n° 3, 1991, p. 87-89.

BEAUDOIN, Léo, « Notre choix. *Le Bras coupé* de Bernard Assiniwi », *Nos livres*, vol. 8, n° 37, février 1977, p. 41.

BORDELEAU, Francine, « Les cow-boys et les Indiens. (Le héros trahi. Bernard Assiniwi, *L'Odawa Pontiac*) », *Lettres québécoises*, n° 78, été 1995, p. 26-27.

BOUCHARD, Jacqueline, « La pratique des arts visuels en milieux amérindien et inuit », *Recherches amérindiennes au Québec*, vol. 23, nᵒˢ 2-3, 1993, p. 149-150.

BOUDREAU, Diane, « L'écriture appropriée », *Liberté*, vol. 33, nᵒˢ 4-5, 1991, p. 58-80.

BOUDREAU, Jean-Guy, « Dans ses nombreux volumes Assiniwi admet avoir idéalisé l'Histoire indienne », *Le Droit*, 26 mars 1983, p. 26.

CASALÈS, Anne, « Les squaws prennent l'initiative dans les tribus [Rita Mestokosho] », *GÉO*, hors série, mai 2001, p. 82-83, 85.

CASSANELLO, Amilcare, « De l'identité amérindienne dans *Broderies sur mocassins* de Charles Coocoo », *Nordlit*, n°5, vår (printemps) 1999, Det humanistiske fakultet, Universitetet i Tromsø (Norvège), p. 95-105.

CHAUMEL, Gilles, « La passion de Marco Bacon », *Rencontre*, vol. 14, n° 2, 1992-1993, p. 11.

CHAUMEL, Gilles, « Charles Coocoo : l'homme qui marche au-dessus des arbres », *Rencontre*, vol. 14, n° 3, 1993, p. 10-11.

_____, « Un gros merci à Myra Cree », *Rencontre*, vol. 17, n° 1, 1995, p. 25.

_____, « Yolande Picard, conteuse huronne-wendat », *Rencontre*, vol. 17, n° 2, 1995-1996, p. 22.

_____, « Rita Mestokosho, poète de la terre », *Rencontre*, vol. 17, n° 3, 1996, p. 9.

CHOUINARD, Marie-Andrée, « Les sourciers du Grand Nord. Au nord du 60ᵉ parallèle, le livre se dispute à la tradition orale », *Livre d'ici*, vol. 21, n° 6, février 1996, p. 12-13.

DELBRASSINE, Daniel, « Michel Noël : quand le roman québécois pour la jeunesse défend la cause des peuples autochtones », *Lectures* (Belgique), n° 120, mai-juin 2001, p. 39-43.

DES LIVRES ET MOI (L'équipe), « Des livres et moi », *Innuvelle*, vol. 1, n° 6, juillet 1998, p. 14.

DESTREMPES, Hélène, « *Anish-Nah-Bé* et *Sagana*, recueils de contes de Bernard Assiniwi, avec la collaboration d'Isabelle Myre », dans Maurice Lemire, dir., *Dictionnaire des œuvres littéraires du Québec : 1970-1975*, Montréal, Fides, tome 5, 1987, p. 30-32.

_____, « Soi-même comme un autre : histoire et fiction dans l'œuvre de Bernard Assiniwi », dans Robert Viau, dir., *La Création littéraire dans le contexte de l'exiguïté*, Québec, MNH, coll. « Écrits de la francité », 2000, p. 195-216

DION, Brigitte, « Un Salon du livre à Matimekosh », *Rencontre*, vol. 12, n° 1, 1990, p. 21.

DOSTIE, Gaétan, « Bernard Assiniwi, *Le bras coupé* », *Livres et auteurs québécois*, 1976, p. 47-48.

DUDEMAINE, André, « Ni le ciel ni la terre ne sont muets. Rencontre avec Yves Sioui-Durand », *Terres en vues*, vol. 1, n° 1, 1993, p. 4-6.

_____, « Retour de l'Île à la Tortue », *Terres en vues*, vol. 2, n° 3, 1994, p. 19-20.

DUMAS, Lucie, « Spectacle amérindien (*Le porteur des peines du monde* d'Yves Sioui-Durand) », *Rencontre*, vol. 9, n° 1, 1987, p. 19.

DUPUIS, Raymond, « Rituels de l'immédiat », *Présence autochtone*, 2003, p. 16-17.

DUPUIS, Renée, « De l'oral à l'écrit », *Québec français*, n° 80, hiver 1991, p. 81-82.

FORTIN, Andrée, « *Histoire de la littérature amérindienne au Québec*, Diane Boudreau », *Nuit blanche*, n° 55, mars-mai 1994, p. 73.

FRENETTE, Jacques, « Bernard Cleary : *L'enfant de 7000 ans* », *Anthropologie et sociétés*, vol. 15, n° 1, 1991, p. 146-147.

GATTI, Maurizio, «Bernard Assiniwi, *La Saga des Béothuks*», *Il Tolomeo. Articoli, recensioni e inediti delle Nuove Letterature*, vol. III, 1997, p. 80-81.

_____, «Être auteur autochtone au Québec aujourd'hui», dans Robert Viau, dir., *La Création littéraire dans le contexte de l'exiguïté*, Québec, MNH, coll. «Écrits de la francité», 2000, p. 183-194.

GERBIER, Alain, «La pierre d'achoppement [Bernard Assiniwi]», *Libération : Livres*, 18 mars 1999, p. 9.

GIGUÈRE, Monique, «La chamane triste [Éléonore Sioui] décorée par Ottawa», *Le Soleil*, 31 mai 2001, p. 2-3.

GIRARD, François, «*Iwouskéa et Tawiskaron* [Yves Sioui-Durand]», *Recherches amérindiennes au Québec*, vol. 29, n° 2, 1999, p. 111-112.

GIRONNAY, Sophie, «Les ordonnances de Docteur [Éléonore] Sioui», *Châtelaine*, mars 1992, p. 102.

GODBOUT, Jacques, «Le charme des vrais sorciers», *L'actualité*, décembre 1976, p. 56.

GUAY, Jean, «*Contes adultes des territoires algonkins*, Bernard Assiniwi», *Québec français*, n° 60, décembre 1985, p. 11-12.

GUINDON, Ginette, «Michel Noël ou tout se joue avant 14 ans», *Le Devoir*, 10-11 novembre 2001, p. D22.

HAMEL, Réginald, HARE, John et Paul WYCZYNSKI, *Dictionnaire des auteurs de langue française en Amérique du Nord*, Montréal, Fides, 1989, p. 39-41.

JOANISSE, Marc-André, «Les fausses plumes. Les préjugés tiennent encore face aux Indiens [Bernard Assiniwi]», *Le Droit*, 17 février 1994, p. 40.

KLAUS, Peter, «Les Autochtones dans la littérature franco-canadienne contemporaine : de l'objet au sujet?», dans Ingo Kolboom, Maria Lieber, Edward Reichel, *Le Québec : société et cultures. Les enjeux d'une francophonie lointaine*, Dresden/München, Dresden University Press, 1998, p. 121-128.

LACHANCE, Micheline, «La Mère Teresa des Inuits [Dorothée Banville-Cormier]», *L'actualité*, 15 septembre 2002, p. 94.

LAVOIE, Kathleen, «À la recherche du grand pouvoir. La comédienne wendat Sylvie-Anne Sioui Trudel propose sa vision du monde», *Le Soleil*, 11 octobre 2002, p. B3.

LE LIVRE CANADIEN, «*Anish-Nah-Bé* [Bernard Assiniwi]», *Le Livre canadien*, vol. 3, septembre 1972, n° 209.

_____, «*Sagana* [Bernard Assiniwi]», *Le Livre canadien*, vol. 4, n° 140, avril 1973.

LEMIEUX, Louis-Guy, «Michel Noël n'écrit pas à travers son chapeau», *Le Soleil*, 19 novembre 1997, p. C5.

LEPAGE, Jocelyne, « Michel Noël et compagnie », *Destination livres : le 24ᵉ Salon du livre de Montréal*, 15-19 novembre 2001, p. 21.

L'HÉRAULT, Pierre, « L'espace immigrant et l'espace amérindien dans le théâtre québécois depuis 1977 », dans Betty Bednarsky, Irène Oore, *Nouveaux regards sur le théâtre québécois*, Dalhousie, Montréal, XYZ, Dalhousie french studies, 1997, p. 151-167.

_____, « Nos Grecs : *Iwouskéa et Tawiskaron* [Yves Sioui-Durand]/*Les Troyennes* », *Spirale*, janvier-février 2000, n° 170, p. 5.

_____, « La légende de Kmùkamch, l'Asierindien [Yves Sioui-Durand] », *Spirale*, septembre-octobre 2002, n° 186, p. 10-11.

L'INFIRMIÈRE DU QUÉBEC, « Infirmière au pays algonquin [Dorothée Banville-Cormier] », *L'infirmière du Québec*, juillet-août 1994, p. 31.

MAILHOT, José, « L'écrit comme facteur d'épanouissement de la langue innue », dans *Recherches amérindiennes au Québec*, vol. 26, nᵒˢ 3-4, 1996-1997, p. 21-27.

_____, « Une mythologie moderne de l'amérindianité », *Cahiers de théâtre JEU* 38, 1985, p. 72-79.

MARTEL, Réginald, « Des nouvelles, un roman et des riens. (*Le bras coupé* par Bernard Assiniwi) », *La Presse*, 4 décembre 1976, p. E3.

MARTIN, Thibault, « À propos de *Indian time* », *Terres en vues*, vol. 1, n° 2, 1993, p. 16-17.

McKENZIE-SIOUI, Geneviève, « L'Italie, un beau rêve », *Innuvelle*, vol. 3, n° 4, mai 2000, p. 16.

MELANÇON, Benoit, « Le spectre du didactisme. (*Il n'y a plus d'Indiens* de Bernard Assiniwi) », *Spirale*, n° 44, juin 1984, p. 12.

MESTOKOSHO, Rita, « L'Italie, un beau rêve », *Innuvelle*, vol. 3, n° 4, mai 2000, p. 16.

MICHEL, Yvette, « Salon du livre : De plus en plus de participation autochtone », *Innuvelle*, vol. 2, n° 2, mars 1999, p. 14.

_____, « Salon du livre : Les auteurs autochtones, des messagers », *Innuvelle*, vol. 2, n° 2, mars 1999, p. 15.

_____, « Éléonore Sioui reçue officier du Canada », *Innuvelle*, vol. 4, n° 6, juillet 2001, p. 6.

_____, « Universitaires de l'UQAC. Six autochtones gradués [Marie André-Fontaine] », *Innuvelle*, vol. 5, n° 6, juillet 2002, p. 18.

_____, « Invitation lancée aux Autochtones francophones. Premier atelier d'initiation au théâtre [Yves Sioui-Durand] », *Innuvelle*, vol. 5, n° 9, octobre 2002, p. 7.

_____, « 19ᵉ édition du Salon du livre. ICEM expose et raconte », *Innuvelle*, vol. 6, n° 2, mars 2003, p. 5.

NADEAU, Jessica, «Manikashuna. La rencontre des peuples. Quatre jours de festivités sur les arts, métiers et arts amérindiens au parc Émile-Gamelin», *Le Devoir*, 7-8 juin 2003, p. G3.

NEPTON, Caroline, «Salon du livre : les Innus au rendez-vous!», *Innuvelle*, vol. 3, n° 2, mars 2000, p. 15.

_____, «Michel Noël : un écrivain, un modèle pour les jeunes», *Innuvelle*, vol. 3, n° 3, avril 2000, p. 12.

NEPVEU, Pierre, «Le noir et le rouge : mythes et réalités d'un continent. (*Histoire de la littérature amérindienne au Québec* de Diane Boudreau)», *Spirale*, n° 129, décembre 1993-janvier 1994, p. 9.

NORMAND, François, «Littérature québécoise. Une saga amérindienne [Bernard Assiniwi]», *Le Devoir*, 26-27 avril 1997.

_____, «Bernard Assiniwi. Détective du passé», *Le Devoir*, 9 juin 1997, p. B1.

O'BOMSAWIN, Nicole, «Une bibliothèque à Odanak», *Rencontre*, vol. 4, n° 4, 1983, p. 20.

PEELMAN, Achiel, «Lectures : Diane Boudreau, *Histoire de la littérature amérindienne au Québec*», *Relations*, n° 602, juillet-août 1994, p. 188-189.

PELLETIER, Marie-Ève, «Bernard Assiniwi. Un passionné de la vie et de l'écriture…», *Le Droit*, 25 mars 1989, p. A3.

PETROWSKI, Nathalie, «Rencontre avec Romeo Saganash. Un Indien dans la ville», *La Presse*, 11 juin 2001, p. C6.

PICARD, Ann, «L'été indien», *Rencontre*, vol. 8, n° 2, 1986, p. 8-9.

POULIN, Andrée, «Crever l'abcès. Michel Noël», *Le Droit*, 6 février 1999, p. A14-A15.

RECHERCHES AMÉRINDIENNES AU QUÉBEC, «Répertoire bibliographique des auteurs amérindiens du Québec : Charlotte Gilbert», *Recherches amérindiennes au Québec*, vol. 23, n° 4, 1993-1994, p. 97.

RÉGIS, Suzanne, «*Okia te conte*, au cœur des légendes autochtones…», *Innuvelle*, vol. 2, n° 1, février 1999, p. 18.

REGNAULT, Mathilde, «La plume autochtone», *Quartier Libre*, 27 mars 2001, p. 18.

RENCONTRE, «Du théâtre chez les Montagnais», *Rencontre*, vol. 7, n° 3, 1986, p. 20.

_____, «Spectacle amérindien», *Rencontre*, vol. 9, n° 1, 1987, p. 19.

_____, «L'IECAM au Salon du livre», *Rencontre*, vol. 9, n° 4, 1988, p. 18.

_____, «Diplôme spécialisé pour Éléonore Sioui», *Rencontre*, vol. 14, n° 3, 1993, p. 19.

_____, «À la recherche d'auteurs et d'auteures autochtones», *Rencontre*, vol. 15, n° 3, 1994, p. 20.

RICHER, Jocelyne, «L'écrivain Bernard Assiniwi s'éteint à 65 ans», *Le Soleil*, 5 septembre 2000, p. C4.

ROWAN, Renée, «Un patrimoine à préserver : *Arts traditionnels des Amérindiens* de Michel Noël et Jean Chaumely», *Le Devoir*, 10-11 novembre 2001, p. D29.

ROY, Pierrette, «"J'écris pour apprendre à vivre" – Michel Noël», *La Tribune*, 6 janvier 1999, p. C7.

SÉGUIN, Louise, «Montagnaises de parole : une bouteille à la mer», *Rencontre*, vol. 14, n° 3, 1993, p. 9.

SILBERSTEIN, Jil, «Innu tapuetamun [Rita Mestokosho]», dans Jil Silberstein, *Innu. À la rencontre des Montagnais du Québec-Labrador*, Paris, Albin Michel, coll. «Terre indienne», p. 379-382.

SIMONIS, Yvan, «Georges E. Sioui : *Pour une autohistoire amérindienne*», *Anthropologie et sociétés*, vol. 15, n° 1, 1991, p. 145.

SIOUI-DURAND, Guy, «Le Désir de la Reine Xoc : rivés à l'écorce de la terre [Yves Sioui-Durand]», *Terres en vues*, vol. 3, n° 1, 1995, p. 11-13, 38.

SIOUI-DURAND, Yves, «Les arts d'interprétation amérindiens. Un souffle de régénération et de continuité», *Vie des Arts*, vol. 34, n° 137, décembre 1989, p. 44-45.

_____, «Un nouveau monde pour les Amérindiens?», *Spirale*, n° 171, mars-avril 2000, p. 19-20.

_____ , «Kaion'ni, le wampum rompu : de la rupture de la chaîne d'alliance ou "le grand inconscient résineux"», *Recherches amérindiennes au Québec*, vol. 33, n° 3, 2003, p. 55-64.

TERRES EN VUES, «Penser ensemble l'avenir. Entrevue avec Romeo Saganash ex-vice-grand chef du Grand Conseil des Cris et coprésident du Forum paritaire Québécois-Autochtones», *Terres en vues*, vol. 1, n° 4, 1993, p. 12-13.

_____, «Scènes de violence», *Terres en vues*, vol. 3, n° 3, 1995, p. 18-23.

_____, «Théâtre au pays atikamekw. Le mariage de l'homme-poisson. Rencontre avec Yves Sioui-Durand et Catherine Joncas», *Terres en vues*, vol. 4, n° 2, 1996, p. 6-7, 20-21.

_____, «Aataentsic, Masques et Théâtre [Sylvie-Anne Sioui-Trudel]», *Présence autochtone*, 2003, p. 22-24.

THÉRIEN, Gilles, «Diane Boudreau, *Histoire de la littérature amérindienne au Québec*», *Recherches Sociographiques*, vol. 35, 1994, p. 616-618.

TRAIT, Jean-Claude, «Assiniwi : défense et illustration de la culture indienne», *La Presse*, 16 mars 1974, p. D3.

VILLENEUVE, Marie-Paule, «Si Pontiac avait pris Détroit... [Bernard Assiniwi]», *Le Droit*, 8 octobre 1994, p. A14-A15.

► Ouvrages et articles de référence

Littérature amérindienne anglophone

ARMSTRONG, Jeannette, « Editor's note », dans Jeannette Armstrong, dir., *Looking at the Words of our People : First Nations Analysis of Literature*, Pentincton, Theytus Books, 1993, p. 7-8.

BLAESER, Kimberly M., « Native literature : seeking a critical center », dans Jeannette Armstrong, dir., *Looking at the Words of our People : First Nations Analysis of Literature*, Pentincton, Theytus Books, 1993, p. 51-62.

BYRNE, Nympha et Camille FOUILLARD, dir., *It's Like the Legend. Innu Women's Voices*, Charlottetown, Gynergy books, 2000.

DAMM, Kateri, « Says who : colonialism, identity and defining indigenous literature », dans Jeannette Armstrong, dir., *Looking at the Words of our People : First Nations Analysis of Literature*, Pentincton, Theytus Books, 1993, p. 9-25.

JOE, Rita, CHOYCE, Lesley, *The mi'kmaq anthology*, Lawrencetown Beach, Pottersfield, 1997.

KING, Thomas, « Introduction », dans Thomas King, dir., *All my Relations. An Anthology of Contemporary Canadian Native Fiction*, Toronto, McClelland & Stewart, 1991 [1990], p. ix-xvi.

MOSES, Daniel David et Terry GOLDIE, « Preface to the First Edition : Two Voices », dans Daniel David Moses, Terry Goldie, dir., *An Anthology of Canadian Native Literature in English*, Toronto, Oxford University Press, 1998, p. xix-xxix.

PERRIER, Jean-Louis, « Les Indiens, la plume à la main », *Le Monde*, 13 décembre 1996, p. XVI.

RIGAL-CELLARD, Bernadette, *Le Mythe et la plume. La littérature indienne contemporaine en Amérique du Nord*, Monaco, Éditions du Rocher, coll. « Nuage rouge », 2004.

YOUNG-ING, Greg, « Aboriginal peoples' estrangement. Marginalization in the publishing industry », dans Jeannette Armstrong, dir., *Looking at the Words of our People : First Nations Analysis of Literature*, Pentincton, Theytus Books, 1993, p. 177-187.

Sur les Amérindiens

ACLAND, Joan, « Autochtones... femmes... artistes », *Spirale*, n° 171, mars-avril 2000, p. 13.

ALLAIRE, Luc, « Les signaux de fumée du cégep de Sept-Îles. Piputuenam Cégep Uashat », *Nouvelles CEQ*, janvier-février 1999, p. 18-19.

ANDRÉ, Mathieu, *Moi, «Mestenapeu»*, Sept-Îles, Édition Ino, 1984.

_____, «Un voyage dans le temps», *Rencontre*, vol. 8, n° 1, p. 14-15.

ANTANE-KAPESH, An, *Je suis une maudite Sauvagesse. Eukuan nin matshimanitu Innu-iskueu*, Montréal, Leméac, coll. «Dossiers», 1976.

_____, *Qu'as-tu fait de mon pays ?*, Montréal, Éditions Impossibles, 1979.

_____, «Témoignage», *Rencontre*, vol. 3, n° 1, 1981, p. 14.

_____, «Petites histoires montagnaises», *Rencontre*, vol. 4, n° 3, 1983, p. 14-15.

_____,, «Petites histoires montagnaises II», *Rencontre*, vol. 4, n° 4, 1983, p. 8-9.

ASSEMBLÉE DES PREMIÈRES NATIONS DU QUÉBEC ET DU LABRADOR, «Résumé de l'allocution prononcée par les chefs national et régional de l'APN, messieurs Matthew Coon Come et Ghislain Picard, devant le Comité permanent des affaires autochtones», *Innuvelle*, vol. 5, n° 3, avril 2002, p. 14.

ASSINIWI, Bernard, «Two official languages : once there were 53», *Telegraph Journal* (Nouveau-Brunswick), 28 novembre, 1994, p. A7.

BACON, Joséphine et Sylvie VINCENT, *Mistamaninuesh. Autobiographie d'une femme de Natashquan*, manuscrit déposé au ministère des Affaires culturelles du Québec, 1979.

BASILE, Suzy, «Le présent et l'avenir des jeunes Attikameks», *Rencontre*, vol. 14, n° 2, 1992-1993, p. 5-6.

BEAUCAGE, Pierre, «Les identités indiennes : folklore ou facteur de transformation ?», dans Brigitte Dumas et Donna Winslow, dir., *Construction/ destruction sociale des idées : alternances, récurrences, nouveautés*, actes du Colloque annuel de l'Association canadienne des sociologues et anthropologues de langue française, 54ᵉ Congrès annuel de l'ACFAS (Association canadienne-française pour l'avancement des sciences), Université de Montréal, mai 1986, coll. «Les Cahiers scientifiques», n° 53, 1987, p. 23-42.

BEAULIEU, Alain, *Convertir les fils de Caïn. Jésuites et Amérindiens nomades en Nouvelle-France, 1632-1642*, Québec, Nuit blanche éditeur, 1994.

BILLINGHURST, Jane, *Grey Owl : sur les traces d'Archie Belaney*, Montréal, Trécarré, 1999.

BOGLIOLO BRUNA, Giulia, «Voir et penser le métissage. Entretien avec Serge Gruzinski», *Recherches amérindiennes au Québec*, vol. 30, n° 1, 2000, p. 87-90.

BORDEWICH, Fergus M., «We ain't got feathers and beads», dans Fergus M. Bordewich, *Killing the White Man's Indian. Reinventing Native Americans at the End of Twentieth Century*, New York, Doubleday, 1996, p. 60-92.

BOUCHARD, Russel, «Lettre ouverte à Jean-Jacques Simard : il y a l'Amérindien, il y a aussi l'Autre», *Le Devoir*, 29 juin 2001, p. A7.

BOUCHARD, Serge, «La gravité des choses. De l'importance cachée des questions autochtones», *Le Devoir*, 16 juin 2001, p. A1, A14.

_____, «Il n'y a pas de bouleaux sur la rivière Mingan», *Le Devoir*, 9 juillet 2001, p. A1.

BOUDREAU, Diane, «An Antane Kapesh, la mémoire montagnaise», *Châtelaine*, vol. 29, n° 4, avril 1988, p. 200-202.

BOUDREAULT, René, *Du mépris au respect mutuel. Clefs d'interprétation des enjeux autochtones au Québec et au Canada*, Montréal, Écosociété, 2003.

BRANT-CASTELLANO, Marlene, «Updating Aboriginal traditions of knowledge», dans George J. Sefa-Dei, Budd L. Hall, Dorothy Goldin-Rosemberg, dir., *Indigenous Knowledges in Global Contexts. Multiple Readings of Our World*, Toronto, OISEUT/University of Toronto Press, 2000, p. 21-36.

BRUNELLE, Patrick, «Les Hurons et l'émancipation. Le maintien d'une identité distincte à Lorette au début du XXe siècle», *Recherches amérindiennes au Québec*, vol. 30, n° 3, 2000, p. 79-87.

BRUNELLI, Gilio, «La construction historique de l'identité : les Zoros de l'Amazonie brésilienne», dans Brigitte Dumas et Donna Winslow, dir., *Construction/destruction sociale des idées : alternances, récurrences, nouveautés*, actes du Colloque annuel de l'Association canadienne des sociologues et anthropologues de langue française, 54e Congrès annuel de l'ACFAS, Université de Montréal, mai 1986, coll. «Les Cahiers scientifiques», n° 53, 1987, p. 43-60.

CAMIRAND, François, LAUVAUX, Yves, NOËL, Michel et Monique RIOUX, *L'Umiak. Le bateau collectif*, Montréal, VLB Éditeur, 1984.

CARDINAL, Harold, *La Tragédie des Indiens du Canada*, Montréal, Éditions du Jour, 1970.

CARTIER, Jacques, *Relations*, édition critique par M. Bideaux, Montréal, Presses de l'Université de Montréal, coll. «Bibliothèque du Nouveau Monde», 1986, p. 101.

CHARTRAND, Luc, «Je suis un Cribécois», *L'actualité*, août 2000, p. 14-26.

CHAUMEL, Gilles, MÉSTÉNAPÉO, Germaine, «Les quatre saisons de Julienne», *Rencontre*, vol. 17, n° 2, 1995-1996, p. 4-5.

COLLIN, Dominique, «Chant du tambour, cloche d'école. S'inventer un monde qui ne sera ni celui de la tradition, ni celui de la dépendance», *Le Devoir*, 7 juillet 2001, p. A9.

COOCOO, Charles, «L'apprentissage», *Liberté*, vol. 33, n°s 4-5, 1991, p. 115-118.

COOCOO, Marthe, «L'avenir de l'atikamekw», dans Jacques Maurais, dir., *Les Langues autochtones du Québec*, Québec, Les Publications du Québec, coll. «Dossiers CLF», n° 35, 1992, p. 323-328.

DELÂGE, Denys, *Le Pays renversé. Amérindiens et Européens en Amérique du Nord-Est, 1600-1664*, Montréal, Boréal, 1991.

⅄_____, « L'influence des Amérindiens sur les Canadiens et les Français au temps de la Nouvelle-France », *Lekton*, vol. 2, n° 2, automne 1992, p. 103-191.

_____, « Les premières nations d'Amérique du Nord sont-elles à l'origine des valeurs écologiques et démocratiques contemporaines ? », dans Laurier Turgeon, Denys Delâge et Réal Ouellet, dir., *Transferts culturels et métissages Amérique/Europe : XVIᵉ-XXᵉ siècle*, Québec, Presses de l'Université Laval, 1996, p. 317-345.

_____, « Autochtones, Canadiens, Québécois », dans Laurier Turgeon, Jocelyn Létourneau, Khadiyatoulah Fall, dir., *Les Espaces de l'identité*, Québec, Presses de l'Université Laval, 1997, p. 280-301.

_____, « Essai sur les origines de la canadianité », dans Eric Waddell, dir., *Le Dialogue avec les cultures minoritaires*, Québec, Presses de l'Université Laval/CEFAN, 1999, p. 29-51.

_____, « Identités autochtones à travers l'histoire », dans Daniel Mercure, dir., *Une société-monde ? Les dynamiques sociales de la mondialisation*, Québec, Presses de l'Université Laval/De Boeck Université, coll. « Sociologie contemporaine », 2001, p. 133-147.

_____, « Mauvais "pères", faux "enfants" », *Le Devoir*, 30 juin 2001, p. A11.

DELISLE, Andrew, KURTNESS, Jacques, PAUL, Léonard, PICARD, Raphaël, « Table ronde sur l'éveil amérindien », dans Marc-Adélard Tremblay, dir., *Les Facettes de l'identité amérindienne. Symposium, Montmorency, octobre 1974*, Québec, Presses de l'Université Laval, 1976, p. 189-215.

DÉSVEAUX, Emmanuel, « Les Indiens sont-ils par nature respectueux de la nature ? », *Anthropos*, vol. 90, 1995, p. 435-444.

DIONNE, Annabelle, « Stanley Vollant. Un médecin autochtone préside l'Association médicale du Québec », *Cercles de lumière*, septembre 2001, n° 15, p. 7.

DIONNE, Annabelle, « Tammy Beauvais Desings. Une jeune modéliste mohawk se laisse guider par sa grand-mère », *Cercles de lumière*, octobre 2001, n° 16, p. 5.

DUDEMAINE, André, « Affirmation, déformation, information : l'art essoufflant d'être autochtone en faisant du jogging », *Terres en vues*, vol. 1, n° 4, 1993, p. 16-18.

DUMAS, Lucie, « Aperçu de la situation scolaire autochtone », *Rencontre*, vol. 21, n° 2, 1999, p. 12-13.

DUPUIS, Renée, *La Question indienne au Canada*, Montréal, Boréal, coll. « Boréal express », 1991.

_____, *Quel Canada pour les Autochtones ? La fin de l'exclusion*, Montréal, Boréal, 2001.

EINISH, Marie-Aimée, «Je rêvais pour mon enfant...», *Innuvelle*, vol. 3, n° 7, août 2000, p. 8.

FALARDEAU, Louis, «An Antane Kapesh à Québec : "Les Blancs n'ont pas à nous dire comment vivre"», *La Presse*, 22 novembre 1979, p. D9.

FORTIN, Jean, *Coup d'œil sur le monde merveilleux des Montagnais de la Côte-Nord*, Sept-Îles, Institut culturel et éducatif montagnais, 1992.

GENDRON, Gaétan, TREMBLAY, Francine, «L'ethnicité : affirmation de soi et manipulation», *Recherches amérindiennes au Québec*, vol. 12, n° 2, 1982, p. 133-137.

GILL, Aurélien, «L'heure de la vérité. La situation des autochtones et leur avenir», *Le Devoir*, 9-10 juin 2001, p. E5.

GILL, Lise, «Entre la réserve et la ville», *Rencontre*, vol. 18, n° 3, 1997, p. 16.

GIROUX, Raymond, «Je ne veux plus qu'on m'appelle "Québécoise" [An Antane-Kapesh]», *Le Soleil*, 22 novembre 1979, p. B7.

GOUVERNEMENT DU CANADA, *Loi sur les Indiens. Codification administrative*, juin 1996.

GRAMMOND, Sébastien, «*Jacobs* c. *Mohawk Council of Kahnawake*. Tribunal canadien des droits de la personne, 11 mars 1998», *Recherches amérindiennes au Québec*, vol. 28, n° 3, 1998, p. 127-129.

_____, «Le point sur l'exonération fiscale des Indiens», *Recherches amérindiennes au Québec*, vol. 31, n° 1, 2001, p. 95-96.

_____, «La cour d'appel de l'Ontario reconnaît les droits des Métis», *Recherches amérindiennes au Québec*, vol. 31, n° 2, 2001, p. 103-104.

GRENOT, Caroline, «Une vision autochtone de la justice», *Spirale*, n° 171, mars-avril 2000, p. 18-19.

HAVARD, Gilles, *La Grande Paix de Montréal de 1701 : les voies de la diplomatie amérindienne*, Montréal, Recherches amérindiennes au Québec, coll. «Signes des Amériques», 1992.

HÉBERT, Léo-Paul, *Histoire ou légende ? Jean-Baptiste de La Brosse*, Montréal, Les Éditions Bellarmin, 1984.

HOULE, Nicolas, «Nouvel album pour Gilles Sioui», *Voir* (éd. de Québec), 9-15 novembre 2000, p. 26.

JAUVIN, Serge, *Aitnanu : la vie quotidienne d'Hélène et William-Mathieu Mark*, Montréal, Libre Expression, 1993.

JETTEN, Marc, *Enclaves amérindiennes : les «réductions» du Canada, 1637-1701*, Québec, Septentrion, 1994.

KANAPÉ, Marcelline, «L'innu : l'autre combat linguistique», *Relations*, n° 680, octobre-novembre 2002, p. 18-20.

KISTABISH, Richard, «Les Pommes du Québec (PQ)», dans collectif, *Écrire contre le racisme : le pouvoir de l'art*, Montréal, Les 400 coups, 2002, p. 76-78.

KWACHKA, Patricia, «Perspectives on the viability of native languages in Alaska», dans *Laurentian University Review*, vol. XVIII, n° 1, novembre 1985, p. 105-115.

_____, «Discourse structures, cultural stability, and language shift», dans *International Journal of Sociology of Language*, vol. 93, 1992, p. 67-73.

LARUE-LANGLOIS, Jacques, «Deux fois le racisme», *Le Devoir*, 24 novembre 1981, p. 14.

LEBLANC, Madeleine, «Minda Forcier. L'autochtone et Mozart. Du Caboose Café aux grandes scènes lyriques», *Le Devoir*, 21-22 septembre 2002, p. H4.

LEBRUN, Paule, «Je suis une maudite sauvagesse», *Châtelaine*, janvier 1977, p. 10.

LEPAGE, Pierre, *Mythes et réalités sur les peuples autochtones*, Québec, Commission des droits de la personne et des droits de la jeunesse, 2002.

LÉVESQUE, Carole, «Droits collectifs et droits individuels : l'opposition de l'intérieur», *Le Devoir*, 8 septembre 2001, p. A9.

LÉVESQUE, René, «Le Québec et les Amérindiens. Déclaration de principe du Premier ministre», *Rencontre*, vol. 2, n° 2, 1981, p. 7.

LÉVESQUE, Robert, «An Antane Kapesh : "Qu'as-tu fait de mon pays?"», *Le Devoir*, 14 novembre 1981, p. 32.

MALIGNE, Olivier, «Cheval Debout, un Indien de France?», *Recherches amérindiennes au Québec*, vol. 29, n° 3, 1999, p. 53-65.

McDONALD, Jeanne, «Nous marchons dans les traces de nos ancêtres : et pourtant, il y en a encore pour nous dire que nous ne sommes plus indiens», *Recherches amérindiennes au Québec*, vol. 12, n° 2, 1982, p. 111-114.

McKENZIE, Armand, «Étranger dans mon propre pays», dans Angéline Fournier, Louis-Philippe Rochon, dir., *Thèses ou foutaise. Défis pour une nouvelle génération*, Montréal, l'Étincelle Éditeur, coll. «Pluralisme», 1992, p. 77-97.

McNULTY, Gerry, «Néologismes et emprunts dans le parler montagnais de Mingan (Province de Québec)», *Anthropologie et sociétés*, vol. 2, n° 3, 1978, p. 163-173.

MELKEVIK, Bjarne, «Identité et loi, affirmation et autodétermination à la croisée des chemins : les Premières Nations et le Québec», dans Bjarne Melkevik, *Réflexions sur la philosophie du droit*, Québec/Paris, Presses de l'Université Laval/L'Harmattan, coll. «Dikè», 2000, p 37-60.

MICHEL, Yvette, «Seule en forêt. E peikussian nuthimit», *Innuvelle*, vol. 4, n° 2, mars 2001, p. 10.

MICHEL, Yvette, «Un chirurgien innu à la présidence», *Innuvelle*, vol. 4, n° 4, mai 2001, p. 4.

_____, «Une marche symbolique contre la drogue et l'alcool. Dénoncer les problèmes reliés à la surconsommation», *Innuvelle*, vol. 4, n° 11, décembre-janvier 2001-2002, p. 3.

_____, «Loi sur la gouvernance des Premières Nations : dépôt du projet à la chambre des communes à Ottawa», *Innuvelle*, vol. 5, n° 6, juillet 2002, p. 6.

_____, «La position est claire pour les chefs : refus de participer au projet de loi dans sa forme actuelle», *Innuvelle*, vol. 6, n° 3, avril 2003, p. 3.

MINISTÈRE DU CONSEIL EXÉCUTIF - DIRECTION DES COMMUNICATIONS, *Répertoire des médias en milieu autochtone*, Québec, 1994.

MOAR, Clifford, «L'environnement vu par un Piekuakami Ilnu», *L'Enjeu*, vol. 17, n° 1, hiver 1997, p. 13-14.

NEPTON, Caroline, «La biologie moléculaire... L'aventure d'un étudiant», *Innuvelle*, vol. 3, n° 6, juillet 2000, p. 9.

NOËL, Denise, TASSÉ, Louise, *Les Quatre savoirs de Mali Pili Kizos. Les résultats d'une recherche qui s'intéresse à la qualité de vie optimale atteinte pas douze femmes autochtones ex-pensionnaires après un long processus de dévictimisation*, Montréal, Femmes autochtones du Québec, 2001.

NOËL, Michel, «Du théâtre pour enfant chez les Inuit», *Rencontre*, vol. 3, n° 2, 1982, p. 18.

_____, «Mireille Sioui, artiste huronne», *Rencontre*, vol. 4, n° 4, 1983, p. 6.

_____, «Prendre la parole. Nibimatisiwin», *Signes premiers*, Québec, Le Loup de Gouttière, 1994, p. 63-65.

OTIS, Ghislain, MELKEVIK, Bjarne, «L'universalisme moderne à l'heure des identités : le défi singulier des peuples autochtones», dans Jacques-Yvan Morin, dir., *Les Droits fondamentaux. Actes des premières journées scientifiques du Réseau Droits fondamentaux de l'AUPELF-UREF*, Bruxelles, Bruylant, coll. «Actualité scientifique», 1997, p. 265-283.

PANASUK, Anne, «Révolte de l'intérieur», *Gazette des femmes*, vol. 24, n° 5, janvier-février 2003, p. 17-20.

_____, «L'argent de Blancs... éléphants blancs», *Gazette des femmes*, vol. 24, n° 5, janvier-février 2003, p. 21-23.

_____, «Le sang "impur" des Amérindiennes», *Gazette des femmes*, vol. 24, n° 5, janvier-février 2003, p. 25-29.

_____, «L'omertà autochtone», *Gazette des femmes*, vol. 24, n° 5, janvier-février 2003, p. 31-35.

PELLETIER, Clotilde, *Pour le respect de notre dignité humaine. La justice en milieu autochtone*, Montréal, Femmes autochtones du Québec, 2000.

PELLETIER, Clotilde, HANNIS, Prudence, ROCHETTE, Danielle, SIOUI WAWANOLOATH, Christine, *Pimadiziwin*, Montréal, Femmes autochtones du Québec, 1998.

PELLETIER, Clotilde, THIBAULT, François, *La Sexualité dans le cercle de la vie*, Montréal, Femmes autochtones du Québec, 1998.

PELLETIER, Wilfred-Baibomcey, *Le Silence d'un cri*, Québec, Éditions Anne Sigier, 1985.

PERRAULT, Isabelle, «Traite et métissage : un aspect du peuplement de la Nouvelle-France», *Recherches amérindiennes au Québec*, vol. 12, n° 2, 1982, p. 86-94.

PÉSÉMAPÉO-BORDELEAU, Virginia, «Chiâlage de métisse», *Recherches amérindiennes au Québec*, vol. 13, n° 4, 1983, p. 265-267.

_____, «Des opinions et de l'expérience», *Liberté*, vol. 33, n⁰ˢ 4-5, 1991, p. 106-108.

PICARD, Ghislain, «Kitotakan, Kaiamiumistuk ou radio», *Recherches amérindiennes au Québec*, vol. 12, n° 4, 1982, p. 285-295.

_____, «Communication inter-nationale», *Recherches amérindiennes au Québec*, vol. 12, n° 4, 1982, p. 297-304.

RÉGIS, Suzanne, «Pierre "Pienish" McKenzie. Lancement de son premier livre!», *Innuvelle*, vol. 5, n° 2, mars 2002, p. 3.

_____, «Rencontre avec Pierre McKenzie», *Innuvelle*, vol. 5, n° 2, mars 2002, p. 8.

RENCONTRE, «Traduction, recherche et édition : trois atouts pour Daniel Vachon», *Rencontre*, vol. 2, n° 2, 1981, p. 10.

_____, «Un Indien est une personne d'ascendance amérindienne», *Rencontre*, vol. 3, n° 1, 1981, p. 5.

_____, «Qu'as-tu fait de mon pays [An Antane-Kapesh]?», *Rencontre*, vol. 3, n° 2, 1982, p. 5.

RENCONTRE, «Mathieu André publie ses mémoires», *Rencontre*, vol. 6, n° 3, 1985, p. 20.

_____, «L'histoire montagnaise de Sept-Îles [Daniel Vachon]», *Rencontre*, vol. 7, n° 3, 1986, p. 21.

_____, «Mathieu André reçu à Ottawa», *Rencontre*, vol. 8, n° 3, 1987, p. 21.

_____, «Daniel Vachon, Chevalier», *Rencontre*, vol. 18, n° 2, 1996, p. 18.

R. M., «La colère froide du "bon Sauvage" [An Antane-Kapesh]», *La Presse*, 18 septembre 1976, p. D4.

Ross, David P., *L'Éducation : un investissement pour les Indiens vivant dans la réserve. Les causes du faible niveau de scolarité et les avantages économi-*

ques liés à une amélioration de l'éducation, Ottawa, Conseil canadien de Développement social, 1992.

ROWAN, Renée, «Je suis une maudite innu-iskueu [An Antane-Kapesh]», *Le Devoir*, 10 janvier 1977, p. 12.

ROY, Bernard, «Le diabète chez les autochtones. Regard sur la situation de Betsiamites, Natashquan et La Romaine», *Recherches amérindiennes au Québec*, vol. 29, n° 3, 1999, p. 3-18.

ROY, Monique, «En montagnais et en français : "Je suis une maudite sauva-gesse"», *Le Devoir*, 2 octobre 1976, p. 22-23.

SAGANASH, Diom Romeo, «Gouvernement autochtone et nationalisme ethnique», *Cahiers de recherche sociologique*, n° 20, 1993, p. 21-44.

SAINT-PIERRE, Jean-Claude, «Agressions sexuelles au pensionnat de Pointe-Bleue. Des Autochtones accusent les pères Oblats», *Journal de Québec*, 2 avril 1996, p. 3.

SAVARD, Rémi, PROULX, Jean-René, *Canada : derrière l'épopée, les autochtones*, Montréal, l'Hexagone, 1982.

SIMARD, Jean-Jacques, «Les aumôniers du régiment et le Québec amérin-dien», *Recherches amérindiennes au Québec*, vol. 9, n° 4, 1980, p. 269-284.

_____, «Préface», dans Richard Dominique, Jean-Guy Deschênes, *Cultures et sociétés autochtones. Bibliographie critique*, Québec, Institut québécois de recherche sur la culture, coll. «Instruments de travail», n° 11, 1985, p. 7-18.

_____, «White ghosts, red shadows : the reduction of North American Natives», dans James A. Clifton, dir., *The invented Indian. Cultural fictions and Government policies*, New Brunswick, Transaction Publishers, 1990, p. 333-374.

_____, «La réduction des Amérindiens : entre l'envers du Blanc et l'avenir pour soi», dans Jean Lafontant, dir., *L'État et les minorités*, Saint-Boniface, Les Éditions du Blé/Presses universitaires de Saint-Boniface, 1993, p. 153-186.

SIMARD, Jean-Jacques et autres, *Tendances nordiques. Les changements sociaux 1970-1990 chez les Cris et les Inuit du Québec. Une enquête statistique exploratoire*, GÉTIC, Université Laval, 1996.

_____, «Adieux aux Indiens imaginaires», *Le Devoir*, 16 juin 2001, p. A13.

_____, *La Réduction. L'Autochtone inventé et les Amérindiens d'aujourd'hui*, Québec, Septentrion, 2003.

SIMARD, Liliane, FORTIN, Jacinthe, «Attikameks et Montagnais sur la même longueur d'onde», *Rencontre*, vol. 4, n° 2, 1982, p. 11-13.

SIOUI, Éléonore, «Territoires autonomes», *La Presse*, 17 janvier 1985, p. A7.

_____, «Apartheid», *Liberté*, vol. 33, n°s 4-5, 1991, p. 112-113.

SIOUI, Georges E., « La flamme de vie du Canada », dans *Tawow*, vol. 6, n° 2, 1978, p. 2-3.

_____, « Le premier hiver en Nouvelle-France : histoire médicale », *Rencontre*, vol. 4, n° 1, 1982, p. 6.

SIOUI-DURAND, Guy, « Jouer à l'Indien est une chose, être un Amérindien en est une autre », *Recherches amérindiennes au Québec*, vol. 33, n° 3, 2003, p. 23-35.

STANTON, Ginette-Julie, « Manifeste d'un écrivain indien [An Antane Kapesh] », *Le Devoir*, 17 novembre 1979, p. 27.

TALBOT, Anne, « *Je suis une maudite sauvagesse* par Anne André », *North/ Nord*, mars-avril, 1977, p. 58-59.

THÉRIEN, Gilles, dir., *Figures de l'Indien*, Montréal, Typo, 1995 [1988].

TREMBLAY, Anne-Marie, « "T'es un 6.2 !". Enfant sans père, enfant sans terre », *Recto Verso*, n° 293, novembre-décembre 2001, p. 40-41.

TRUDEL, Clément, « Une Mère Courage montagnaise [An Antane-Kapesh] », *Le Devoir*, 22 novembre 1979, p. 18.

TRUDEL, Pierre, « Le contexte amérindien de la crise d'Oka », *Recherches amérindiennes au Québec*, vol. 21, n°s 1-2, 1991, p. 3-6.

VACHON, Daniel, *L'Histoire montagnaise de Sept-Îles*, Sept-Îles, Éditions Innu, 1985.

VAUGEOIS, Denys, « Les alliances franco-indiennes : le métissage et la cohabitation », *Le Devoir*, 20 août 2001, p. B1.

VAUGEOIS, Denys et Marcelle CINQ-MARS, « Le lieu du métissage », *Le Devoir*, 13 août 2001, p. B1.

VEILLEUX, André, « Réflexions sur quelques questions d'identité au sujet des totems de Pointe-Bleue », *Recherches amérindiennes au Québec*, vol. 12, n° 2, 1982, p. 123-131.

VOLLANT, Gloria, « Choisir sa vie », *Rencontre*, vol. 14, n° 2, 1992-1993, p. 4.

Sur les Inuits

FILOTAS, Georges, « Portrait d'un précurseur : Tamusi Qumak », *Le Devoir*, 1er septembre 2001, p. A9.

MADDEN, Kate, « Les bulletins de nouvelles à la façon inuite. "Qagik", un outil de prise en charge culturelle et politique », *Recherches amérindiennes au Québec*, vol. 29, n° 3, 1999, p. 19-26.

RENCONTRE, « Le Nunavik se francise », *Rencontre*, vol. 20, n° 2, 1999, p. 18.

SIMARD, Jean-Jacques, « Terre et pouvoir au Nouveau-Québec », *Études/ Inuit/Studies*, vol. 3, n° 1, 1979, p. 101-129.

SIMARD, Jean-Jacques, «Par-delà le Blanc et le mal. Rapports identitaires et colonialisme au pays des Inuits», *Sociologie et sociétés*, vol. 15, n° 2, octobre 1983, p. 55-71.

SIOUI-DURAND, Yves et Catherine JONCAS, *Uquamaq. The Mother-In-Law*, pièce jouée au festival *Weesageechak Begins to Dance XI – A Festival of New Native Plays & Playwrights* à Toronto, 1er-7 février 1999.

► Sociologie et histoire

BESNARD, Philippe, *L'Anomie, ses usages et ses fonctions dans la discipline sociologique depuis Durkheim*, Paris, Presses Universitaires de France, 1987.

BONI, Tanella, «Mutations sociales et recompositions identitaires», dans Daniel Mercure, dir., *Une société-monde? Les dynamiques sociales de la mondialisation*, Québec, Presses de l'Université Laval/De Boeck Université, coll. «Sociologie contemporaine», 2001, p. 149-164.

BUCK, Pearl, *La Chine comme je la vois*, Paris, Stock, 1971.

DUMONT, Fernand, *Le Lieu de l'homme. La culture comme distance et mémoire*, Montréal, Hurtubise HMH, coll. «Constantes», 1968.

_____, *Genèse de la société québécoise*, Montréal, Boréal, 1996 [1993].

DURKHEIM, Émile, *Le suicide : étude de sociologie*, Paris, Presses Universitaires de France, 1981.

FANON, Frantz, *Peau noire masques blancs*, Paris, Seuil, coll. «Points», 1971 [1952].

GAGNON, Nicole, «L'identité équivoque», dans Simon Langlois, Yves Martin, dir., *L'Horizon de la culture. Hommage à Fernand Dumont*, Québec, Presses de l'Université Laval, 1995, p. 177-185.

GARON, Jean-Denis, «Suicide chez les jeunes. Vague de déprime», *Le Soleil*, 7 décembre 2000, p. S10.

GAUTHIER, Madeleine, «Vivre au Québec. Les jeunes s'identifient au territoire», *Le Devoir*, 23-24 juin 2001, p. E4.

HAVELOCK, Eric A., *Preface to Plato*, Cambridge, Belknap Press of Harvard University Press, 1963.

LACHANCE, Micheline, «La machine à réveiller les morts», *L'actualité*, août 2000, p. 42-47.

LAROSE, Yvon, «Sortir de l'ornière. L'historien Jocelyn Létourneau propose une nouvelle représentation de l'identité québécoise», *Au fil des événements*, 30 novembre 2000, p. 1.

LE BRETON, David, *Passions du risque*, Paris, Éditions Métailié, 2000.

MEMMI, Albert, *Portrait du colonisé. Précédé du Portrait du colonisateur et d'une préface de Jean-Paul Sartre*, Paris, Jean-Jacques Pauvert éditeur, coll. «Libertés», n° 37, 1966.

MEMMI, Albert, *L'Homme dominé : le noir – le colonisé – le prolétaire – le juif – la femme – le domestique – le racisme*, Paris, Payot, 1973.

SAINT-PIERRE, Céline, « Éduquer autrement pour un monde complexe et pluraliste », dans Daniel Mercure, dir., *Une société-monde ? Les dynamiques sociales de la mondialisation*, Québec, Presses de l'Université Laval/ De Boeck Université, coll. « Sociologie contemporaine », 2001, p. 275-284.

SIMARD, Jean-Jacques, « Autour de l'idée de nation. Appropriation symbolique, appropriation matérielle, socialité et identité », dans R. Brouillet, dir., *Nation, souveraineté et droits. La question nationale*, Montréal/ Tournai, Bellarmin/Desclée, 1980, p. 11-47.

_____, « La révolution pluraliste : une mutation du rapport de l'homme au monde ? », *Société*, hiver 1988, n° 2, p. 7-42.

_____, « La culture québécoise : question de nous », *Cahiers de recherche sociologique*, n° 14, printemps 1990, p. 131-141.

_____, « Droits, identités et minorités : à l'arrière-plan de l'éducation interculturelle », dans Fernand Ouellet, Michel Pagé, dir., *Pluriethnicité, éducation et société. Construire un espace commun*, Québec, Institut québécois de recherches sur la culture, 1991, p. 155-197.

_____, « Ce siècle où le Québec est venu au monde », dans R. Côté, dir., *Québec 2000*, Montréal, Fides, 1999, p. 17-77.

STEELE, Shelby, *The Content of Our Character. A New Vision of Race in America*, New York, St. Martin's Press, 1990.

TAYLOR, Charles, « Les sources de l'identité moderne », dans Mikhaël Elbaz, Andrée Fortin, Guy Laforest, dir., *Les Frontières de l'identité. Modernité et postmodernisme au Québec*, Québec, Presses de l'Université Laval, coll. « Sociétés et mutations », 1996, p. 347-364.

TAYLOR, Drew-Hayden, *Funny, you don't look like one. Observations from a Blue-Eyed Ojibway*, Pentincton, Theytus Books, 1996.

▶ Critique littéraire

ALLARD, Jacques, *Le roman du Québec. Histoire, perspectives, lectures*, Montréal, Québec Amérique, 2ᵉ éd., 2001.

_____, *Le Roman mauve. Microlectures de la fiction récente au Québec*, Montréal, Québec Amérique, 1997.

AQUIN, Hubert, « La disparition élocutoire du poète (Mallarmé) », dans *Mélanges littéraires*, édition critique par Claude Lamy, Montréal, Bibliothèque québécoise, 1995, p. 243-249.

_____, « Profession écrivain », dans *Point de fuite*, édition critique par Guylaine Massoutre, Montréal, Bibliothèque québécoise, 1995, p. 45-59.

Aristote, *Poétique*, introduction, traduction nouvelle et annotation de Michel Magnien, Paris, Le livre de poche, coll. «Classique», 1990.

Bader, Wolfgang, «L'émergence de nouvelles lectures : le cas des Antilles francophones», dans Jean-Marie Grassin, dir., *Littératures émergentes*, Actes du XIᵉ Congrès de l'Association Internationale de Littérature Comparée (Paris, 20-24 août 1985), vol. 10, Berne, Peter Lang, 1996, p. 161-168.

Barthes, Roland, «La mort de l'auteur», dans *Le bruissement de la langue*, Paris, Seuil, coll. «Points Essais», 1993 [1984], p. 63-69.

Bielemeier, Günter, «Grands patriotes ou tyrans sanguinaires? Les héros africains dans le drame historique de l'époque post-coloniale», dans Jean-Marie Grassin, dir., *Littératures émergentes*, Actes du XIᵉ Congrès de l'Association Internationale de Littérature Comparée (Paris, 20-24 août 1985), vol. 10, Berne, Peter Lang, 1996, p. 103-108.

Bourdieu, Pierre, «Mais qui a créé les créateurs?», dans *Questions de sociologie*, Paris, Éditions de Minuit, 1984, p. 207-221.

Brunn, Alain, *L'Auteur*, Paris, Flammarion, coll. «Corpus», 2001.

Chamberland, Roger, «New York/Paris via le Québec : les escales de la poésie québécoise récente», dans Jean-Marie Grassin, dir., *Littératures émergentes*, Actes du XIᵉ Congrès de l'Association Internationale de Littérature Comparée (Paris, 20-24 août 1985), vol. 10, Berne, Peter Lang, 1996, p. 207-214.

Chartrand, Robert, «Le chant d'une sirène maladroite [Ying Chen]», *Le Devoir*, 19 septembre 1998, p. D3.

Chin Holaday, Woon-Ping, «Hybrid blooms : the emergent poetry in English of Malaysia and Singapore», dans Jean-Marie Grassin, dir., *Littératures émergentes*, Actes du XIᵉ Congrès de l'Association Internationale de Littérature Comparée (Paris, 20-24 août 1985), vol. 10, Berne, Peter Lang, 1996, p. 57-68.

Compagnon, Antoine, «L'auteur», dans *Le Démon de la théorie. Littérature et sens commun*, Paris, Seuil, coll. «La couleur des idées», 1998, p. 49-99.

Djurcinov, Milan, «Les relations de la tradition et de l'avant-garde dans la littérature macédonienne», dans Jean-Marie Grassin, dir., *Littératures émergentes*, Actes du XIᵉ Congrès de l'Association Internationale de Littérature Comparée (Paris, 20-24 août 1985), vol. 10, Berne, Peter Lang, 1996, p. 217-221.

Doelrasad, Julia, « La littérature kanak francophone : entre revendication d'identité culturelle et interculturalité », *L'année francophone internationale*, 2004, p. 335-337.

Foucault, Michel, «Qu'est-ce qu'un auteur?» dans Michel Foucault, *Dits et écrits : 1954-1988*, Paris, Gallimard, 1994, p. 789-821.

Gérard, Albert, « Problématique d'une histoire littéraire du monde caraïbe », dans Jean-Marie Grassin, dir., *Littératures émergentes*, Actes du XIᵉ Congrès de l'Association Internationale de Littérature Comparée (Paris, 20-24 août 1985), vol. 10, Berne, Peter Lang, 1996, p. 145-150.

Girard, Jean-Guy, « *Black-out* : le spectacle des opprimés », *Recto Verso*, n° 297, juillet-août 2002, p. 26-28.

Godin, Gérald, « Gallimard publie un Québécois de 24 ans, inconnu [Réjean Ducharme] », *Le Magazine Maclean*, septembre 1966, p. 57.

Gorris, Rosanna, dir., *La Littérature valdôtaine au fil de l'histoire*, Aoste, Imprimerie valdôtaine, 1993.

Grassin, Jean-Marie, « Introduction : The problematics of emergence in comparative literary history », dans *Littératures émergentes*, Actes du XIᵉ Congrès de l'Association Internationale de Littérature Comparée (Paris, 20-24 août 1985), vol. 10, Berne, Peter Lang, 1996, p. 5-16.

_____,, « Semper Aliquid Novi : la recomposition du paysage littéraire aux Antilles, en Afrique et en Europe », dans *Littératures émergentes*, Actes du XIᵉ Congrès de l'Association Internationale de Littérature Comparée (Paris, 20-24 août 1985), vol. 10, Berne, Peter Lang, 1996, p. 243-255.

Houle, Nicolas, « Pièces d'identité [auteurs francophones] », *Voir* (éd. de Québec), 6-12 avril 2000, p. 15.

Jouve, Vincent, « Auteur et littérarité », *Cycnos*, Université de Nice, vol. 14, n° 2, 1997, p. 43-55.

Labrecque, M., « Immobile [Ying Chen] », *Voir* (éd. de Québec), 10 septembre 1998, p. 87.

Lemire, Maurice, dir., *Dictionnaire des œuvres littéraires du Québec*, Tome 1 : *Des origines à 1900*, Montréal, Fides, 1978.

Loriggio, Francesco, « Ethnicity as a problem for literary theory », dans Jean-Marie Grassin, dir., *Littératures émergentes*, Actes du XIᵉ Congrès de l'Association Internationale de Littérature Comparée (Paris, 20-24 août 1985), vol. 10, Berne, Peter Lang, 1996, p. 29-34.

Malan, Charles, « The dynamics of contact ten established and emerging literary systems in South Africa », dans Jean-Marie Grassin, dir., *Littératures émergentes*, Actes du XIᵉ Congrès de l'Association Internationale de Littérature Comparée (Paris, 20-24 août 1985), vol. 10, Berne, Peter Lang, 1996, p. 121-131.

Mallarmé, Stéphane, « Crise de vers », dans *Œuvres*, édition de Yves-Alain Favre, Paris, Garnier, 1985, p. 269-279.

Marimoutou, Jean-Claude, « Une pratique de l'hétérogène : le texte littéraire créole. Passages d'écriture, *Savon Bleu* de Jean Albany », dans Michel Collomb, dir., *Figures de l'hétérogène*, Actes du XVIIᵉ congrès de la Société française de littérature générale et comparée, Montpellier, Publications de l'Université Paul Valéry, 1998, p. 311-335.

MARTINEAU, Yzabelle, « Exiguïté et ouverture, ou comment vivre et écrire en Nouvelle-Calédonie », dans Robert Viau, dir., *La Création littéraire dans le contexte de l'exiguïté*, Québec, MNH, coll. « Écrits de la francité », 2000, p. 283-297.

MISHRA, Pankaj, « Des méfaits de la mondialisation jusque dans la littérature », dans *Courrier international*, 13-19 janvier 2000, p. 45-46.

MOKADDEM, Hamid, « L'exiguïté de la littérature kanak contemporaine de 1965 à 2000 », dans Robert Viau, dir., *La Création littéraire dans le contexte de l'exiguïté*, Québec, MNH, coll. « Écrits de la francité », 2000, p. 299-332.

MORISSETTE, Jean, « Postface : Louis Riel, écrivain des Amériques », dans Mathias Carvalho, *Louis Riel : poèmes amériquains*, Trois-Pistoles, Éditions Trois-Pistoles, 1997, p. 61-112.

MOURALIS, Bernard, *Les Contre-littératures*, Paris, Presses universitaires de France, 1975.

NAVARRO, Pascale, « Dany Laferrière : personnalité multiple », *Voir* (éd. de Québec), 6-12 avril 2000, p. 12-13.

NORA, Olivier, « La visite au grand écrivain », dans Pierre Nora, dir., *Les Lieux de mémoire. II La Nation*, Paris, Gallimard, coll. « Bibliothèque illustrée des histoires », 1986, p. 563-587.

OKE, Sola, « Ideology and aesthetics in contemporary African literature », dans Jean-Marie Grassin, dir., *Littératures émergentes*, Actes du XIe Congrès de l'Association Internationale de Littérature Comparée (Paris, 20-24 août 1985), vol. 10, Berne, Peter Lang, 1996, p. 85-90.

PARÉ, François, *Les Littératures de l'exiguïté*, Ottawa, Nordir, 1994.

POITRAS, Sacha, « Rencontre avec Dany Laferrière. L'étoile Laferrière », *Impact campus* (Université Laval), 23 octobre 2001, p. 22.

RIVAS, Pierre, « Émergence et différenciation des littératures sous dépendance : quelques propositions théoriques », dans Jean-Marie Grassin, dir., *Littératures émergentes*, Actes du XIe Congrès de l'Association Internationale de Littérature Comparée (Paris, 20-24 août 1985), vol. 10, Berne, Peter Lang, 1996, p. 183-186.

ROY, Camille, « La nationalisation de la littérature canadienne », dans Gilles Marcotte, dir., *Anthologie de la littérature québécoise*, Tome 2, Montréal, l'Hexagone, 1994, p. 64-78.

SAINT-ÉLOI, Rodney, « L'écriture : le cas d'Haïti. Moi-l'autre-l'écartelé », dans Françoise Tétu De Labsade, dir., *Littérature et dialogue interculturel*, Québec, Presses de l'Université Laval/CEFAN, 1997, p. 89-102.

SARTRE, Jean-Paul, *Situations, II. Qu'est-ce que la littérature ?*, Paris, Gallimard, 1987 [1948].

THAUVIN-CHAPOT, Arielle, «Une littérature romanesque nouvelle en Afrique francophone», dans Jean-Marie Grassin, dir., *Littératures émergentes*, Actes du XIᵉ Congrès de l'Association Internationale de Littérature Comparée (Paris, 20-24 août 1985), vol. 10, Berne, Peter Lang, 1996, p. 109-114.

TODOROV, Tzvetan, *La Notion de littérature et autres essais*, Paris, Seuil, 1987.

TREMBLAY, Odile, «Shimazaki. L'auteure a découvert le français à Montréal en 1991», *Le Devoir*, 27-28 mars 1999, p. D1-D2.

VIALA, Alain, «L'auteur et son manuscrit dans l'histoire de la production littéraire», dans Michel Contat (textes rassemblés et présentés par), *L'Auteur et le manuscrit*, Paris, Presses universitaires de France, coll. «Perspectives critiques», 1991, p. 95-118.

VIGNEAULT, Alexandre, «La vie est belge [Daniel De Bruycker]», *Voir* (éd. de Québec), 6-12 avril 2000, p. 16.

Collection
Les Cahiers
du Québec
(liste partielle)

Achevé d'imprimer
en août deux mille quatre, sur les presses
de l'imprimerie Gauvin, Gatineau, Québec